陈越光 主编

中国文化书院导师名作丛书

中国现代学术要略

刘梦溪 著

海南出版社

·海口·

图书在版编目（CIP）数据

中国现代学术要略 / 刘梦溪著 . -- 海口 : 海南出版社 , 2024. 12. -- (中国文化书院导师名作丛书 / 陈越光主编). -- ISBN 978-7-5730-1921-9

Ⅰ . B26

中国国家版本馆 CIP 数据核字第 2024X6D643 号

中国现代学术要略
ZHONGGUO XIANDAI XUESHU YAOLÜE

作　　者：刘梦溪
主　　编：陈越光
策 划 人：吴　斌　彭明哲
特约编审：江　力
责任编辑：高婷婷
执行编辑：车　璐　王桢吉
责任印制：郐亚喃
印刷装订：天津联城印刷有限公司
读者服务：张西贝佳
出版发行：海南出版社
总社地址：海口市金盘开发区建设三横路 2 号
邮　　编：570216
北京地址：北京市朝阳区黄厂路 3 号院 7 号楼 101 室
电　　话：0898-66812392　010-87336670
电子邮箱：hnbook@263.net
经　　销：全国新华书店
版　　次：2024 年 12 月第 1 版
印　　次：2024 年 12 月第 1 次印刷
开　　本：880 mm×1 230 mm　　1/32
印　　张：10.25
字　　数：226 千字
书　　号：ISBN 978-7-5730-1921-9
定　　价：100.00 元

"中国文化书院导师名作丛书"编辑委员会

致敬大时代狂飙中迎风而立的几代学人

——"中国文化书院导师名作丛书"总序

陈越光

2024 年，中国文化书院成立 40 周年。

20 世纪 80 年代"文化热"中涌现的中国文化书院，集合了一批在文化学术界卓有声望的导师。导师，是中国文化书院标志性的存在。创院院长汤一介先生说："对中国文化书院来说，也许最为宝贵的是，书院集合了一批有志发展和创新中国文化的老中青三代学者。"[①]

10 年前，我在中国文化书院 30 周年庆典致辞中做了这样的概括：中国文化书院是 80 年代有全国性重要影响的民间文化团体中唯一保持活动至今的，它在今天代表了 80 年代精神和思想的延续；中国文化书院是 80 年代文化热中唯一提出以中国文化为本位的全国性文化团体，它代表了一个历史的维度；中国文化书院汇聚了一批五四以来历尽动荡与政治风霜的学术老人和老中青三代

---

① 汤一介：《〈师道·师说：梁漱溟卷〉总序一》，载《师道·师说：梁漱溟卷》，东方出版社，2013 年 1 月第 1 版，第 1 页。

学者，它体现了中国知识分子坚守学术尊严与梦想的传承。

在代际意识凸现的20世纪80年代，中国文化书院建构了一种跨代际文化的集合，在文化书院的发起人和最早的导师队伍里，年龄跨度整整60年，正好呈现三代人的架构：以"创院五老"梁漱溟、冯友兰、张岱年、季羡林、任继愈为代表的老先生一代，诞生于十九世纪末至二十世纪二十年代前；以汤一介、庞朴、李泽厚、乐黛云、孙长江等为代表的中年一代，诞生于二十世纪二三十年代；以李中华、魏常海、林娅、王守常、鲁军等为代表的青年一代，诞生于二十世纪四五十年代。

这三代知识精英，如何在80年代创建中国文化书院的过程中融汇于时代，完成一次跨代际的文化结集呢？

经历了五四，经历了抗战，在新中国成立前已有了自己的学术和社会根基的老一代学人，当20世纪40年代末中国大地上摧枯拉朽的新的时代风暴席卷而来时，他们或赞同，或反对，或观望，或接受，无论怎样，表达的是他们的态度，他们自己的根还是扎在原来的土壤里。即使后来，曾经反对的成为赞成，以前观望的改为拥护，依然是对有的事心服，对有的事口服，偶尔还有心口皆不服的。80年代来了，他们从自己的根基上直起腰来，将完成一次伸展。中国文化书院与其说是他们的舞台，不如说是他们在自我伸展中愿意照应的一片绿林。

在青春的前半期目睹抗战胜利后国民党统治的腐败与无能，倾心左翼意识形态，在青春的后半期投身于火红岁月的中年一代，他们在时代飓风来临时随风而去，他们当时还没有扎根，就企图让自己的根生长在风暴里，让自己成为时代风暴的一分子。

但风暴不是土壤，他们多被风暴抛弃。80年代，他们大多已过天命之年，少数耳顺之际，对他们中的大多数人来说，真正属于自己的学问生命之根这时候才开始扎下，汤一介说："走了30年的弯路，把最可能有创造力的时光白白度过。我想，这不是我一个人遇到的问题，而是一两代学人遇到的问题。正如冯友兰先生所说，他在20世纪50年代之前的学术历程中是有'自我'的，但在50年代后则失去了'自我'，只是到80年代又找回了'自我'。因此，严格地说，我是80年代才走上学术研究的正轨。"①正是在这种学术生命的意义上，他们属于80年代，他们是80年代的人。中年一代是中国文化书院的中流砥柱，80年代的中国文化书院是他们的舞台。

对于当时的年轻一代来说，时代风暴不是外来物，它是诞生他们的母体，又是他们生命成长的摇篮，他们就是风暴之子。他们还"时刻准备着"以生命和热血掀起新的风暴。然而，就一代人的整体来说，这一代人的自我觉醒，往往比中年一代更早。对于80年代，他们有一种特殊的认同，他们理解为是他们的时代。在80年代的中国文化书院，他们不是这个舞台上最辉煌的舞者，但他们融演者和观者为一体，他们是衔接未来的建构者。

今天，老一代导师均已作古，中年一代已渐行渐远，当年的年轻一代也多入耄耋之年。生命之路每一步都是远去，历史行程中尚未解答的问题却不随时间消失。我们依然面对贯穿20世纪

① 汤一介：《汤一介集·第一卷·哲学家与哲学工作者》，中国人民大学出版社，2014年4月第1版，第1页。

中国学人的三大命题：传统文化创造性转化的现代性转型，通人之学到分科立学的学术范式转型，传统士人到现代知识分子的身份转型。

只要我们还没有真正实现传统文化的创造性转化和创新性发展，我们就依然难免在传统的传续或叛逆间失重；只要我们还没有拿出全球视野里令人敬畏的学术成果，我们就依然要寻思中国学术的现代范式如何确立；只要我们还没有树立现代社会公民个体的主体自觉，还不能在传授知识和开展社会批评外，承担对人的终极关怀和社会应然理想建设的使命，我们就依然要问："何谓知识分子？"

然而，一百年过去了，中华民族踏出其世界化进程中独特的现代化之路，成长中的新一代学人，又将如何面对前辈探索者的累累伤痕和他们留下的丰富遗产？在对待历史遗产的问题上，被法国大革命的火光照亮的几代社会变革者，在全球范围内都留下过遗憾，中国并不例外。历史哲学家柯林武德认为，历史"进步并不是以好的代替坏的，而是以更好的代替好的"，在这里"最困难的事，就莫过于要使在一个变动着的社会中正以自己的新方式生活着的某一代人，同情地进入前一代人的生活里面去"。①这种"同情地进入前一代人的生活"，在学术传承中就是共情地理解前辈的人生，从而真正懂得他们的境界和学问。

为此，我们组织编辑中国文化书院导师名作丛书，精选数十

---

① ［英］R.G.柯林武德：《历史的观念》，何兆武、张文杰译，中国社会科学出版社，1986年，第369页。

位导师有代表性、有影响力的作品，每人一册，附以导论和学术年谱，每年一辑，4 年出齐。这套书由大家所著、名家导读，名为"中国文化书院导师名作丛书"，经时间洗礼，历风云变迁，以回望 20 世纪中国文化冲撞、反思、传承与重建的百年史，以致敬在大时代的狂飙中迎风而立的几代学人。

2024 年 6 月　北京

导　言
序其微妙，论其大体

卜键

要略，乃概要、主旨之义。作为一种文体，当创自《淮南子·要略》，著者于《原道训》《俶真训》等正文后，担心读者离本就末，特加简括，以表明各卷之主题。许慎注称"凡《鸿烈》之书二十篇，略数其要，明其所指，序其微妙，论其大体"，可知体例之高格。忽忽两千余年流逝，刘梦溪《中国现代学术要略》（以下简称《要略》）行于世，亦以明要指，识大体，见精微为追求，在同类著述中可谓标标特出。

著者刘梦溪毕业于中国人民大学中文系，早年与冯其庸、李希凡二老过从密切，应邀参加《红楼梦》校注组。其时他在治学方法上已显露出个人特色：先是受到这部伟大小说的吸引，论秦可卿，论晴雯，论抄本的回前回末诗，阅读深细，阐解时见精采；接下来博览和选录前贤已有之作，辑成《红学三十年论文选编》；同时撰写《红学三十年》，将一项专书的研究，提升到学术史的层面。此乃治学之循序渐进，也是摒弃轻巧、竭泽而渔的笨功夫，与四库馆臣、乾嘉学人的路径深相契合。而红学实为王国维、胡适等前贤曾经深耕之地，由此进入现代学术的场域，应属自然亲切，略无阻隔。作者尝述及由文入史的契机，称"桥梁是王国维、陈寅恪与钱锺书"，若具体论列：应是受钱锺书先生影响较早，曾将《管锥编》《谈艺录》作为日课，食髓知味，沉浸其中；受陈氏影响较大，著有《陈宝箴和湖南新政》《陈寅恪论稿》等，搜剔抉发，也在精神上体悟会通；至于对王国维，既有专论，亦"采取王陈并治的办法"，比照映带，充满理解之同情。所著《七十述学》第九章写道：

> 王、陈、钱学问世界的渊深博雅，不仅可为学术立范，也可为学者为学立则。陈寅恪在《王静安先生遗书序》里写道："自昔大师巨子，其关系于民族盛衰学术兴废者，不仅在能承续先哲将坠之业，为其托命之人，而尤在能开拓学术之区宇，补前修所未逮。故其著作可以转移一时之风气，而示来者以轨则也。"此评，他们三位都当得，而后学无法不以之为楷模也。

温情络绎，感慨兴会，标举陈氏的"文化托命"之言，自也隐含着一种接引和担当意识。

与此相牵接，刘梦溪也将目光扩展到与王、陈、钱同时代的诸位大家，进入二十世纪中国的学术天地。可推想，那是一段新的疯狂阅读，一个豁然开朗的新境界，一份沉甸甸的获得感。他开始广邀学界朋友，以名家、名著、名篇为纲领，编纂一部大型的《中国现代学术经典》丛书，凡四十四家，三十五卷，两千多万字，七历寒暑，由河北教育出版社印行。梦溪先生为这套丛书撰写了长序，畅言研读百年来名家名著的心得，曰：

> 中国现代学者群中，有一大批杰出的硕学巨子，为人特立独行，论学兼通中西，著文妙解神会，真正是民族文化血脉的传承者和现代学术传统的奠基者。他们撰写的具有代表性的学术论著，在知识建构上固然博大精深，同时闪现着时代的理性之光，其开辟意义，其精神价值，都分明可作为现代学术经典而当之无愧。

立论精当，说理通透，文字亦气象阔大。那是中国人迭经乱离的百年，而学术上则出现了严复、康有为、梁启超、蔡元培、胡适等杰出人物，思来是何等的幸运！此文题为《中国现代学术要略》，可视为一代杰出学人的心史，颇见其理性光华，而一经刊载就引起学界的关注，那场著名的"东塾雅集"即因此而设，李泽厚、李慎之、戴逸、汤一介、庞朴、余敦康等大家相聚论争，火花迸溅，成为当代学术的一段佳话。越十年，梦溪先生由总序扩展为同名专著，再十年又有修订本问世。修订本者，一以见学术生命之顽强，一以见作者治学态度之端严，想读者诸君应有同感。

《要略》不是一部面面俱到的教科书，设题命意偏又逸出"现代"的藩篱，循着先秦诸子、两汉经学、魏晋谈玄、佛教东渐、宋朝理学之路径，既见一代有一代之学术，又见"学术思想的多元化和多元化是一种历史的常态"，意在彰显中国学术的传承流变之迹；而作者所拟之现代概念，则是以十九世纪末严复翻译《天演论》为肇始，大异于史学圈通常的以"五四"为界。他说："中国现代学术这个概念，主要指对学术本身的价值已有所认定，产生了学术独立的自觉要求，并在方法上吸收了世界流行的新观念，中西学术开始交流对话；中国现代学术从发端到结出丰满的果实，道路并不平坦；现代学者在'五四'前后创造的学术实绩，证实中国学术迎来了新的繁盛期和高峰期。"其所称繁盛期和高峰期，在胡适笔下则是"凋敝零落极了"，评价的差异应出于作者回望百年的复杂感受，当也有着与时下学界情状的比较。

刘梦溪的文字一向明畅骏快，论人记事每真意流沛，数笔点染即情境鲜活，与所谓"学院派"的八股文章大异其趣。如其写王国维投水后的追悼场景："清华国学研究院师生向死者遗体告别，恭谨致礼，静默如仪。正在这时，清华四大导师之一的陈寅恪莅临现场，出人意外地行三跪九叩大礼"，"在场的姜亮夫、刘盼遂等国学院同学，当即痛哭失声"。后陈寅恪作《王静安先生遗书序》，曰：

> 自昔大师巨子，其关系于民族盛衰学术兴废者，不仅在能承续先哲将坠之业，为其托命之人，而尤在能开拓学术之区宇，补前修所未逮。故其著作可以转移一时之风气，而示来者以轨则也。

不仅是对王国维的深切悼念，也是对文化和学术传承深邃精到的概括。《要略》正文与附录中都曾对"文化托命"引申阐发，成为中国现代学术的一个关键词。举凡严复、梁启超、王国维、陈寅恪等人，术业有专攻，成就有大小，而矢志于为华夏文化托命则一。

正是在"文化托命"的精神层面上，刘梦溪注意到并喜爱上马一浮——一个僻居僧寺或陋巷、执意远离喧哗的通儒，一个长期被学术圈忽视和贬低的醇厚学人。针对那些不宜评价过高、不应偏爱的说法，梦溪先生直认不讳，强调"二十世纪我偏爱两个人，一是陈寅恪，一是马一浮。我甚至认为马一浮对儒学和佛学的贡献是近代以来的第一人"。偏爱，有时也是学术道义的呈现。《中国现代学术要略》多处引用马氏语录，如曰：

> 国家生命所系，实系于文化，而文化根本则在思想。从闻见得来的是知识，由自己体究，能将各种知识融会贯通，成立一个体系，名为思想。
> 一切道术皆统摄于六艺，而六艺实统摄于一心，即是一心之全体大用也。

有些云山雾罩，不那么好懂，即便弄懂也不那么容易去践行。而梦溪先生"呼吸领会"，不仅潜心研治马一浮其人其学，申论阐扬"六艺"的文化意义，且甘愿放下一些成熟论题，发力去重读经书，写出一系列识见独具的专论，学术境界又有升华。

二十世纪早期，随着清朝的衰败崩解，随着西方史学理论的传入，国内学者滋生出检讨、自贬、疑古等意识，学术进步在焉，历史虚无主义亦在焉。钱穆大声疾呼："没有历史，没有文化，也不可能有民族之成立与存在。如是我们可以说，研究历史，就是研究此历史背后的民族精神和文化精神的"，提倡对"本国以往历史有一种温情与敬意"。约略与之同时，马一浮拟订复性书院学规，以"主敬"为首，而对"唯务向外求知，以多闻多见为事，以记览杂博相高，以驰骋辩说为能，以批评攻难自贵"不屑一顾。

现代学人之名句警句，于书中随处可见，可知作者为现代学人的知音，是那个群体的知音，也是一个个前贤的特达之知。其写王国维、陈寅恪、陈梦家的文字让人读之泪下，而对马一浮应更为着力和动情，拂去时序的封尘，也剔除一些荒诞传闻，致力于呈现其个性与思想的光芒，论曰："他为我们树立了一种气质清明的文化典范，一个不沾尘俗、彻底刊落习气的纯粹学者的典范。他在纷乱的时代开启了一种文化境界，这就是'语默动静，贞夫一也'的境界。"在《要略》一书中，作者慨叹"往往越是具有独创性的思想，越不为当世所重"，接下来备举"孔子有陈蔡之厄，孟子有'不得已'之辩。韩非饮鸩，孙子膑足；史迁宫刑，班氏狱死。阮籍临歧而痛哭，嵇康佯狂而不羁；罗什折翮于北国，玄奘历险于西土"，以及韩愈、苏轼、朱熹、王守仁、李贽、王夫之、戴震等，包括二十世纪的杰出人物，如康有为、梁启超、章太炎、王国维、马一浮，大都命运多舛，饱受政治上的打压或生存困乏，黄杨厄闰，备历艰维。而他们是中国文明史、学术思想史上的标志性存在，是浩浩长空中的星辰，交相辉映，共构成中华文化的璀璨星系。

　　刘梦溪曾说："我是念文学出身，为学的路子很长时间未尝或离文学，虽然也喜欢历史，喜欢哲学，但文学的影子隐隐如在。只有到了二十世纪九十年代，我才尽脱文学而入于史学。"极而言之似乎是梦溪先生的行文风格之一，简捷精到所附焉，或稍欠严密。以在下之见，作者至今仍未尽脱文学，而出入于文史之间，对人文情怀每多关切追摹，恰我国现代第一流学人的共通之处，亦本书精华之所在，读者诸君当留意。

目 录

第一章
学术与学术思想

学术思想是人类理性认知的系统化，是民族精神的理性之光；学术思想发达与否是一个民族文化是否发达的标志；既顺世而生又异世而立是学术思想的特点；转移风气、改变习俗，学者之理趣覃思与有不灭之功焉；对学术思想不可简单以功利计。

二十一世纪将会是怎样一个世纪呢？谁都不是预言家，未来的事情不好预测。但鉴往可以知今，前瞻性思考的真理性往往即深藏于对往昔的回顾之中。特别是一个民族的学术思想，是一个民族的精神之光，特定时代学术精英的活动，往往蕴藏着超越时代的最大信息量。站在学术史的角度回观二十世纪的中国，简错纷繁的百年世事，也许更容易获致理性的通明。

问题是到底什么是学术？学术思想究竟指什么而言？

二十世纪第一个十年刚刚过后的一九一一年，梁启超（1873—1929）写过一篇文章叫《学与术》，其中有一段写道："学也者，观察事物而发明其真理者也；术也者，取所发明之真理而致诸用者也。例如以石投水则沉，投以木则浮。观察此事实以证明水之有浮力，此物理也。应用此真理以驾驶船舶，则航海术也。研究人体之组织，辨别各器官之机能，此生理学也。应用此真理以疗治疾病，则医术也。学与术之区分及其相关系，凡百皆准此。"① 这是迄今看到的对学术一词所作的最明晰的分疏。学与术连用，学的内涵在于能够揭示出研究对象的因果联系，形成建立在累积知识基础上的理性认知，在学理上有所发明；术则是这种理性认知的具体运用。所以梁启超又有"学者术之体，术者学之用"② 的说法。他反对学与术相混淆或者学与术相分离。

严复（1854—1921）对学与术的关系也有相当明确的界说，此见于严译《原富》一书的按语，其中一则写道："盖学与术异。学者考自然之理，立必然之例。术者据既知之理，求可成之功。学主知，术主行。"③ 严复用"知"与"行"的关系来解喻学与术两个概念，和任公先生的解释可谓异曲同工。

二十世纪的大儒马一浮（1883—1967）则又云："大凡学术有个根原，得其根原才可以得其条理；得其条理才可以得其统类。然后原始要终，举本该末，以一御万，观其会通，明其宗极，昭然不惑，秩然不乱，六通四辟，小大精粗，其运无乎不备。"④ 马先生强调的是学术的根源、条理、统类，因此研究学术必须"原始要终，举本该末，以一御万，观其会通，明其宗极"。

---

①　梁启超：《学与术》，《饮冰室合集》第三册，文集之第二十五（下），中华书局影印版，第 12 页。

②　同上。

③　《〈原富〉按语》第 58 节，《严复集》（王栻主编）第 4 册，中华书局，1986 年，第 885 页。

④　马一浮：《说忠信笃敬》，《宜山会语》，《马一浮集》第一册，浙江古籍出版社、浙江教育出版社，第 55 页。

而且马一浮先生对学术有一基本假设，即认为《诗》《书》《礼》《易》《乐》《春秋》"六艺"，可以统摄一切学术。而"六艺之本，即是吾人自心所具之义理"①。如果学者只是向外"求事物上之知识，不知向内求自心之义理"②，就是不能明体。所谓"体"，就是自心本具之义理。换言之，须先行"立身"，尔后才能"立国"。这是马一浮的学术主张，属于中国学术的向内体究的一派，对启解中国学术的思想流变来说，不愧是明体达用的典要之见。

中国古代还经常讲道术，如《庄子·天下篇》："道术将为天下裂。"贾谊（前 200—前 168）《新书·道术篇》："道者所道接物也。其本者谓之虚，其末者谓之术。虚者言其精微也，平素而无设诸也。术也者，所从制物也，动静之数也。"③也视"道"和"术"为体和用的关系。"道"标志着学问的方向。学各有别，学中之道是相通的。章学诚（1738—1801）尝言："学者，学于道也。道混沌而难分，故须义理以析之；道恍惚而难凭，故须名数以质之；道隐晦而难宣，故须文辞以达之。"④他由此抽绎出治中国学问的三要素，即义理、考据、词章。此三者，最重要的是义理，即学者必须有思想。戴东原对三者的态度，前后有变。早年视考据第一，义理第二，词章第三。晚年则改为义理第一，考据

---

① 马一浮：《说忠信笃敬》，《宜山会语》，《马一浮集》第一册，浙江古籍出版社、浙江教育出版社，第 54 页。
② 同上书，第 56 页。
③ 贾谊：《新书·道术》，参见《新书校注》卷第八，中华书局，2000 年《新编诸子集成》版，第 302 页。
④ 章学诚：《与朱少白论文》，《章学诚遗书》卷二十九，文物出版社，1985 年，第335 页。

第二，词章第三。戴氏的态度，足使后世学者为学而思过半矣。

但对一个学人来说，比这三者更重要的是为学的目的。严复在为《涵芬楼古今文钞》作序时写道：

> 盖学之事万途，而大异存乎术鹄。鹄者何？以得之为至娱，而无暇外慕，是为己者也，相欣无穷者也。术者何？假其途以有求，求得则辄弃，是为人者也，本非所贵者也。为帖括，为院体书，浸假而为汉人学，为诗歌，为韩欧苏氏之文，樊然不同，而其弋声称，网利禄也一。凡皆吾所谓术，而非所谓鹄者。苟术而非鹄，适皆亡吾学。[①]

严复所要求的是一种纯学术的立场，做学问的目的就在学术本身，学术以外没有也不应该有目的，因而也可以称作"为己"之学。孔子说："古之学者为己，今之学者为人。"（《论语·宪问》）是为对春秋士风的批评。盖春秋时期之为士者，惶惶而为天下谋，所致力不在学问本身。严复之论议，是想返回孔子所倡导的为学古道，即重建"为己之学"。因此他认为诗词书法一类传统文士人皆能详的技能，不过是一种工具，也就是"术"。如果一个人为学的目的是猎取功名利禄，所掌握的"术"再精良，也只能是"为人"之学，真正的学者必不取此种为学的态度。

"为人"之学自降学术为工具，是不自由的，所以不能达之于道。中国传统学术，既讲学，又讲术，又讲道。道这个概念，

---

① 严复：《涵芬楼古今文钞序》，《严复集》第 2 册，第 275 页。

讲起来很麻烦。"道可道，非常道。"老子的话，一言九鼎。《庄子·人间世》也说："唯道集虚。"现代一点的说法，倘若撇开历史上各家各派赋予道的特殊意涵，不妨可以看作天地、宇宙、自然、社会、人情、物事所固有的因果性和规律性，以及人类对它的超利害的理性认知，甚至也可以包括未经理性分疏的个体精神的穿透性感悟。学中之道，兼有这两个方面的特征。因此做学问贵在打通，无道则隔，有道则通。

学术思想则是人类理性认知的系统化，是理性认知的思想结晶。马一浮说："国家生命所系，实系于文化，而文化根本则在思想。从闻见得来的是知识，由自己体究，能将各种知识融会贯通，成立一个体系，名为思想。"[1] 可以视马先生之论是给学术思想下的一个极为精要的定义。主要是建构系统的思想，同时还须有创辟胜解，具备独创性的品格。既系统又独到，属于思维的精华，并具有形上之学的特点，这才是学术思想。

章学诚的《文史通义·原道》引《易·系辞》为说："形而上者谓之道，形而下者谓之器。道不离器，犹之影不离形。"[2] 学术思想的特征，应该是"即器以明道"。据说元朝时，罗马教皇曾把欧西之"七术"介绍给元世祖，包括文法、修辞、名学、音乐、算数、几何、天文；但介绍之书后来已不传，直至明末方有随耶教而来的数学和历学为中土所采用。王国维（1877—1927）由此得一结论："此等学术，皆形下之学，与我国思想上无丝毫

① 马一浮：《对毕业诸生讲词》，《马一浮集》第一册，第50页。
② 章学诚：《文史通义·原道中》，《章学诚遗书》卷二，第11页。

之关系。"① 可见形下之学与我们所说的学术思想亦尚有别。

一个民族或一定历史时代的文化氛围和精神气象，第一表现在社会习俗方面，第二表现在学术思想方面。社会习俗固然影响学术思想，同时有赖于学术思想对社会习俗加以提升。学术思想是否发达，是一个国家或者民族文化发达与否的标志。当我们习惯地称某些国家有悠久的历史文化传统的时候，其实就是说这个国家的学术思想发达。世界上四大文化圈，古希腊罗马文化、阿拉伯文化、印度文化和中国文化，都有悠久丰富的学术传统为之奠基。就中尤以中国的学术思想，最具雅量通怀的包容性和迈越天人的超越精神。早在周秦时代，自觉的学术思想就产生了。后来经过历朝历代的沿革，学术思想越来越走向成熟，就中经过了先秦的诸子百家之学、两汉的经学、魏晋的玄学、隋唐的佛学、宋明的理学、清代的朴学和晚清的新学等不同的学术发展时期。可以说，中国历史上不同的阶段都有作为阶段性标志的学术思想。

当中国社会由晚周进入春秋战国时代，诸侯国之间的征伐与变乱固然不能不引起我们的注意，更引起我们注意的却是诸子百家争鸣竞放的学术思想。于是我们知道有孔子、孟子、荀子、老子、庄子、墨子、韩非子、孙子、管子、公孙龙子，这些闪光的名字成了我们民族智慧的象征，成了中华文化传统的象征。他们创造的学说，影响到后代，影响到世界。他们给一个民族带来的骄傲以及其学说所具有的永久魅力是不可替代的。秦汉帝国的建立与繁盛，又出现一批新的大师巨子。董仲舒、司马迁、刘向、班固、王充、马

---

① 王国维：《论近年之学术界》，《王国维遗书》第五册之《静安文集》，第 94 页。

融、郑玄这些名字，稍涉历史文化者，无不翘首以观。而魏晋南北朝空前的思想大解放时代，更造就了一批格调全新的精神领袖和思想先锋。陶渊明、王弼、何晏、嵇康、向秀、郭象、范缜等是此一时代的弄潮儿。而当历史的挂历翻到唐宋和明朝这一页的时候，又一批思想巨子的名字映入我们的眼帘：孔颖达、韩愈、刘知几、周敦颐、邵雍、张载、程颢、程颐、朱熹、陆九渊、陈亮、叶适、司马光、郑樵、沈括、李卓吾、王阳明、王廷相、方以智、王船山，他们继先哲之遗绪，发潜德之幽光，使中国的学术思想进入了更加辉煌的时期。宋朝的军事和社会的状况，或有不能令人满意处，但学术思想多支并秀，堪称吾国传统文化的最高峰。试想，如果没有了宋明理学和宋代的史学，中国的学术史和思想史，甚或整个中国的思想文化传统将呈现怎样的缺憾呢？

这说明学术思想自有其独立性。既顺世而生又异世而立，是学术思想的另一个特征。顺世而生，自不待言。没有哪一种学术思想不是特定时代和世代的产物，连虚幻的不结果实的花朵也可以振叶寻根，找到她赖以开放的或直接或间接的社会环境的根源。但我们需要注意，是顺世而生，可不是顺势而生。学术思想与权柄和势力天然地缺少缘分。不仅如此，她顺世却不随俗，就其发生来说有顺世的一面，而就其存在来说又有异世甚或逆世的特点。正如章学诚所说："与一代风尚所趋，不必适相合者。"[1] 相反，学术思想是引导风尚的，转移风气、改变习俗，学者之理趣覃思与有不灭之功焉。

梁启超曾经说过："学术思想之在一国，犹人之有精神也。

---

[1]　章学诚：《文史通义·感遇篇》，《章学诚遗书》卷二，第 53 页。

而政事、法律、风俗及历史上种种之现象，则其形质也。欲觇其国文野强弱之程度如何，必于学术思想焉求之。"①不独中国，欧洲亦复如是。

王国维说得好："无论古今东西，其国民之文化苟达一定之程度者，无不有一种之哲学。而所谓哲学家者，亦无不受国民之尊敬，而国民亦以是为轻重。"②又说："光英吉利之历史者，非威灵吞、纳尔孙，而培根、洛克也。大德意志之名誉者，非俾思麦、毛奇，而汗德、叔本华也。即在世界所号为最实际之国民如我中国者，于《易》之'太极'，《洪范》之'五行'，周子之'无极'，伊川、晦庵之'理气'等，每为历代学者研究之题目，足以见形而上学之需要之存在。而人类一日存此学，即不能一日亡也。而中国之有此数人，其为历史上之光，宁他事所可比哉？"③他甚至强调："提倡最高之学术，国家最大之名誉也。"④

陈寅恪（1890—1969）也说，学术的兴替"实系吾民族精神上生死一大事者"⑤。而此前张之洞（1837—1909）在《劝学篇》的序里也曾说过："世运之明晦，人才之盛衰，其表在政，其里在学。"

梁、王、陈三位现代学术巨子都把学术思想提到了至高至荣的位置。

---

① 梁启超：《论中国学术思想变迁之大势》，《饮冰室合集》第一册，文集之七，第 1 页。

② 王国维：《奏定经学科大学文学科大学章程书后》，《王国维遗书》第五册之《静安文集续编》，第 37—38 页。

③ 同上。

④ 同上。

⑤ 陈寅恪：《吾国学术之现状及清华之职责》，《金明馆丛稿二编》（蒋天枢编），上海古籍出版社，1980 年，第 318 页。

然而复按历史，一种学说或一种学术思想的遭遇却没有我们想象的那般幸运。往往越是具有独创性的思想，越不为当世所重。所以孔子有陈蔡之厄，孟子有"不得已"之辩。韩非饮鸩，孙子膑足；史迁宫刑，班氏狱死。阮籍临歧而痛哭，嵇康佯狂而不羁；罗什折翮于北国，玄奘历险于西土。韩昌黎受黜，行三千里路；苏东坡遭贬，困琼海之滨。阳明承廷杖之辱，朱子遇罢祠之变。戴震中岁，衣食不济；颜元苦行，骨肉难全。李卓吾尝铁窗，自尽而死；王夫之筑土屋，匿于深山。即百年以还之现代中国，亦有谭嗣同斫头，康、梁流亡，章太炎系狱，王国维自杀，闻一多遇难，吴宓蒙饥，陈寅恪吞泪，梁漱溟噤声，李叔同出家，马一浮归隐，王重民投湖，翦伯赞自经等系列悲剧的演出。一部学术史，可以说是一批批学者为创造学说、为追求真理而献身的历史。

这种情况说明，对待学术思想，是不可以功利计的。董仲舒（前179—前104）说的"仁人者，正其道不谋其利，修其理不急其功"[1]，朱熹（1130—1200）改润而言之的"正其义不谋其利，明其道不计其功"[2]，这些被后世目为近乎愚妄的话，恰恰道出了学术思想的真谛。而学人、思想家被目为愚妄、狂癫，为世人所窃笑，历史上屡见不鲜。正因为他们先觉、异世或逸世而独立，世人才有充分理由疏远他们。天才的归宿到头来总逃不过《红楼梦》中的一支曲——"世难容"。

---

① 董仲舒：《春秋繁露·对胶西王越大夫不得为仁第三十二》，《春秋繁露义证》，中华书局，1992年，第268页。
② 朱熹：《白鹿洞书院揭示》，《朱熹集》卷七十四，四川教育出版社，第3893页。

第二章
学术思想的隆替与变异

中国是学术大国，学术思想的隆替与变异是中国文化史上最壮观的一幕。就与历史行程比较而言，可以说一代有一代的学术。但一定历史时期如果没有另外的学说与之颉颃和相互撞击，占据主流地位的学说内部，便会分裂、内耗乃至自蔽。

盛清学者的治学方法中，已开始含有现代学术思想的一些萌芽。

中国传统社会历朝历代统治势力对学术思想的选择是极为严格的。虽然学人的妙悟哲思，即使庸员俗吏也不至于简单地认为有害于邦国天下，或者学术思想对世道、人心、社会、家国的长远利益至少还会有所小补的道理，主事者不至于无所理会；但处于权力中枢的执掌权柄的人物，更看重与本集团相关的眼前利益，不免轻忽学者们为穷追事物之理而开出的趋向更多顾及人类普遍性的长远利益的各种药方。而历史上许多以学术为职志的人，偏偏知其不可而为之，似乎抱定了"不说白不说，说了也白说，白说也要说"的宗旨。因此学术思想在中国几千年的传统社会里，呈现出异常错综纷繁的景观。

　　这其中，学术思想的隆替与变异是最壮观的一幕。

　　就与历史行程比较而言，可以说一代有一代的学术。就中国传统社会各种学术思潮的比较而言，儒家自汉代中期以后长时期处于占据主流的显赫地位。但这也只是就一定的历史条件相对而言，深为之说，并不如此简单。秦政统一，春秋战国时期百家竞放的灿烂局面黯然中歇。孟子说："圣王不作，诸侯放恣，处士横议。"①秦火之后，诸侯敛迹，处士噤声，思想受到钳制，学术失却空间。但秦代同时有七十博士之设（焚坑后改为三十余人），包括后来传授《尚书》的伏生、为汉初起立朝仪的叔孙通，都列名顾问，儒学也不是完全立而无地。特别是《礼记·中庸》奉为儒家社会理想的"车同轨，书同文，行同伦"，反而是在秦始皇时期得以实现的。

　　迨至两汉，经学蔚为大宗，盖起因于武帝独尊儒术，致使对儒家经典的阐释一时成为显学。其实这也与汉代奉行开明的文化政策，广搜图籍，鼓励民间献书有关。以"五经"的各种文本为代表的大量图籍，一时惊现于世。秦火之后，士人为载籍不传而致慨；汉的收书，又因简脱错乱而生愁。于是设校书之官，建秘藏之馆。规模宏伟的皇家图书馆石渠阁耸立于未央宫的北侧，成为汉代的学术殿堂。大儒扬雄、刘向即曾奉命校书于此。有时还会召开有"五经"诸儒参加的高端研讨会议，专门商酌"五经"文字的同异。而到东汉，在汉章帝建初四年（79），还在洛阳的白虎观举行过一次讨论浃月的最高级别的儒学会议，大儒淳于恭、贾逵、班固等悉皆出席。召集各地著名儒生于洛阳白虎观，讨论"五经"异同，这就是历史上有名的白虎观会议。白虎观于

---

　　① 《孟子·滕文公下》，杨伯峻之《孟子译注》上册，中华书局，1980 年，第155 页。

当时乃是朝廷修缮儒学之所。五官中郎将魏应秉承皇帝旨意发问，最后由皇帝裁决。讨论结果，最后由班固（32—92）纂辑成书，名《白虎通义》。班固在汉代，可是学术的大人物。《汉书》之撰，使他与司马迁并列史册。而《艺文志》的创体殊例，虽得自于刘歆的《七略》，其于文献记录和学科分类所作的贡献，可以说前所无有。我们不妨一看《汉志》开头叙论缘起的一段，是如何写法。

昔仲尼没而微言绝，七十子丧而大义乖。故《春秋》分为五，《诗》分为四，《易》有数家之传。战国从衡，真伪分争，诸子之言纷然殽乱。至秦患之，乃燔灭文章，以愚黔首。汉兴，改秦之败，大收篇籍，广开献书之路。迄孝武世，书缺简脱，礼坏乐崩，圣上喟然而称曰："朕甚闵焉！"于是建藏书之策，置写书之官，下及诸子传说，皆充秘府。至成帝时，以书颇散亡，使谒者陈农求遗书于天下。诏光禄大夫刘向校经传诸子诗赋，步兵校尉任宏校兵书，太史令尹咸校数术，侍医李柱国校方技。每一书已，向辄条其篇目，撮其指意，录而奏之。会向卒，哀帝复使向子侍中奉车都尉歆卒父业。歆于是总群书而奏其《七略》，故有《辑略》，有《六艺略》，有《诸子略》，有《诗赋略》，有《兵书略》，有《术数略》，有《方技略》。今删其要，以备篇籍。

研究汉代学术思想，如果忽略《汉志》的这段极为简要的背景叙论，就不知从何说起了。何况，如今我们看到的那些个先秦的以及两汉的载籍，大多数都是在汉代形成的定本。经典之书，几乎全部来自汉代。所谓非先秦两汉之书不敢观的高标者，其信念的来源实离不开汉代的学术根基和图籍整理。

可是通观汉代学术，又绝不只是经学的一统天下。汉初崇尚黄老，司马谈（约前165—前110）撰《论六家要旨》，置道家于儒家之上，先黄老而后六经①，此可暂不置论；就是儒学独尊的武帝时期，仍存在与儒学争衡的各种潜势力。董仲舒以阴阳五行学说解释儒学，已给儒学掺进杂质，尊之适足以卑之。东汉的权力阶层鼓励谶纬之学与儒学结合，更是自乱学旨。特别是经今古文学的论争，无异于儒学内部的自我耗散。

要想动摇一种学说，再没有比宣布一种学说所依据的经典是"伪作"或"残缺"更具有摧毁力了。古文经学打击今文经学和今文经学打击古文经学，用的就是此种策略。肇始者为西汉末

---

① 司马谈的《论六家要旨》所说的"六家"，指阴阳、儒、墨、名、法、道德六家，阴阳家排在儒家之前，而真正称颂备至的则是道家，其中写道："道家无为，又曰无不为，其实易行，其词难知。其术以虚无为本，以因循为用。无成执，无常形，故能究万物之情。不为物先，不为物后，故能为万物主。有法无法，因时为业；有度无度，因物与合。故曰圣人不朽，时变是守。虚者道之常也，因者君之纲也。群臣并至，使各自明也。其实中其声者谓之端，实不中其声者谓之窾。窾言不听，奸乃不生，贤不肖自分，白黑乃形。在所欲用耳，何事不成。乃合大道，混混冥冥。光耀天下，复反无名。凡人所生者神也，所托者形也。神大用则竭，形大劳则敝，形神离则死。死者不可复生，离者不可复反，故圣人重之。由是观之，神者生之本也，形者生之具也。不先定其神，而曰我有以治天下，何由哉？"论另外五家，则各有异词，例如指儒家为"博而寡要，劳而少功"，法家"严而少恩"，等等。参见《史记·太史公自序》，中华书局校点本，第十册，第3290—3292页。

年的刘歆（约前 53—23），他率先攻击今文经残缺不全（"学残
文缺"），要求立古文经于学官[①]。今文十四博士则奋起反击，提出
所谓古文经是"伪托"，扬言要对刘歆治以乱经之罪。直至东汉，
郑康成（郑玄，字康成，127—200）遍注群经[②]，采今古文而融通
之，持续一二百年的这场学术大论争，才初告平息。

　　学说的一统局面，只不过是偏执的朝政执掌者和固陋的臣僚

---

　　① 《汉书》卷三十六《楚元王传》所载之刘歆《让太常博士书》写道："及鲁恭
王坏孔子宅，欲以为宫，而得古文于坏壁之中，《逸礼》有三十九，《书》十六篇。天
汉之后，孔安国献之，遭巫蛊仓卒之难，未及施行。及《春秋》左氏丘明所修，皆古
文旧书，多者二十余通，藏于秘府，伏而未发。孝成皇帝闵学残文缺，稍离其真，乃
陈发秘臧，校理旧文，得此三事，以考学官所传，经或脱简，传或间编。传问民间，
则有鲁国桓公、赵国贯公、胶东庸生之遗学与此同，抑而未施。此乃有识者之所惜
闵，士君子之所嗟痛也。往者缀学之士不思废绝之阙，苟因陋就寡，分文析字，烦言
碎辞，学者罢老且不能究其一艺。信口说而背传记，是末师而非往古，至于国家将有
大事，若立辟雍、封禅、巡狩之仪，则幽冥而莫知其原。犹欲保残守缺，挟恐见破之
私意，而无从善服义之公心，或怀妒嫉，不考情实，雷同相从，随声是非，抑此三学，
以《尚书》为备，谓左氏为不传《春秋》，岂不哀哉……夫礼失求之于野，古文不犹愈
于野乎？往者博士《书》有欧阳，《春秋》公羊，《易》则施、孟，然孝宣皇帝犹复广
立穀梁《春秋》，梁丘《易》，大小夏侯《尚书》，义虽相反，犹并置之。何则？与其过
而废之也，宁过而立之。传曰：'文武之道未坠于地，在人；贤者志其大者，不贤者志
其小者。'今此数家之言，所以兼包大小之义，岂可偏绝哉！若必专己守残，党同门，
妒道真，违明诏，失圣意，以陷于文吏之议，甚为二三君子不取也。"见中华书局校点
本《汉书》第七册，第 1969—1971 页。萧统《文选》卷四十三"书下"亦有载，可一
并参阅。汉代的经今古文之争，是中国学术史上的大公案，历代辨析此公案之著述多
到不知凡几。除《汉书》卷三十六《楚元王传》所载之刘歆《让太常博士书》，读者亦
可参看晚清皮鹿门氏所著之《经学历史》及钱穆《两汉经学今古平议》，并近人周予
同的《经今古文学》和张舜徽《郑学丛著》之"叙论"部分，即可明其大略矣。
　　② 《后汉书》郑玄本传范烨"论曰："自秦焚六经，圣文埃灭。汉兴，诸儒颇修艺文；
及东京，学者亦各名家。而守文之徒，滞固所禀，异端纷纭，互相诡激，遂令经有数家，家
有数说，章句多者或乃百余万言，学徒劳而少功，后生异而莫正。郑玄括囊大典，网
罗众家，删裁繁诬，刊改漏失，自是学者略知所归。"中华书局校点本，第五册，第
1212—1213 页。张舜徽《郑学丛著》一书亦可参看，齐鲁书社，1984 年。

们的一种愿望。历史的真实情形反是，学术思想的多元化和多样化是一种历史的常态。如果一个社会只有一种学术思想，这种学术思想的存在理由，就失去了。一定历史时期之内，假如没有另外的学说与之颉颃和相互撞击，则占据主流地位的学说内部，便会分裂、内耗乃至自蔽。两汉经学的命运就是如此。郑康成兼采今古文之长注释群经的学术贡献，自无疑义；但泯家法、齐今古的结果，问题也因之而生。

经学内部渐次滋生的不利于自身发展的诸多因素，早在今文经学占统治地位的汉宣帝和哀帝时期，已露出端倪。"五经"章句的讲授，字数愈演愈繁，至有小夏侯一派的《尚书》章句，"增师法至百万言"①。而且要求博士弟子必须严守"师法"和"家法"，使经学的传承走进了死胡同。班孟坚（班固，字孟坚，32—92）在《汉书·儒林传》的论赞中写道："自武帝立'五经'博士，开弟子员，设科射策，劝以官禄，讫于元始，百有余年，传业者浸盛，支叶蕃滋，一经说至百余万言，大师众至千余人，盖禄利之路然也。"可谓透彻底里的史家之言。汉代的经生解经，造成了一意以便辞巧说为能事的风气，使汉代隆起的经学终于走向自蔽之路，以致流于支离破碎犹莫能醒悟。班固对此一变异现象的断判最为警辟，他在《汉书·艺文志》里申而论之曰：

后世经传既已乖离，博学者又不思多闻阙疑之义，而务

---

① 《汉书》卷八十八、"儒林传"第五十八。

碎义逃难，便辞巧说，破坏形体；说五字之文，至于二三万言。后进弥以驰逐，故幼童而守一艺，白首而后能言；安其所习，毁所不见，终以自蔽，此学者之大患也。[①]

桓谭（约前20—56）和王充（27—约97）也都有极中肯的批评。桓谭说，一位讲《尧典》的经师，篇目两个字就讲了十多万字，其中"曰若稽古"一词讲了三万言。[②] 王充说："儒者说五经，多失其实。前儒不见本末，空生虚说。后儒信前师之言，随趣述故，滑习词语。"[③] 两汉经学之末流，到后来已经完全成为经生猎取功名利禄的乞食之具。

但这时的中国历史进入了魏晋南北朝时期。佛教已经传入，道教开始勃兴，政权轮替频仍，社会变乱加剧。可那又是一个思想者可以舞蹈的时代。是尊崇名教，还是回归自然？宇宙世界的本原，是生于"无"，还是归于"有"？当时的第一流的人物，无可回避地卷入到这场精神酣热的思想论争之中。正是此时，只活了二十三岁的超绝哲人，以理性的傲慢和"好高丽言"著称的王弼（226—249）走上了历史舞台。他的注《老》、注《易》两大著作，直到近两千年后的今天，仍不失其经典的地位。他看出了《易经》"同人"一卦的高迈旨趣，在于追求"与人和同"；即

---

① 《汉书·艺文志》，中华书局校点本，第六册，第1723页。
② 《汉志》颜师古注："桓谭《新论》云，秦近君能说《尧典》，篇目两字之说至十余万言，但说'曰若稽古'三万言。"中华书局校点本，第六册，第1724页。
③ 王充：《论衡》卷二十八"正说篇"，中华书局1954年重印世界书局版《诸子集成》，第七册，第269页。

使是处于可以"行健"的有利形势，也应该避免动武，而以"文明用之"①。《孔子家语》等载籍记载的楚王丢失弓箭的故事，是为常典。王辅嗣（王弼，字辅嗣）注《同人》引而论之曰："楚人亡弓，不能亡楚；爱国愈甚，益为它灾。"②爱国"爱"过了头，可以亡国，此义可不是等闲的立说。盖事理的因由，来自对《同人》一卦的深层解读。虽得"同人"之助，却不能因此而结宗派，谋私利。拉帮结派的道路，是为"通天下之志"的反面。哪怕是为了"爱国"，其结果也难免导致国家的危亡。楚昭王死于城父，就是由于不明大体，而导致"爱国愈甚"而"益为它灾"。谁都不会想到，我们年轻的哲人会讲出这样的既警醒当时，又能益在后世的历史哲学的经典义理。

值得这位年轻的哲人欣慰的是，他的高才很早就得到了何晏（约190—249）的激赏。魏晋谈玄风气的形成，实以何、王为领袖，冠盖绝一时。不管当时后世，欲追惩何、王开清谈风气之"罪责"（论者或称何、王之罪"深于桀、纣"）者，代不乏人。但何的集解《论语》，王的注《易》，乃不世出之功，终无异议。清谈的高潮在历史上被称为"正始遗音"。然而后来，终于成为绝响。也许是清谈诸家自己感到了疲倦，最后竟以出于少年之口的"三语掾"，达致持论双方互不否认的模模糊糊的"共识"。这个共识名为"将无同"，即名教与自然并没有什么不同。"有"和"无"呢？可惜没有"三语掾"的语助，但佛家出面了，使"无"

① 王弼：《周易注》,《王弼注校释》（楼宇烈），中华书局，2012年，第54页。
② 同上书，第55页。

多了新的门派家法，"有"的义理内涵渐次模糊。"有"和"无"，只有共晓，没有共识。

玄学盛行，经学和儒学事实上退居到了次要的地位。我们把玄学视作魏晋时期的代表性学术思潮，一方面鉴于历史的本真，另一方面也是出于研究者把握历史现象的方便。实际情形，魏晋南北朝是中国学术思想最呈纷乱的时期，学术思想重组重建带来了大变动、大动荡，各种学说相斥相融，交错互动，究竟以哪一种学术思潮为主，颇不好遽然论定。之所以如此，是因为东汉末年有一种全新的学术思想悄然而入于华夏，这就是佛教的传入。

佛教的传入中土，使我国固有学术面对一生力军的挑战，从此儒、道、释三家互相消长隆替、合纵连横、迎拒排击、化分化合，演成中国学术史上极具戏剧性的"三国演义"。单就这一点，如果得出中国传统社会不仅文化连同学术思想也是多元的这一结论，应获得足够的理据支持。南北朝时北周之僧人卫元嵩（生卒年不详），尝为《齐三教论》，阐释三教会通的思想。[1] 隋唐之际，又有大儒王通（584—617）者，主张三教合一，开宋明理学的先河。有唐一代，释、道两家的地位经常不让于儒家，所以韩愈（768—824）起而作《原道》，发道断之叹。但经

---

[1] 《旧唐书》卷四十七"经籍志下"载目，见中华书局校点本，第六册，第2030页。又近人余嘉锡撰有《卫元嵩事迹考》，考订卫氏生平、事迹，著述甚详，多有发前人所未发者。其于文尾写道："要而论之，元嵩之学，深于阴阳数术，于道家为近，而涉猎儒书，取其辞采。至其佛，则少年时有托而逃，非其素志，故惟撝拾经典，如所谓口头禅而已。既性所不喜，故不惜倡言排斥。王明广谓'元嵩锋辩天逸，抑是饰非'，其为人盖多端善变权奇自喜者。汉武所言'泛驾之马，跅驰之士'，庶几近之。虽所为不尽轨于正，抑不可谓非一代之奇人也。"参见《余嘉锡文史论集》，岳麓书社，1997年，第244页。

学在唐代也曾有过一个小小的高潮，那是当太宗临朝，学识渊博的国子祭酒孔颖达（574—648）为"五经"重新作义疏之时，儒家经典再次被确立为官方的教科书。

只不过时间不长，高宗武后统治时期随即发生变异。如同陈寅恪所说："南北朝时，即有儒释道三教之目，至李唐之世，遂成固定之制度。如国家有庆典，则招集三教之学士，讲论于殿廷，是其一例。故自晋至今，言中国之思想，可以儒释道三教代表之。此虽通俗之谈，然稽之旧史之事实，验以今世之人情，则三教之说，要为不易之论。"①

儒、释、道三家的并立，标志着我国传统学术思想多元化格局的进一步形成。

宋明理学的出现，说明中国学术思想走到了空前成熟的时期。已往的宗派界分变得不那样重要了，尽管儒、释、道之间仍有冲突，学者们可以继续搜寻三家不能并立的种种翔实的理由，以及程朱和陆王两派的分歧有多么严重，但它们都已经以自己的方式在理学的新天地中得到了升华，并进入了人们的精神世界，进入了社会生活。

佛教的禅宗一支，是先秦儒学演变成宋明理学的真正的阶梯。禅宗是完全中国化了的宗教，甚至已经不是宗教，无法作为信仰对象来存在，只是知识分子进行心理体验和心理调适的特定方式，以及凭顿悟慧识达致自我精神解脱的工具。禅宗其实是一种智辩。没

---

① 陈寅恪：《冯友兰〈中国哲学史〉下册审查报告》，《金明馆丛稿二编》，上海古籍出版社，1980年，第250—251页。

有禅宗的渗入，不可能有宋明理学。当然理学也吸收了道教和道家的思想。周敦颐（1017—1073）画的那幅有名的《太极图》，用的就是道教的表述方法。陈寅恪把宋明理学的出现与佛陀出世相提并比，同作为思想史上的"一大事因缘"。他说："中国自秦以后，迄于今日，其思想之演变历程，至繁至久。要之，只为一大事因缘，即新儒学之产生，及其传衍而已。"[①] 又说："凡新儒家之学说，几无不有道教，或与道教有关之佛教为之先导。"[②] 宋明理学就是当时的新儒学，学者后来也称作二期儒学。此可见理学与佛、道二教的渊源关系。何谓理学？理学就是儒、释、道三家思想合流而生成的中国新哲学。这种哲学欲从日用常行中化出，而进入思辨的领域，试图诠解抽象不可见的"理"与"气"的形上内涵。

宋明理学的代表人物自然首推朱熹。这位五岁与群儿游戏便能在沙上画出八卦[③]，并为"天地四边之外是何物事"[④] 而烦恼的天才哲学家，构建了一个与往圣昔贤大异其趣也可以说是中国学术史上最完整的理论体系。这个体系的核心概念是"理"和"气"。并不是说他发明了这两个概念，但他赋予这两个概念以

---

① 陈寅恪：《冯友兰〈中国哲学史〉下册审查报告》，《金明馆丛稿二编》，第250—251 页。

② 同上。

③ 关于朱熹画八卦于沙上的故事，各家所记之时间、地点颇有出入，今人束景南之《朱熹年谱长编》于此辨析甚详，而定在绍兴五年（1135）乙卯，地点在福建南剑之尤溪，应属可信。参见束著《朱熹年谱长编》卷上，华东师范大学出版社，2001年，第32—33 页。

④ 《朱子语类》卷第九十四："某自五六岁，便烦恼道：'天地四边之外，是什么物事？'见人说四方无边，某思量也须有个尽处。如这壁相似，壁后也须有什么物事。其时思量得几乎成病。"参见中华书局"理学丛书"版《朱子语类》第六册，1986年，第2377 页。

哲学思辨的充实内涵，而"理一分殊"则是他的哲学体系的结构原则。他的思想细密，大至宇宙万物，小至人性人心，以及对现实世界应该抱持的态度和个人的修养功夫，都是他观察探寻的对象。

西哲有"世界图像"之说，朱熹显然描绘出一幅基于宇宙本原的生动的"世界图像"，而且设定了"人"在这个"世界图像"中的位置。他说："天地之间，有理有气。理也者，形而上之道也，生物之本也；气也者，形而下之器也，生物之具也。是以人物之生，必禀此理，然后有性；必禀此气，然后有形。"① 至于"理"和"气"何者为先的问题，他似乎不愿作截然的区分。他说："此本无先后可言。"② 可是实际上他更倾向于"理是本""理在先""未有天地之先，毕竟是先有此理"的观点。③ 那么他的哲学思想（"理气论"）更像柏拉图还是亚里士多德，抑或是康德（"自在之物"）或者黑格尔（"绝对精神"）？我想，还是不必刻意作这种连类比照罢。反正朱熹的哲学思辨味特浓，如果一定要对"思想"和"哲学"作概念的分别，认为哲学是思想，思想不一定是哲学，那么朱熹的思想毫无疑义是真正的哲学，而且是有完整体系的哲学。

朱熹童幼时期就想做圣人④，后来果然成了圣人。我们不妨引

①《答黄道夫》，《朱熹集》第 5 册，四川教育出版社，1996 年，第 2947 页。
② 见《朱子语类》卷第一"理气上"，中华书局"理学丛书"版《朱子语类》第一册，1986 年，第 1—3 页。
③ 同上。
④《宋史》朱熹本传载："熹幼颖悟……就傅，授以《孝经》，一阅，题其上曰：'不若是，非人也。'"中华书局校点本，第 36 册，第 12751 页。

述他的学生黄勉斋（1152—1221）对老师日常生活起居的记述："至于他的形貌，则表情严肃，言语扼要，行动稳重，思想正直。他黎明即起，着衣帽，穿方鞋，每日至家祠祭拜祖先，礼拜先圣。然后回至书斋，书斋中书、桌一切事物整然有序。用膳时，碗筷要用预定方式使用。他感到疲倦时，便闭上双眼养神，养神之后，稍作漫步。夜半方始就寝。夜里醒来时，着衣坐起，以待天明。他的容貌、动作都遵循历久不变的习惯，无论年轻之时或年老之时，仲夏或仲冬、休闲或忙碌，皆是如此。在他的私生活中，侍奉父母非常孝顺，对待幼辈非常慈爱。由于他表现如此的敬爱之情，所以家庭和睦。祭拜祖先时，严格遵循古礼，丝毫不得忽略，若有不当之处，会终日不安；但若一切顺当，则心中快乐。参加丧葬之礼时，身着丧服，满面忧戚，分享配食。他对来访者都非常礼貌，对亲戚不管远近都能表示爱意，对邻人不论贵贱都能表示敬意。对他人生日、婚丧及不幸遭遇，从不忽略本人应当做的任何小事。至于本人的生活起居，反不甚重视，穿衣只求保暖，饮食只求充饥，住屋只求蔽风雨。别人可能觉得无法忍受的环境，他却安之若素。至于政事方面，他的计划和奏疏都是基于妥当的政策。虽然仕途不顺，无法实现他的大道，却能退而明道，解后世千年之惑。"[1]看了黄勉斋的记述，我们可以知道宋明理学铸造出来的圣人是什么样子，不用说，孔孟的日常表现也难免要相形见绌了。

---

[1] 黄勉斋：《朝奉大夫文华阁待制赠宝谟阁直学士通议大夫谥文朱先生行状》，参见束景南著《朱熹年谱长编》卷下，华东师范大学出版社，2001年，第1489页。本文之语体叙述引自张君劢《新儒家思想史》，弘文馆出版社，1986年，第205页。

朱熹一生著述宏富，中国学术史上没有多少人像他那样，写了那么多书，说了那么多话。他是太注重学问了。他与师弟子之间的书信，大都是讨论学问的。日用常行的细微小事，也都用学问提着。他的哲学体系是极具形上理趣的学术思想体系，学问成为他达致于道的必要途径。

正是在这点上，陆九渊和他发生了分歧。陆的主张是"心"就是"理"，要想近道，不必诉诸那样繁难的学问功夫，因此他的口头禅是："尧舜所学何书？"①《中庸》里说的"君子尊德性而道问学"，陆强调前半句，朱强调后半句，不承认"尊德性"可以与"道问学"分开。一一七五年的"鹅湖之会"，他们想就这个问题讨论个明白，但效果不尽如人意。当陆九龄（字子寿，1132—1180）、陆九渊（字子静，1139—1193）兄弟相继为诗，指摘朱熹"著意精微"、学问"支离"时②，朱的心中十分不快，尽管仍持续研讨了两天，终无结果。但朱陆"鹅湖之会"的学术魅力是无穷的，它是吾国学术思想史上的盛举，为不同学派之间的辩难与沟通立一博雅的范例。

宋明学术思想由理学发展到心学，是传统儒学的又一次大

---

① 参阅束景南著《朱熹年谱长编》卷上，第532页。

② 鹅湖之会，陆九龄、陆九渊兄弟各示一诗，复斋诗为："孩提知爱长知钦，古圣相传只此心。大抵有基方筑室，未闻无址忽成岑。留情传注翻榛塞，著意精微转陆沉。珍重友朋勤切琢，须知至乐在于今。"象山诗为："墟墓兴哀宗庙钦，斯人千古不磨心。涓流积至沧溟水，拳石崇成泰华岑。易简功夫终久大，支离事业竟浮沉。欲知自下升高处，真伪先须辨只今。"诗中"著意精微""支离事业"等句刺朱子之意甚明。朱熹亦有答诗："德义风流素所钦，别离三载更关心。偶扶藜杖出寒谷，又枉篮舆度远岑。旧学商量加邃密，新知培养转深沉。却愁说到无言处，不信人间有古今。"朱诗系三年后所写。均见《宋元学案》第三册，中华书局，1986年，第1873页。

变异。这次变异使儒学在一定程度上从传统儒学的束缚下解放了出来。理学是往外走，心学是往内走。依心学家的观点，往外走走窄了路，往内走走宽了路。陆九渊十三岁时写下的名言是："宇宙便是吾心，吾心便是宇宙。"① 后来他又有更大胆的名言："六经注我，我注六经。"② 王阳明（1472—1529）阐扬陆氏学说，提出："圣人之学，心学也。"③ 并申而论之曰："学贵得之心。求之于心而非也，虽其言之出于孔子，不敢以为是也，而况其未及孔子者乎？求之于心而是也，虽其言之出于庸常，不敢以为非也，而况其出于孔子者乎？"④ 他还竭力证明，每个人都可以成为圣人。这些地方表现出陆、王心学的自由境界和独立不倚的精神。甚至也可以说王阳明是在转着弯推行一种非孔子化的政策。试想，如果每个人都可以成为圣人，满街都是圣人，圣人还尊贵吗？也就无所谓圣人了。阳明之学作为中国学术史上儒家之学的一个脉系，无法掩盖它的离经叛道的倾向。当然王学主"知行合一"，又与孔门"文行忠信"之设教暗合。而"致良知"学说的提出，则使阳明有资格成为近古的圣者。何谓良知？阳明说："良知者，心之本体，即前所谓恒照者也。"⑤ 又说："良知即是未发之中，即是廓然大公，寂然不动之

---

① 参见《陆象山全集》卷三十六。

② 《陆象山全集》卷三十四。

③ 王阳明：《象山文集序》，《王阳明全集》上，上海古籍出版社，1992年，第245页。

④ 《王阳明全集》，第76页。

⑤ 王阳明：《答陆原静书》，《王阳明全集》上，第61页。

本体，人人之所同具者也。"① 又说："良知即是道，良知之在人心，不但圣贤，虽常人亦无不如此。"② 又说："良知是天理之昭明灵觉处，故良知即是天理。"③ 又云："良知即是天植灵根，自生生不息。"④ 又说："良知是造化的精灵。这些精灵，生天生地，成鬼成帝，皆从此出，真是与物无对。"⑤ 等等。盖良知就是性之本体，就是心的烛照光明。是"道"，也是天理。或者说，是天理和天道所触发的心的一点灵明。所以阳明称作"天植灵根"，称作"造化的精灵"。

然则何以又要"致"呢？所谓"致"，就是经过"格物致知"的功夫，使本然之知变成自觉之知。阳明说："良知良能，愚夫愚妇与圣人同。但惟圣人能致其良知，而愚夫愚妇不能致，此圣愚之所由分也。"⑥ 良知人人皆有，是天然固存。但圣愚的区别，在于自觉和不自觉。由不自觉到自觉，需要一个"致"字。后世的人有启蒙之说，依我之见，"启"和"致"具有同等的功夫，都是去魅而回归本然，重建理性的自我。所以阳明说："凡应物起念处，皆谓之意。意则有是有非，能知得意之是与非者，则谓之良知。"⑦ 呵呵，良知无非是能够辨明是非的理性认知。后来阳明把"致良知"归结为"四句宗旨"，即：

① 王阳明：《答陆原静书》，《王阳明全集》上，第62页。
② 同上书，第69页。
③ 王阳明：《答欧阳崇》第一通，《王阳明全集》上，第72页。
④ 王阳明：《语录三》，《王阳明全集》上，第101页。
⑤ 同上书，第104页。
⑥ 王阳明：《答顾东桥书》，《王阳明全集》上，第49页。
⑦ 王阳明：《答魏师说》，《王阳明全集》上，第217页。

无善无恶是心之体，

有善有恶是意之动，

知善知恶是良知，

为善去恶是格物。[①]

所谓"致良知"，实际上是"为善去恶"的过程。是功夫，也是过程。具体说，是除去"物欲的牵蔽"。除去之法，是为"致良知"的"致"，亦即需要"格物"。阳明此学的不同于朱子处，在于阳明主张"理"和"心"是统一的。或曰"心"即是"理"。禁忌处，是"外心以求理"[②]，阳明决不认可此说。

王学虽然没有像朱子学那样得到官方的认可，在士林的影响却是很大的，特别是在晚明，几成笼罩之势。但晚明的王学，已经与禅学结合，思想气质更趋远离嚣尘，其末流已完全入于空疏之途，因此遭致以通经致用为职志的学者的不满。

职是之故，清代实学家和汉学家对包括理学和心学在内的宋学施行攻诘，就不令人感到惊异了。

顾炎武（1613—1682）说："昔之清谈，谈老庄；今之清谈，谈孔孟。未得其精，而已遗其粗，未究其本，而先辞其末，不习六艺之文，不考百王之典，不综当代之务。举夫子论学、论政之大端，一切不问，而曰一贯，曰无言，以明心见性之空言，代修己治人之实学。股肱惰而万事荒，爪牙亡而四国乱，神州荡覆，

---

① 《王阳明全集》下册，"年谱三"八月，第217页。

② 王阳明：《答顾东桥书》，《王阳明全集》上，第43页。

宗社丘墟。"① 黄宗羲（1610—1695）说："明人讲学，袭语录之糟粕，不以六经为根底，束书不读。"② 颜元（1635—1704）说："宋家老头巾群天下人于静坐读书中，以为千古独得之秘指，办干政事为粗豪、为俗吏，指经济生民为功利、为杂霸。究之使五百年中平常人皆读讲集注，揣摩八股，走富贵利达之场。高旷人皆高谈静敬，著书集文，贪从祀庙廷之典。"③ 这还是就一般学风及其影响说的。毛西河（1623—1716）说："道学本道家之学，两汉始之，历代因之，至华山而大张之；而宋人则又死心塌地以依归之，其为非圣学，断断如也。"④ 江藩（1761—1830）说："宋初承唐之弊，而邪说诡言，乱经非圣，殆有甚焉。"⑤ 这不是说宋人有非圣的倾向吗？戴震（1724—1777）说："宋以来儒者，以己之见，硬坐为古贤圣立言之意，而语言文字实未之知。其于天下之事也，以己所谓理，强断行之，而事情原委隐曲实未能得，是以大道失而行事乖。"⑥ 这不是明指宋人离经叛道吗？前面我们讲了，是有是事。

还有钱大昕（1728—1804）说的："晋代尚清谈，宋贤喜顿

① 顾炎武：《日知录》卷之七"夫子之言性与天道"，集释本，花山文艺出版社，1990年，第310页。
② 参见《清史稿》卷四百八十"儒林一"之《黄宗羲传》，中华书局，第43册，第13105页。
③ 颜元：《朱子语类评》，《颜元集》上册，中华书局，1987年，第266—267页。
④ 毛奇龄：《辩圣学非道学文》，参见《西河文集》卷一百二十二。
⑤ 江藩：《国朝汉学师承记》，朱维铮执行主编《中国近代学术名著·汉学师承记（外二种）》，生活·读书·新知三联书店，1998年，第6页。
⑥ 戴震：《与某书》，《戴震集》，上海古籍出版社，1980年，第187页。

悟，笑问学为支离，弃注疏为糟粕。"① 惠栋（1697—1758）说
的："南宋俗儒，空谈道学，凡有用之书，至南宋而皆亡矣。"②
焦循（1763—1820）说的："宋儒言性言理，如风如影。"③ 汪中
（1745—1794）说的："宋世禅学盛行，士君子人之既深，遂以被
诸孔子。是故求之经典，惟《大学》之'格物致知'，可与傅合，
而未畅其旨也。一以为误，一以为阙，举平日之所心得者，悉
著之于书，以为本义固尔。然后欲俯则俯，欲仰则仰，而莫之违
矣。习非胜是，一国皆狂。"④ 等等。其锋芒所向几不留余地，从
而演成清初思想界的汉宋之争。

为宋学辩护者亦不乏其人。例如写《汉学商兑》的方东树
（1772—1851），就曾把"经"比作良禾，他说汉儒是勤于耕耘除
草的农夫，宋儒则是把得到的粮食舂成米，蒸熟了吃，以"资其
性命，养其躯体，益其精神"⑤ 他看宋儒比汉儒要高一筹了。他
说："逮于近世，为汉学者，其蔽益甚，其识益陋。其所挟，惟
取汉儒破碎穿凿谬说，扬其波而汩其流，抵掌攘袂，明目张胆，
惟以诋宋儒、攻朱子为急务。要之，不知学之有统，道之有归，
聊相与逞志快意，以骛名而已。"⑥ "诋汉"之措辞也是相当激烈。
但总的看，清前期和中期的学术界，宋学不敌汉学，占优势的还

① 此处所引钱大昕语，参见方东树《汉学商兑》卷中之下，载朱维铮执行主编
之《中国近代学术名著·汉学师承记（外二种）》，第 315 页。
② 参见朱维铮执行主编之《中国近代学术名著·汉学师承记（外二种）》，第 353 页。
③ 同上书，第 277 页。
④ 同上书，第 288 页。
⑤ 方东树：《汉学商兑》，《中国近代学术名著·汉学师承记（外二种）》，第 410、
411 页。
⑥ 同上。

是以经世致用为旨归的实学和考据学即朴学。

中国学术的考据传统发源甚早。汉之经注，唐之义疏，都离不开考据。而考据的前提是要有训诂的基础，所以传统的图书分类方法，经部之下常附以小学。清儒的常谈，是读书必先识字。在这点上，宋儒留下了遭诟病的口实。清代汉学家提出由宋返汉的口号，实包含有对宋儒治学方法不以为然的意思。

钱大昕说："穷经者必通训诂，训诂明而后知义理之趣。后儒不知训诂，欲以向壁虚造之说求义理所在，夫是以支离而失其宗。"① 又说："圣人之言，因其言而求其义，则必自训诂始。谓训诂之外别有义理，如桑门以不立文字为最上乘者，非吾儒之学也。"② 陆王讥朱熹"支离"，清儒攻宋儒"支离"，如果朱熹目睹清儒的考证方法，更有理由认为是"支离"而又"支离"了。钱大昕声称训诂之外便没有义理的存在，这未免太武断了。其实宋儒何尝不懂得训诂，只不过为学次第有所轻重罢了。朱熹的学问无论在义理方面还是在训诂方面都堪称一流。当然就一代学术的总体成就而言，清代的考据学确实是前无古人，也可以说是后无来者的。乾嘉巨子把古代典籍翻了一个过，做了一次总检查，他们中的一些人真正把学术当作了一种职业。梁启超强调盛清诸大师为学问而学问的态度，称赞他们能够做到"治一业终身以之，铢积累寸，先难后获，无形中受一种人格观感，使吾辈奋兴向

---

① 钱大昕：《左氏传古注辑存序》，《潜研堂集》，上海古籍出版社，1989年，第387页。

② 同上书，第391页。

学"①，无疑是直中肯綮之论。因此认真说来，清中叶的主流学风和宋代的主流学风的确有所不同，学术史上的汉宋之争，不是空穴来风，而是渊源有自。

梁启超把盛清学者的学风概括为十大特点：（一）凡立一义，必凭证据；无证据而以臆度者，在所必摈。（二）选择证据以古为尚。（三）孤证不为定说。（四）隐匿证据或曲解证据，皆认为不德。（五）喜欢罗列同类事项，作比较的研究，以求得公则。（六）采用旧说，必明引之，抄说认为大不德。（七）所见不合，则相辩诘，虽弟子驳难本师，亦所不避，受之者从不以为忤。（八）辩诘以本问题为范围，词旨务笃实温厚，虽不肯枉自己意见，同时仍尊重别人意见。有盛气凌轹，或支离牵涉，或影射讥笑者，认为不德。（九）专治一业，为窄而深的研究。（十）文体贵朴实简洁，忌言有枝叶。②如果把第二条的"以古为尚"改为或理解为重视原始证据，任公先生概括的清学的这些特点，置诸百年后的今天，仍有其匡正学风的价值，不仅完全适用于今天的学术界，而且应该成为以学术为职业的学人们理应遵循的学术规范。

我们现在所缺少的正是清儒的这种学问精神。我们有理由说，清中叶的学风和治学方法中，似乎已经开始有了现代学术思想的一些萌芽。这就是为什么"五四"前后受西学影响很深的一批现代学人，用新的方法解读中国古典，都强调科学的考据，其

① 梁启超：《清代学术概论》，《梁启超论清学史二种》，复旦大学出版社，1985年，第40页。
② 梁启超：《清代学术概论》，《梁启超论清学史二种》，第39页。

至在治学方法上自觉不自觉地要回到乾嘉去。这不是学术的倒退，而是有渊源的出新。同样，清儒以"由宋返汉"相标志，也不能认为是倒退，而是以古为新的策略。

第三章

多元并立的中国传统学术

多元并立是中国传统学术的特点；

不同学术思想与流派之间不管争论得怎样激烈，总是以相互吸收为条件。不是由于儒家思想的保守性使得传统社会的发展受到阻滞，而是传统社会各种学术思想的多元制衡形成的表面张力，减缓了中国古代社会结构变易与更新的速度。

把做学问和做人结合起来，是中国学术的固有传统。以人为中心还是以学为中心，是传统学术和现代学术的一个分界点。

我们通过对中国传统学术思想隆替嬗变过程的大体梳理，可以看到一种现象，即学术思潮的生成和发展，总是到了峰巅就跌落下来；研究的人越多，离学说原创的宗旨越远；流行于全社会，全社会即与之疏离。正如黄梨洲所说："学问之事，析之者愈精，而逃之者愈巧。"①《红楼梦》里一位乖巧姑娘的话，"天下没有不散的筵席"，没想到在这人烟稀少的学术史领域也能够得到验证。

　　当然学术思想的消长聚散不同于别的事物，即便体现共同旨趣的学术群体瓦解了，所主张的学术思想处于极度的低潮，甚或被世人冷落，只要是曾经流行于世的学术思想，便不

　　① 黄宗羲：《留别海昌同学序》，《黄宗羲全集》第十册，浙江古籍出版社，1993年，第627页。

会骤然寂灭。代之而起的学术思想，总是以融汇前行者的思想资源为特征。所谓经学的今古文之争、汉学与宋学之争、朱陆异同之辨，不管争论得如何激烈，都是以相互吸收彼此的滋养为条件的。因此就学术本身的发展而言，不同历史时期的学术思想之间，常常远亲近缘，后果前因，此起彼伏，互相勾连。最明显的是，长时间成为中国传统社会学术主潮的儒、释、道三家，如前所说，彼此之间的互相争胜固然是它们存在的一种形态；互相吸收、彼此妥协、三教合流，更是它们长期存在的常态。历史上各种学术思想流派之间的对立，与其说是学术思想的对立，不如说是与此种思想和此种学术相关联的学人之间的对立更具有实在性。社会化了的人的头脑比学术思想本身复杂得多，学术思想常常难以避免受学术以外因素的牵扰。

张载（1020—1077）《正蒙·太和篇》里的四句话：

> 有象斯有对，
> 对必反其为；
> 有反斯有仇，
> 仇必和而解。①

我称张载的这四句话为"哲学四句教"，以区别于他的"为天地立心，为生民立命，为往圣继绝学，为万世开太平"的"横

---

① 《张载集》，中华书局，1978年，第10页。

渠四句教"。他的"哲学四句教"是对整个宇宙世界讲话。这个
世界上,有无穷无尽的生命个体,可以称作一个一个的无可计数
的"象",每个"象"都不同。也就是张载《正蒙》所说:"盈
天地之间者,法象而已。"[1]张载在哲学上秉持"气"一元论的思
想,认为无形之气因"感而生则聚",于是便有象形成。第一句
"有象斯有对",是说所有这些个"象",都是以不同的姿态,不
同的规定性,存在于这个世界上的。即使是美丽的女性,也有不
同的美。所以古人很早就有"佳人不同体,美人不同面"的说
法(《淮南子·说林训》)。西方也讲,世界上没有完全相同的两个
生命个体。用张载的原话说,则是:"天下无两物一般,是以不
同。"[2]以及"造化所成,无一物相肖者"[3]。总之,宇宙间的万象是
互不相同的,这才成其为世界。

第二句"对必反其为",是说一个一个的"象",不是静止
的,而是流动的。由于"象"的不同,其运行流动的方向也不
相同,甚至会背道而驰,发生互相间的对立和纠结。这就是第三
句标称的"有反斯有仇"的情况。这个"仇"字,古写作"讎",
左边一个"隹",右边一个"隹",中间是言论的"言"。"隹"是
一种尾巴很短的鸟,"讎"字的本义是指两只短尾巴鸟在叽叽喳
喳地说话、讨论、争论、辩论。但两只短尾巴鸟互相讨论、争
论、辩论的结果,并不是这只鸟把那只鸟吃掉,而是或取得共
识,或达成妥协,或求同存异,最后走向"和而解"。这和学术

---

① 《张载集》,第8页。
② 同上书,第330页。
③ 同上书,第10页。

思想的讨论、论争、辩难非常相像，所以张载"哲学四句教"的第四句"仇必和而解"是关键。不怕不同，不怕歧见，不怕争论，甚至也不怕因误读而产生的仇雠相对，最后的结局，终归会"和而解"。

用张载的"哲学四句教"来解释不同学术思想之间的隆替与变迁，可以找到相反相成的契合之处。此正如陈寅恪先生论道教之特点，在于无不尽量吸收佛教、摩尼教等外来的思想，而又不忘本来民族之地位。同样，寅恪先生认为，"新儒家即继承此种遗业而能大成者"①。此无他，就是既敢于吸收而又能守住民族文化的本位是也。这种学术态度和文化精神，就是寅老所说的"虽似相反，而实足以相成"。

中国传统社会学术思想的多元并立，是一个不容忽视的特点，它其实根源于一种哲学理念，即《中庸》里说的："万物并育而不相害，道并行而不相悖。"而这种多元并立的表现形式则多种多样。就以儒家思想、道教思想和佛教思想三者的关系为例，它们在传统社会长期并存之事实本身，已经是学术思想多元化的一种表现。汉以后儒家的地位上升，长时间基本上成为占统治地位的思想，可是在单纯的学术思想领域，道教思想和佛教思想的影响丝毫没有示弱。陈寅恪先生对此有极深刻的论述，他在给冯友兰的《中国哲学史》下册所写的审查报告中写道：

---

① 陈寅恪：《冯友兰〈中国哲学史〉下册审查报告》，《金明馆丛稿二编》，生活·读书·新知三联书店，2001年，第284页。

> 二千年来华夏民族所受儒家学说之影响，最深最巨者，实在制度法律公私生活之方面，而关于学说思想之方面，或转有不如佛道二教者。①

这也就是说，佛教和道教的思想，并不因为没有成为占统治地位的思想而减弱它的影响力。所以如此，是由于在中国传统社会里自始至终存在着完整的民间社会。在民间，佛、道两家是相当有市场的。

换言之，中国传统社会的学术思想有在朝在野之分，这是多元并立的又一种表现形态。同是儒学脉系的学术思想，也有在朝在野之分。如前所述，朱子学早就成了官学，阳明学则未被官方认可，影响的伟力主要在士林。在朝的思想即居于统治地位的思想，理论上应该居于优势，实际上又不尽然。孔子很早就说过："礼失，求诸野。"此一命题的意思，是说当一种社会制度已经分崩离析、行将解体的时候，统治者原来选择的维系既定社会制度的礼法秩序及其思想体系，就失去了维系力，或如春秋时期的"礼崩乐坏"，或如明清之际的"天崩地解"。但在朝廷找不到的礼俗，民间还可以找到。何况中国古代一直有民间办学的传统，学术思想在民间的传衍，比经由官方的管道更加畅通无阻。"学在民间，道在山林"，是传统士人的常谈。民间社会的存在，使处于弱势的各家各派的学术思想有了自我立基的社会依托物。

具体到传统社会的一个有文化根基的士大夫，或单纯的类

---

① 陈寅恪：《冯友兰〈中国哲学史〉下册审查报告》，《金明馆丛稿二编》，第251页。

似知识分子的"士"，他们处身朝野经常互位、多元并立的文化环境中，所受文化熏陶和学术思想的影响，一般也是多元的。至少一个人生平的不同时期，遭遇的不同境遇，对儒、释、道各家思想的选择和吸收是有区别的。儒家思想有利于进取，是处身顺境的支撑力量。但儒家思想本身，也不是完全没有处穷应变的势能，所谓"达则兼济天下，穷则独善其身"者就是。"独善"与"兼济"这两个对应概念，已给传统士人立身处世以极大的回旋余地。而道家和道教的思想尤适合于逆境或赋闲，可以成为命途多舛者的精神食粮。佛教思想特别是后来的禅宗，更是人生经历大挫折的精神安顿剂。生活在传统社会里的知识分子，不论顺逆、荣辱、升沉、进退、显隐，都可以从各种固有的学术思想中获取适合于自己现时处境的精神资源。在这一点上，他们有足够的自我精神空间，他们从不缺少内在的自由。

权力拥有者可以以一元的态度对待知识分子，知识分子却可以用多元的态度对待权力者。这样交错运行的结果，个体生命的精神可以在多元学术的背景下达致平衡，社会的精神气候也可以在多元文化（尤其在民间社会）的背景下达致平衡。不是如有的论者所说，由于儒家思想具有保守性使得传统社会的发展受到了阻滞，而是传统社会各种思想的多元制衡所形成的表面张力，减缓了中国古代社会结构变易和更新的速度。

由此我们看到了影响中国学术思想生成、衍化、嬗变、变异的诸多方面的因素。括而言之，有五个方面的因素在交错中发挥影响作用。第一，学术思想内部的相生相克之态，这是学术发展的内在理路；第二，社会结构和风俗习惯的影响，这涉及朝野即官府和民间的互动问题；第三，政治权力的杠杆常常拨乱其间，使学术思想在自由和不自由之间颠簸起伏；第四，地理与人文环境，也是影响学术发展的重要因素；第五，学者个人的家学与才性，也关乎学术的品格。

此五种势因，每一种都试图按照自己的特殊意志选择学术的方向。

按照学术发展的内在理路，势必走向学术独立的道路。但这条路，在中国传统社会形态的框架下是走不通的。社会结构和风俗习惯，则要求学人顾及家国的利益，无论在朝在野都应该以学以致用为旨归，因此强调"经世致用"，始终是传统学术的一个不间断的传统。政治权力的杠杆，则尽量把学术引向为权力者短视意图服务的途径，其结果是给学术戴上枷锁，使学术失却本性，学人不得不戴着镣铐跳舞。至于人文地理环境对学派和学术风格的形成所具有的影响作用，更一向为学人所乐道。中国学术以地望名学的传统，盖本乎此。如宋学之濂（周敦颐，濂为水名）、关（张载，关中人）、洛（程颢、程颐，河南人）、闽（朱熹及其弟子蔡元定，福建人）的学派分别；清中叶"汉学"之吴派（惠栋为代表）和皖派（戴震为代表）的区分；以及扬州学派（王念孙和王引之、汪中、焦循、阮元等为代表）和泰州学派的各自拥立；等等。诚如章太炎（1869—1936）所说："视天之郁苍苍，立学术者无所因，各因地齐、政俗、才性发舒而名一家。"[1] 地域人文环境（地齐）的因素，太炎先生没有忽略。而学

---

① 章太炎：《原学》，《章太炎全集》，上海人民出版社，1984年，第133页。

者个人的才性和其家学渊源，则决定学者的流品和学术的风貌。

　　还有政俗一项，影响于学术者也大矣。别的不说，单就一定历史时期的整体学术风气的形成而言，那一时期的政俗如何，便是直接发生影响的一个因素。每当朝廷内部权力攘夺激烈、思想统治严酷、社会黑暗的时候，总有一部分知识分子由于被逼迫无其他路可走，才不得已选择了潜心学术的寂寞之路，作为自己争取生活空间的一种手段。汉之说经流于烦琐，就中应有宦官与朋党政争的背景。东汉"党锢之祸"受株连者无算，却成就了何休、郑玄等旷世大儒。魏晋的玄谈以及宋儒的蹈虚说空，不妨也可以看作他们在寻找言语的空间。而乾嘉诸老的专心考据，自然与清中叶残酷的文字狱有一定关系。当他们这样做的时候，客观上也是往学术独立的路上移动了小小的一步，哪怕是自己没有意识到也好。这种情形是学术思想的另一类蜕分与变异，研究中国学术思想史者不能不给以格外的注意。

　　当然中国传统儒学的特点，汉以后是与社会制度结合在一起的，它与政治和人伦有天然的亲和力，由儒家思想形成的学统，与道统和治统是合一的。集中表现传统士人的道德与社会理想的修身、齐家、治国、平天下这四组概念，第一组和第二组讲的都是关于道德与学问的关系。第三、第四组讲的是政治理想和社会担负。如果我们把"尊德性"和"道问学"分解开来看，后世学者为学的进境似乎各有侧重。比较而言，宋儒"尊德性"多一些，清儒"道问学"的成分比较凸出。中国学术史上的义理与考据之辩，与此一问题亦不无关系。义理之学为宋儒所提倡，清儒的强项则是考据之学。当然就中国历代学术所追寻的方向而言，其运行的大势是把两者合起来，而不是要它们分离。

中国学术传统中确有"尊德性"和"道问学"兼容不悖的特点，而且要求把做学问和做人合起来，甚至把做学问最后归结为做人。所以当品评或褒奖一个人的时候，常常并提道德文章。这是中国学术的一个固有传统。钱穆（1895—1990）先生在论述中国传统学术特点时曾说："中国传统，重视其人所为之学，而更重视为此学之人。中国传统，每认为学属于人，而非人属于学。故人之为学，必能以人为主而学为从。当以人为学之中心，而不以学为人之中心。"①钱氏所说，诚为的论。傅斯年（1896—1950）也说："中国学术，以学为单位者至少，以人为单位者转多，前者谓之科学，后者谓之家学。家学者，所以学人，非所以学学也。历来号称学派者，无虑数百，其名其实，皆以人为基本，绝少以学科之分别而分宗派者。纵有以学科不同而立宗派，犹是以人为本，以学隶之，未尝以学为本，以人隶之。"②傅氏提出的是以人为单位还是以学为单位的问题，正可以补论钱宾四先生的观点。

但我们不妨引申为说，提出以人为中心或以人为单位的学术，与以学为中心或以学为单位的学术，它们彼此之间的异同，我们究竟应该怎样看待？依笔者的看法，我国宋明以前和清前期的学术，基本上都是以人为中心，以人为单位的，因而独立之学术不可能存在。只有盛清学者的治学精神和治学方法，开始显示出一种由以人为中心的学术向以学为中心的学术过渡的趋向。不

---

① 钱穆：《中国学术通义》，学生书局，1975 年，第 6 页。
② 傅斯年：《中国学术思想的根本谬误》，《傅斯年全集》第四册，联经出版公司，1980 年，第 167 页。

过也只是趋向和过渡而已，真正意识到学术应该有自己的独立价值，那是到了晚清吸收了西方的学术观念以后的事情。因为以人为中心还是以学为中心，以人为单位还是以学为单位，是传统学术和现代学术的一个分界点，由前者过渡到后者是一个长期蜕分蜕变的过程。

第四章
域外思想的引进与学术变迁

域外思想的引进和由此引发的化分化合的过程，是中国学术思想隆替与变异的重要因缘，自然也是传统学术走向现代的动因。晚清新学是传统学术向现代学术转变的过渡期，它的一个脉系是直承清学中的今文学派而来的『政治化新学』，以康有为为代表；另一脉系的代表是严复，以译介输入西方学术思想为职事，可视作『启蒙派新学』。

中国学术思想的隆替与变异还有另外一因，即外来学术思想的引进和由此产生的化分化合的过程。华夏文化的一个重要特征，是它的包容性、不排外性。由此种文化铸成的中国人的文化性格，也是不排外的。不仅交通发达的通都大邑，就是与外界隔绝的穷乡僻壤，也具有积极吸收异质文化的本能。中国历史上几次大的学术思想的变迁，都与外来思想的刺激有直接关系。

　　王国维在论述外界势力影响学术之大势时，这样写道：

　　　　外界之势力影响于学术岂不大哉？自周之衰，文王、周公势力之瓦解也，国民之智力成熟于内，政治之纷乱乘之于外。上无统一之制度，下迫于社会之要求，于是诸子九流各创其学说，于道德、政治、文学上灿然放万丈之光焰，此为中国思想之能动时代。自汉以后，天下太平，武帝复以孔子之说统一之。其时，新遭秦火，儒家唯以抱残守缺为事，其为诸子之学者，亦但守其师说，无创作之思想，学界稍稍停滞矣。佛教之东，适值吾国思想凋蔽之后。当此之时，学者见之，如饥者之得食，渴者之得饮。担簦访道者接武于葱岭之道，翻经译论者云集于南北之都。至六朝至于唐室，而佛陀之教，极千古之盛矣。此为吾国思想受动之时代。然当是时，吾国固有之思想与印度之思想互相并行而不相化合。至宋儒出而一调和之，此又由受动之时代出而稍带能动之性质者也。自宋以后以至本朝，思想之停滞略同于两汉。至今日，而第二之佛教又见告矣——西洋之思想是也。①

王氏此论，是对整个中国学术嬗变规律的一种概括，但他的着眼点在外缘的因素对学术的影响，特别是异域学术思想所起的影响作用。"能动""受动"之说的提出，说明他在追寻学术思想发生、嬗变的动因。他的初意，显然更赞赏学术思想的能动时代，所以极力表彰晚周学术之光焰灿烂，对带有能动性质之宋学也给予高度评价。在另一处他也曾写道："故天水一朝，人智之活动与文化之多方面，前之汉唐，后之元明，皆所不逮也。"②"天水一朝"指的是宋代，此处对宋代学术思想的评价是很高的。陈寅恪也说："华夏民族之文化，历数千载之演进，造极于赵宋之

---

① 王国维：《论近年之学术界》，《王国维遗书》第五册之《静安文集》，第 93 页。
② 王国维：《宋代之金石学》，《王国维遗书》第五册之《静安文集续编》，第 70 页。

世。"① 又说:"天水一朝之文化,竟为我民族遗留之瑰宝。"② 宋代是儒、释、道三家思想大汇流的历史时期,思想文化的原创性突出显现,史学、理学、金石学、艺术、科技,均有重要的发现与发明,称其带有能动的特点,固是事实。

但受动时期往往隐发着学术思想的大变迁,王国维同样极为看重,观其上述对佛教东传之盛的描绘就可以知道。但王氏身处晚清之社会现实,他尤其看到了"第二之佛教"即西洋之思想东来对促进中国传统学术走向现代的重大意义。

这里有一个对晚清新学的评价问题。

晚清新学是直承清学中的今文学派而来的。本来中国学术史上的经今古文学之争,东汉以后已告平息,何以清代又起波澜?始作俑者是一个叫庄存与(1719—1788)的人,他与戴震同时,处"汉学"之吴、皖二派风头正健之世,而独辟蹊径,重建今文经学的学术理念,不以训诂笺注为能事,转而求"先圣微言大义于语言文字之外"③。他为学的特点,阮元(1764—1849)在《庄方耕宗伯经说序》中作了如下的说明:"《易》则贯串群经,虽旁涉天官分野气候,而非如汉宋诸儒之专衍数术、比附史事也;《春秋》则主公羊、董子,虽略采左氏、穀梁氏及宋元诸儒之说,而非如何邵公所讥信经任意、反传违戾也;《尚书》则不分今古文文字同异,而剖析疑义,深得夫子序《书》、孟子论世之意;

---

① 陈寅恪:《邓广铭宋史职官志考证序》,《金明馆丛稿二编》,上海古籍出版社,1980 年,第 245 页。

② 陈寅恪:《赠蒋秉南序》,《寒柳堂集》,上海古籍出版社,1980 年,第 162 页。

③ 阮元:《庄方耕宗伯经说序》,见于《味经斋遗书》卷首,《揅经室集》不载。

《诗》则详于变雅，发挥大义，多可陈之讲筵；《周官》则博考载籍，有道术之文为之补其亡缺，多可取法致用；《乐》则谱其声，论其理，可补古《乐经》之缺；《四书说》敷畅本旨，可作考亭诤友，而非如姚江王氏、萧山毛氏之自辟门户，轻肆诋诘也。"①特别是他的《春秋正辞》一书，提出："《春秋》非记事之史，不书多于书，以所不书知所书，以所书知所不书。《春秋》治乱必表其微，所谓礼禁未然之前也。凡所书者有所表也，是故《春秋》无空文。"② 这与汉代今文经学强调的"微言大义"同一机杼，而有过之。

庄存与是江苏武进（今常州市）人，说来他的经历颇具传奇性。他自幼聪颖，读书一目数行。十二岁时，因地震埋于屋墙之中，家人掘土五尺，方救出；但耳目闭塞，过了很长时间才能说话。年长的人因此都说他将来必成大器。果然二十六岁（乾隆十年，即 1745 年）考中了一甲第二名进士，做了几任主考和学政后，升至礼部侍郎。他的书斋里有一副很特别的对联："玩经文，存大体，理义悦心；若己问，作耳闻，圣贤在坐。"多少带有一点理学气。他人生的兴趣，在学不在官。他为清代今文学开了风气。继他而起的刘逢禄（1776—1829），是他的外孙，十一岁时庄存与就看出，这位孙儿日后"能传其学"。刘三十八岁（嘉庆十九年，即 1814 年）考中进士，授翰林院庶吉士，著述丰硕且服膺前汉今文学的态度甚坚。他在其所著《春秋公羊经何氏释

---

① 阮元：《庄方耕宗伯经说序》，见于《味经斋遗书》卷首，《揅经室集》不载。
② 庄存与：《春秋要指》，《春秋正辞》（郭晓东等点校），上海古籍出版社，2014年，第 228 页。

例》一书的序言中写道：

> 传《春秋》者，言人人殊，惟公羊氏五传，当汉景时，乃与弟子胡毋子都等共垂竹帛。是时，大儒董生，下帷三年，讲明而达其用，而学大兴。故其对武帝曰："非六艺之科，孔子之术，皆绝之，弗使复进。"汉之吏治、经术，彬彬乎近古者，董生治《春秋》倡之也。胡毋生虽著《条例》，而弟子遂者绝少，故其名不及董生，而其书之显亦不及《繁露》。绵延迄于东汉之季，郑众、贾逵之徒，曲学阿世，煽中垒之毒焰，鼓图谶之妖氛，几使义嫠重昏，昆仑绝纽。赖有任城何劭公氏，修学卓识，审决白黑，而定寻董、胡之绪，补严、颜之缺，断陈元、范升之讼，针明、赤之疾，研精覃思，十有七年，密若禽、墨之守御，义胜桓、文之节制。《五经》之师，罕能及之。天不佑汉，晋戎乱德，儒风不振，异学争鸣。杜预、范宁，吹死灰期复燃，溉朽壤使树艺。时无戴宏，莫与辨惑。唐统中外，并立学官。自时厥后，陆淳、啖助之流，或以弃置师法，燕说郢书，开无知之妄；或以和合传义，断根取节，生歧路之途。支室错迕，千喙一沸，而圣人之微言大义，盖尽晦矣。①

此段文字无异于公羊春秋学的简史，只不过出语激烈，意气

① 刘逢禄：《春秋公羊经何氏释例序》，《春秋公羊经何氏释例》（曾亦点校），上海古籍出版社，2013年，第3页。

甚盛，兹可见刘逢禄承继汉代今文学之余绪而谋求振兴的学术自
觉是何等强烈。东汉的何休著有《春秋公羊解诂》，刘氏尤专注
何休之学，撰《公羊何氏解诂笺》《春秋公羊经何氏释例》等书，
发挥何休的所谓"非常异义可怪之论"①，大张今文学的旗帜。而
庄述祖（庄存与大侄的外甥）、宋翔凤（1779—1860，与刘逢禄同
年），也是经今文学的拥护者，与刘逢禄一起倡公羊《春秋》，反
对古文经学。清代今文学的"常州学派"就这样形成了。

龚自珍和魏源的出现，使清代的今文学派在思想界真正成了
气候。

龚自珍（1792—1841）是浙江仁和（今杭州市）人，生于乾
隆五十七年，外祖父是鼎鼎大名的研究《说文解字》的大儒段玉
裁。不过他在学问上走的可不是他外祖父的路子，年轻时就撰有
《乙丙之际著议》和《塾议》多篇，发表对学理和时政的看法，
其中"自改革"主张的提出，尤为当时后世所注意。他说："一
祖之法无不敝，千夫之议无不靡，与其赠来者以劲改革，孰若自
改革。"②对江藩的《国朝汉学师承记》，他直接致函给江，阐述
"十不安"的理由。认为应改"汉学"为"经学"，方能切题。③
一八二○年龚自珍二十八岁时赴北京应试不第，有了跟随刘逢禄
学习公羊学的机会。他很敬重这位以今文学名世的老师，写诗

---

① 何休《春秋公羊解诂序》："传《春秋》者非一，本据乱而作，其中多非常异
义可怪之论，说者疑惑，至有倍经、任意、反传违戾者。"参见《十三经注疏》（标点
本）第八册之《春秋公羊传注疏》，北京大学出版社，1999 年，第 3—4 页。

② 龚自珍：《乙丙之际著议第七》，《龚自珍全集》，上海人民出版社，1975 年，
第 6 页。

③ 龚自珍：《与江子屏笺》，《龚自珍全集》，第 346—347 页。

说:"昨日相逢刘礼部,高言大句快无加。从君烧尽虫鱼学,甘作东京卖饼家。"① 后来祖述师说而有所发明的《春秋决事比》成书,又有诗纪念:"端门受命与云礽,一派微言我敬承。宿草敢祧刘礼部,东南绝学在毗陵。"诗后有注:"年二十有八,始从武进刘申受(刘逢禄字申受——笔者注)受《春秋公羊》。近岁成《春秋决事比》六卷,刘先生卒十年矣。"②

龚自珍是一位充满激情、有风骨、有抱负、时代担负感很强的知识分子,他一生为学和关注的问题,早已超出了传统今文学的范围。魏源在《定庵文录叙》中写道:"于经通公羊春秋,于史长西北舆地。其文以六书小学为入门,以周秦诸子吉金乐石为崖郭,以朝章国故世情民隐为质干。晚尤好西方之书,自谓道深微云。"③此应为知者之言。龚自珍与林则徐颇相得,主张禁鸦片、抵御列强侵略,他还有预见性地提出把新疆建为行省。他的诗写得也很清新:"九州生气恃风雷,万马齐喑究可哀。我劝天公重抖擞,不拘一格降人才。"④ 就是他的脍炙人口的名作。不妨再看另一首:

> 不是逢人苦誉君,
> 亦狂亦侠亦温文。
> 照人胆似秦时月,

---

① 《杂诗己卯自春徂夏在京师作得十有四首》之六,《龚自珍全集》,第441页。
② 《己亥杂诗》第五十九首,《龚自珍全集》,第514页。
③ 魏源:《定庵文录叙》,《魏源集》上册,中华书局,1976年,第239页。
④ 《己亥杂诗》第一百二十五首,《龚自珍全集》,第521页。

送我情如岭上云。①

同样隽永清新。实际上他是当清王朝开始走下坡路、国势颓危之际较早觉醒的启蒙学者。可惜他寿命不永，五十岁盛年就因暴疾而终。

魏源（1794—1857）是湖南邵阳人，生于乾隆五十九年，二十岁时在京城从刘逢禄学《春秋公羊学》，因得以与龚自珍相识，两个人气类相契，寻求改革的思想亦颇相同。魏源五十一岁考中进士，以知府的名分在江苏兴化、高邮一带做官。他为学不泥，论治明通，而其旨归则在于经世致用，希冀国家危殆不振的状况有所改变。他说："天下无数百年不弊之法，无穷极不变之法，无不除弊而能兴利之法，无不易简而能变通之法。"②他强烈反对只知背诵先贤往圣的书本而不顾及新的经验的"庸儒"："君子之为治也，无三代以上之心则必俗，不知三代以下之情势则必迂。读父书者不足与言兵，守陈案者不足与言律，好剿袭者不可与言文；善琴弈者不视谱，善相马者不按图，善治民者不泥法。无他，亲历诸身而已。读黄、农之书，用以杀人，谓之庸医；读周孔之书，用以误天下，得不谓之庸儒乎？靡独无益一时也，又使天下之人不信圣人之道。"③对两汉经今古文的态度，他明显倾向于今文，其所作《两汉经师今古文家法考叙》写道：

今世言学，则必曰东汉之学胜西汉，东汉郑、许之学

① 《己亥杂诗》第二十八首，《龚自珍全集》，第 511 页。
② 魏源：《筹鹾篇》，《魏源集》下册，第 432 页。
③ 魏源：《默觚下·治篇五》，《魏源集》上册，第 49 页。

综六经。呜呼！二君惟六书、三礼并视诸经为阕深，故多用今文家法。及郑氏旁释《易》《诗》《书》《春秋》，皆创异门户，左今右古。其后郑学大行，浸淫遂至《易》亡施、孟、梁丘，《书》亡夏侯、欧阳，《诗》亡齐、鲁、韩，《春秋》邹、夹，公羊、穀梁，半亡半存，亦成绝学。谶纬盛，经术卑，儒用绌。晏、肃、预、谧、暐之徒，始得以清言名理并起持其后，东晋梅赜伪古文《书》遂乘机窜入，并马、郑亦归于沦佚。西京微言大义之学，坠于东京，东京典章制度之学，绝于隋唐，两汉故训、声音之学，熄于魏晋。其道果孰隆替哉？且夫文质再世而必复，天道三微而成一著。今日复古之要，由训诂、声音以进于东京典章制度，此齐一变至鲁也；由典章、制度以进于西汉微言大义，贯经术、故事、文章于一，此鲁一变至道也。[1]

　　魏源所持的今文经学的立场是很坚定的。但他对今文学派亦有分析，颇同感于《汉志》所言西汉儒生"碎义逃难，便辞巧说"之敝，说："非尽东汉古文家敝之，乃今文家先自敝也。"[2]并举后来对《四子书》的解释流为俗学为例，认为学术

<hr>

[1]　魏源：《两汉经师今古文家法考叙》，《魏源集》上册，第151—152页。
[2]　魏源：《书古微例言中》，《魏源集》上册，第116—117页。其论解说《四子书》而流于俗学云："宋儒表章《四子书》教士，望其学圣有途辙，不歧于异端俗学，岂知功令既颁之后，至明而'蒙引''存疑''浅说''达说''说约'之讲章，乡会之程墨，乡社之房稿，定待闲在之选本，皆至于汗牛充栋而不可极，其敝于利禄，亦何异汉士说尧典'稽古'者乎？故以马融之贪肆而公诋欧阳生为俗儒，犹今之淹博词章者诋业科举之士为俗儒也。"参见《魏源集》上册，第117页。

之敝乃敝于利禄，学派之间互相攻讦的结果，使"今古文两败俱伤"①。此又可见其承继今文学而又超越今文学的治学特点。他的大著《海国图志》，尤能见出他维护国家民族的利益、渴求了解外域状况的近代思想。他的传世名言是："师夷长技以制夷。"②

　　总之龚、魏之学，已不在学术本身。换言之，他们的今文学，重点在"今"，而不在"经"。梁启超所论极是："今文学之健者，必推龚、魏。龚、魏之时，清政既渐陵夷衰微矣。举国方沉酣太平而彼辈若不胜其忧危，恒相与指天画地，规天下大计。考证之学，本非其所好也，而因众所共习，则亦能之。能之而颇欲用以别辟国土，故虽言经学，而其精神与正统派之为经学而治经学者则既有以异。"③又说："后之治今文学者，喜以经术作政论，则龚、魏之遗风也。"④

　　乾嘉之后的清学已呈今文学派往晚清新学转变的趋势。梁任公所谓"喜以经术作政论"的"后之治今文学者"，主要指的是他的老师康有为。康有为（1858—1927）是清代今文学派的集大成者。不过康氏喜为独断之学，除了受廖平的影响，师承并不明

---

　　①　魏源：《书古微例言中》，《魏源集》上册，第116—117页。其论解说《四子书》而流于俗学云："宋儒表章《四子书》教士，望其学圣有途辙，不歧于异端俗学，岂知功令既颁之后，至明而'蒙引''存疑''浅说''达说''说约'之讲章，乡会之程墨，乡社之房稿，定待闲在之选本，皆至于汗牛充栋而不可极，其敝于利禄，亦何异汉士说尧典'稽古'者乎？故以马融之贪肆而公诋欧阳生为俗儒，犹今之淹博词章者诋业科举之士为俗儒也。"参见《魏源集》上册，第117页。
　　②　魏源：《海国图志原叙》，《海国图志》上，岳麓书社，1998年，第1页。
　　③　梁启超：《清代学术概论》，《梁启超论清学史二种》，第63页。
　　④　同上。

显。他的主要打击对象是刘歆，目的是托古改制，为变革维新做学术思想的准备。结果思想准备成功了，政治变革失败了。

尽管如此，康有为在晚清思想界的影响却不可低估。被梁启超称之为"思想界之一大飓风"的康著《新学伪经考》，"新学"二字原指东汉新莽之学，易世误读的结果，竟变成了流行于晚清的普泛新学的同义语。实际上倒也没错，平心而论，晚清新学的第一号领袖人物当然非南海先生莫属。梁启超《清代学术概论》对康的评价颇具史笔，他写道：

> 今文学运动之中心，曰南海康有为。然有为盖斯学之集成者，非其创作者也。有为早年，酷好《周礼》，尝贯穿之著《政学通议》，后见廖平所著书，乃尽弃其旧说。廖平者，王闿运弟子。闿运以治《公羊》闻于时，然故文人耳，经学所造甚浅，其所著《公羊笺》，尚不逮孔广森。平受其学，著《四益馆经学丛书》十数种，颇知守今文家法。晚年受张之洞贿逼，复著书自驳，其人固不足道。然有为之思想，受其影响，不可诬也。有为最初所著书曰《新学伪经考》，"伪经"者，谓《周礼》《逸礼》《左传》及《诗》之毛传，凡西汉末年刘歆所力争立博士者。"新学"者，谓新莽之学。时清儒诵法许、郑者，自号曰"汉学"，有为以为此新代之学，非汉代之学，故更其名焉。《新学伪经考》之要点，一、西汉经学，并无所谓古文者，凡古文皆刘歆伪作。二、秦焚书，并未厄及六经，汉十四博士所传，皆孔门足本，并无残缺。三、孔子时所用字，即秦汉间篆书，即以"文"论，亦

绝无今古之目。四、刘歆欲弥缝其作伪之迹，故校中秘书时，于一切古书多所羼乱。五、刘歆所以作伪经之故，因欲佐莽篡汉，先谋湮乱孔子之微言大义。诸所主张，是否悉当，且勿论，要之此说一出，而所生影响有二：第一，清学正统派之立脚点，根本摇动；第二，一切古书，皆须从新检查估价。此实思想界之一大飓风也。有为弟子有陈千秋、梁启超者，并夙治考证学，陈尤精洽，闻有为说，则尽弃其学而学焉。《伪经考》之著，二人者多所参与，亦时时病其师之武断，然卒莫能夺也。实则此书大体皆精当，其可议处乃在小节目，乃至谓《史记》《楚辞》经刘歆羼入者数十条，出土之钟鼎彝器，皆刘歆私铸埋藏以欺后世。此实为事理之万不可通者，而有为必力持之。实则其主张之要点，并不必借重于此等枝词强辩而始成立。而有为以好博好异之故，往往不惜抹杀证据或曲解证据，以犯科学家之大忌，此其所短也。有为之为人也，万事纯任主观，自信力极强，而持之极毅。其对于客观的事实，或竟蔑视，或必欲强之以从我。其在事业上也有然，其在学问上也亦有然。其所以自成家数崛起一时者以此，其所以不能立健实之基础者亦以此，读《新学伪经考》而可见也。[1]

梁启超初从师说，自然也是今文一派，但学术思想的分野甚

---

[1] 梁启超：《清代学术概论》，刘梦溪主编《中国现代学术经典·梁启超卷》（夏晓虹编校），河北教育出版社，1996年，第188—189页。

明，我们从上述对乃师的评价上已见端倪。而学术立场，虽同为晚清新学翘楚，康是经学，梁是史学，旨趣各异。真正宗今文学而知家法的是井研廖季平。

廖平（字季平，1852—1932）生于咸丰二年（1852），三十七岁中进士第，自请为龙安府教授，未受其他官职。终生以著述为业，尝师事王湘绮，与当时任四川学政的张之洞亦有较密切的往还。所著《辟刘篇》《知圣篇》直接启示康有为《新学伪经考》和《孔子改制考》两书的写作。廖平的《辟刘篇》和《知圣篇》正编，均成于光绪十四年（1888），前者已提出刘歆作伪古经及古学与王莽篡汉有密切关系等问题。包括《史记》有刘歆的篡笔的"非常异义可怪"观点，康有为《新学伪经考》实有取于此。后者提出孔子为素王、六经系孔子受命改制之作，等等，康之《孔子改制考》受了直接的影响。虽然廖的《辟》《知》一出版于一八九八年，一出版于一九〇二年，而康之《伪经考》问世于一八九一年，《改制考》问世于一八九七年，即康著出版在前，但因光绪十五年（1889）廖平曾赴广州广雅书局，以两文之抄本呈康有为寓目，故廖影响康应是不争之事实。只是廖屡屡提及，康则缄默不语耳。梁启超在《清代学术概论》中实揭开了此一学术公案的谜底。

廖的入室弟子有蒙文通（1894—1968）者，学脉互相接续而没有流于"以经术作政论"一途，① 但廖氏处身于吾国思想文化的

---

① 蒙文通在《井研廖季平师与近代今文学》一文中写道："廖师之今文学固出自王湘绮之门，然实接近二陈一派之今文学，实综合群言而建其枢极也。他若魏源、龚自珍之流，亦以今文之学自诩，然《诗、书古微》之作，固不必求（转下页）

转型时期，知家法而不能守家法，所治之经学一生数变，新环境之下治旧学，已是旧中有新了。

戊戌之后，梁启超与乃师分道扬镳，成为新史学的开山。康有为《新学伪经考》《孔子改制考》掀起的"飓风""火山"，在另一方面，又开启了疑古派史学的先河。

正因为如此，王国维在评价晚清新学的时候有所保留，就不令人感到讶异了。

王国维的思想来源，早期醉心于西方哲学和美学，特别是叔本华和康德的哲学，对吸收外来思想以为我用具有理性的自觉。后来在罗振玉的影响下转而研究古文字、古史，走的是实证派史学的道路，与疑古思潮大异其趣。但王氏对外来思潮之影响于中国学术，极为重视，如前所述，他曾用第二次佛教东传来比喻晚清的西学东渐，自是深识通变之言。实际上，从龚、魏到康有为的由今文学发展为新学的运动，确实是在外来思潮的影响下或至少是受其刺激下，形成规模的。

只不过同为接受外来思潮的影响，结果却不同：今文学派与现时政治相接引，倡导者化为实地的革命者；另外一些受西学影

（接上页）之师说，究其家法，汉宋杂陈，又出以新奇臆说，徒以攻郑为事，究不知郑氏之学已今古并取，异郑不必即为今文。世复有以阿郑为事者，亦得古文家之名，鱼目混珠，彼此惟均。故龚、魏之学别为一派，别为伪今文学，去道已远。激其流者，皆依傍自附者之所为，固无齿于今古文之事。故有见一隅而不窥全体之今文学，有知其大概而不得其重心之今文学，此皆未成熟之今文学。而又别有魏、龚一派漫无根茇之今文学。是汉代之今文学惟一，今世之今文学有二。至廖师而后今文之说乃大明，道已渐推而渐备。故廖师恒言，踵事增华，后来居上，然不有庄、张、刘、宋、二陈之启辟途径于前，虽廖师亦未易及此。"参见《蒙文通文集》第三卷《经史抉原》，巴蜀书社，1995年，第105页。

响的学人包括王国维，则成为现代思想启蒙的先驱，梁启超亦称
清初以顾炎武为代表的学术思潮为启蒙期，但那是就一种单一的
学术思潮发展段落的划分而言。晚清的具有新的人文内涵的思想
启蒙运动实受动于西学东渐，建有实绩的早期启蒙者应该首推侯
官严复，他是第一个系统介绍西方学术思想的人。

　　十九世纪末，有哪一本著作能够像严译《天演论》那样给知
识界带来如此巨大的激动与兴奋？"赫胥黎独处一室之中，在英
伦之南，背山而面野。槛外诸境，历历如在几下。乃悬想二千年
前，当罗马大将恺彻未到时，此间有何景物？计惟有天造草昧，
人功未施。其借征人人境者，不过几处荒坟，散见坡陀起伏间，
而灌木丛林，蒙茸山麓，未经删治如今日者，则无疑也。"① 这
段著名的《天演论》的开场白，"五四"前后一代知识分子许多
人都能背诵。《天演论》正式印行于一八九八年，随后又有《原
富》《群学肄言》《群己权界论》《社会通诠》《法意》《名学》《名
学浅说》等相继出版。一九三一年，商务印书馆印行的"严译名
著丛刊"八种，涵盖了严译的主要部分。如果说康有为的《伪经
考》和《改制考》是晚清思想界的"飓风"和"火山"，那么严
译《天演论》等西方名著对思想界的冲击，更具有"润物细无
声"的恒在力量。

　　"物竞天择，适者生存"——没有另外的语言像严译《天演
论》的这句名句，能够直接道出晚清知识分子的心声。王国维
接触西学，最初也是受严译的影响。包括陈寅恪的尊人陈三立

---

①　参见《严复集》第五册，中华书局，1986 年，第 1323 页。

（1853—1937）也对严译赞美有加。[1] 严译使用的是意译的方法，而且时有己意参与其中，因此在一定意义上可以视为著述。此外还有林纾的翻译，其对文学思想和文学创作的冲击，亦足可与严译相颉颃。西方学术思想介绍到我国的历史，撇开佛教东传，可以追溯到十六世纪第一批传教士来中国，但当时介绍过来的主要是天文历算、舆地测绘、农田水利和力学方面的一些书籍，以及后来译介的时务书、制造书等。对带有形上性质的学术思想的集中介绍，还是始于严复。

因此晚清之新学实有两个脉系：一是由传统今文学转化而来的趋于政治化的新学，以康有为为代表；一是以直接译介、输入西方学术思想为职事的启蒙派新学，以严复为第一号翘楚。前者把目光放在朝廷上，热衷于现实政治秩序的变革，学术思想不过是达致政治目的之手段；后者着眼于知识阶层，希望通过传播新的学术思想来推动民众的精神觉醒。前者与洋务派起点不同，归宿全同；后者与洋务派的指导思想自始至终判然有别。洋务派最著名的口号是"中学为体，西学为用"，康有为对此是认同的；严复受西学影响，则创造性地提出"自由为体，民主为用"[2]。前者名为新学，新中有旧；后者在狂热涉猎欧西之后，许多人重新

---

[1]　陈三立《读侯官严复氏所译英儒穆勒约翰群己权界论偶题》诗写道："自有天地初，莽莽灵顽界。既久挺人群，万治孕变怪。圣哲亦何为，扶生掖凋瘵。其义弥亭毒，日震聋与瞆。吾国奋三古，纲纪匪狡狯。侵寻狃糟粕，滋觉世议隘。天阏缚制之，视息偷以惫。卓彼穆勒说，倾海挈众派。砭懦而发蒙，为我斧天械。又无过物忧，绳矩极显戒。萌芽新道德，取足持善败。复也雄于文，百幽竭一嘬。扬为皎日光，吐此大块噎。玄思控孤谊，余痛托绍介。挑灯几摩挲，起死偿夙快。"对严复推崇备至。参见《散原精舍诗》卷上，第611页。

[2]　严复：《原强》，《严复集》第一册，第11页。

又回归到传统，有的甚至成为思想上的守旧者，但论学论治旧中依然有新。前者发动的政治变革失败以后，学术思想也随之流产；后者提出的，则是整个二十世纪都不曾作完的思想课题。

第五章
传统学术向现代学术转变：
甲骨学和敦煌学

中国传统学术向现代学术转变，有两大意外的契机，即甲骨文字的发现和甲骨学的建立，以及敦煌遗书的发现和敦煌学的建立。疑古学派的出现，本来是传统学术走向现代的重要一步，但在甲骨学、敦煌学新发现面前，它遇到了巨大的挑战，简直足以拆毁其赖以建立的根基。

中国现代学术奠基人的角色是由王国维扮演的，他的学术创获尤得力于清末的学术新发现。

王国维对晚清新学的评价虽有所保留，却没有采取简单地予以抹杀的态度。他对清代学术的历史衔接意义极为重视。不错，他确实说过近代学术多发端于宋人，而且认为宋以后至清朝，是我国思想的停滞期。宋代学术的总体成就是我国学术文化的最高峰，王、陈有几近相同的论述，前已略及。所谓近代学术多发端于宋人的判断，实际上主要是指金石、书画之学而言。因为晚清之际，书画学和金石学特别发达，其源头应追溯到宋朝。诚如王国维所说："金石之学，创自宋代，不及百年，已达完成之域。"①又说："宋人于金石、书画之学，乃陵跨百代。近世金石之学复兴，然于著录、考订，皆本宋人成法，而于宋人多方面之兴味，

---

　　①　王国维：《宋代之金石学》，《王国维遗书》第五册之《静安文集续编》，第74页。

反有所不逮。故虽谓金石学为有宋一代之学，无不可也。"①这说得再明确不过。

至于清学的演变过程及其特点，王氏曾有过专门论述，其中写道：

> 我朝三百年间，学术三变：国初一变也，乾嘉一变也，道咸以降一变也。顺康之世，天造草昧，学者多胜国遗老，离丧乱之后，志在经世，故多为致用之学。求之经史，得其本原，一扫明代苟且破碎之习，而实学以兴。雍嘉以后，纪纲既张，天下大定，士大夫得肆意稽古，不复视为经世之具。而经、史、小学专门之业兴焉。道咸以降，途辙稍变，言经者及今文，考史者兼辽金元，治地理者逮四裔，务为前人所不为。虽承乾嘉专门之学，然亦逆睹世变，有国初诸老经世之志。故国初之学大，乾嘉之学精，道咸以降之学新。②

王国维对清学流变过程的评价公允而恰切。用一"大"字概括清初学术、用"精"字概括乾嘉专学、用"新"字概括晚清之学，可谓一字不易。他接下去并举出清学的三个代表人物：清初的顾炎武，"以经世为体，以经史为用"③；乾嘉的戴震和钱大昕，

---

① 王国维：《宋代之金石学》,《王国维遗书》第五册之《静安文集续编》, 第 74 页。
② 王国维：《沈乙庵先生七十寿序》,《王国维遗书》第四册之《观堂集林》卷二十三, 第 25—26 页。
③ 同上书。

"以经史为体，而其所得，往往裨于经世"①。王国维本人，不用说是最能认同于东原（戴震字东原）、竹汀（钱大昕号竹汀居士）之学的。

问题是如何看待晚清新学之"新"。对龚、魏今文学之"新"，王国维采取理解同情的态度，认为是"时势使之然"②，但具体评价不无微词："道咸以降，学者尚承乾嘉之风，然其时政治风俗已渐变于昔，国势亦稍稍不振，士大夫有忧之而不知所出，乃或托于先秦、西汉之学，以图变革一切。然颇不循国初及乾嘉诸老为学之成法，其所陈夫古者，不必尽如古人之真，而其所以切今者，亦未必适中当世之弊，其言可以情感而不能尽以理究。"③这段话中，"颇不循国初及乾嘉诸老为学之成法"一语，尤值得注意，因为站在学术史嬗变的角度，这是非常有重量的批评。而"可以情感而不能尽以理究"的指陈，似对其学术的理性建构亦存疑问。但同时也说，造成这种情况是"时势使之然"，他并不想过分苛责前贤。

那么清初及乾嘉的学术传统，晚清是不是就没有承继之人呢？其实有。

这个人应该是孙诒让（1848—1908）。孙字仲容，浙江瑞安人，终生为学，著述极丰。其在经典释义、文献校勘和文字训诂方面获得的成绩，有盛清学者所不逮者。《周礼正义》八十六卷，是孙诒让用近三十年的时间完成的一部大著述，梁

---

① 王国维：《沈乙庵先生七十寿序》，《王国维遗书》第四册之《观堂集林》卷二十三。
② 同上。
③ 同上。

启超称之为"清代新疏之冠"①。而积十年之功撰著的《墨子间诂》，更是"自有墨子以来未有此书"②，梁任公称之为"识胆两皆绝伦"③。

不过王国维所特别属意的，则是沈曾植，即沈乙庵先生。沈字子培，乙庵其号，浙江嘉兴人，生于一八五一年，比孙诒让小三岁。沈在晚清是亦政亦学的人物，历任赣、皖按察使、提学使等职。康有为上书、开办强学会，他极力支持。戊戌百日维新之际应张之洞聘主讲两湖书院。一九一七年张勋拥戴溥仪复辟，亦参与其事。但他的旧学的根底实在非比寻常。经、史、音韵、训诂、刑律，以及西北史地、佛道书画等，凡所接触的领域，均有卓识与创获。所著《海日楼诗》《曼陀罗㜚词》，亦堪称晚清学人之诗的绝唱。

王国维对乙庵之学给予高度评价，认为沈氏一生为学，既通晓国初及乾嘉诸家之说，又广涉道咸以降的边疆史地之学，而且"一秉先正成法，无或逾越"④。他称赞沈氏之学的深博和精要："其于人心世道之隆污，政事之利病，必穷其源委，似国初诸老；其视经史为独立之学，而益探其奥窔，拓其区宇，不让乾嘉诸先生。至于综览百家，旁及二氏，一以治经史之法治

---

① 梁启超：《中国近三百年学术史》，《饮冰室合集》第十册"专集"之七十五，第 201 页。

② 同上书，第 230 页。

③ 同上。

④ 王国维：《沈乙庵先生七十寿序》，《王国维遗书》第四册之《观堂集林》卷二十三。又关于对沈曾植的生平与学术的评价，可参看钱仲联先生的《论沈曾植》一文，载钱氏著《梦苕盦论集》，中华书局，1993 年，第 437—447 页；以及钱氏《沈曾植集校注》前言，中华书局，2001 年。

之，则又为自来学者所未及。"①就是说，沈曾植的为学方法体现了治中国学问的通则，"学者得其片言，具其一体，犹足以名一家，立一说"②。因此其意义有常理不可估量者。真正大家的学问，必如是。在王国维看来，学者的为学方法至为重要。他说："学问之品类不同，而其方法则一，国初诸老用此以治经世之学，乾嘉诸老用之以治经史之学。"③沈乙庵则用此种方法治一切诸学。此种"为学之成法"无他，就是视学问为独立物，而又探其奥突，穷其原委，"遗世而不忘世"，祈有补于人心世道。在群英荟萃的晚清，沈的学问为新旧各派所倾服，连傲岸不可一世的辜鸿铭都说："天下之可畏者，只上海寓公沈子培先生耳。"④一九二二年沈曾植辞世，王国维所拟之挽联曰："是大诗人，是大学人，是更大哲人，四照炯心光，岂谓微言绝今日；为家孝子，为国纯臣，为世界先觉，一哀感知己，要为天下哭先生。"

说开来，沈之方法其实也就是王国维自己的治学方法。这种治学方法既是传统的，又为一个现代学人不可不具。王国维甚至把学术和国家的存亡命运联系起来，写道："国家与学术为存亡，天而未厌中国也，必不亡其学术。天不欲亡中国之学术，则于学

---

① 王国维：《沈乙庵先生七十寿序》，《王国维遗书》第四册之《观堂集林》卷二十三。又关于对沈曾植的生平与学术的评价，可参看钱仲联先生的《论沈曾植》一文，载钱著《梦苕盦论集》，第437—447页；以及钱氏《沈曾植集校注》前言。

② 同上。

③ 同上。

④ 参见王蘧常《嘉兴沈寐叟先生年谱初编》，载1929年出版之《东方杂志》第15—16期。

术所寄之人，必因而笃之。"①王氏这些话写于一九一九年，几令
人感到后来的自杀已在此埋下种子。评价的虽是沈寐叟，移来作
为王国维的自评，亦无不合。我们感兴趣的，是他的这种论文评
学而不以时尚为好恶的学术精神。学而不为时所趋，自是静安之
学的特点。

不过，静安之学尤得力于清末的学术新发现。

中国传统学术向现代学术转变，有两大意外的契机，这就是
甲骨文字的发现和甲骨学的建立，以及敦煌遗书的发现和敦煌学
的建立。

甲骨文字的发现并开始引起人们的重视，是在一八九九年，
即戊戌政变的第二年。一个叫王懿荣的喜欢金石之学的国子监祭
酒，从山东一范姓商人手里购得十二片刻有奇怪文字的龟甲兽
骨，他认出了其中的一些字，知其珍贵；第二年又购得八百多
片，其中有一片为五十二字的全甲；随后又从赵姓商人处购得几
百片。王于是成为近代历史上第一位发现并收集甲骨的人。

王懿荣字正儒，又字廉生，山东福山人，生于道光二十五
年（1845）六月初八日，其祖父王荣禄当时任山西巡抚。咸丰
二年（1852）祖父弃世，懿荣八岁。父亲王资政为道光己酉
（1849）科拔贡，曾任兵部主事，后简放四川龙安知府，调任
成都府知府，升按察使。光绪十二年（1886）卒于北京。光绪
六年（1880）懿荣三十六岁时考中进士，授翰林院庶吉士。光

---

① 王国维：《沈乙庵先生七十寿序》，《王国维遗书》第四册之《观堂集林》卷
二十三。

绪二十年（1894）以翰林院侍读升南书房行走并署理国子监
祭酒。后又于二十一年、二十五年两次补授国子监祭酒。光绪
二十六年庚子（1900）任命王为京师团练，盖此时义和团之
乱已酿成矣。庚子七月二十一日当八国联军攻入北京之际，王
懿荣偕夫人谢氏及儿媳张氏投井而逝，王享年五十六岁。死后
追赠侍郎衔，谥文敏。王的妹妹系张之洞的继室，平素与王交
往者不乏晚清重臣大史。王青年时期即喜欢金石彝器书画等古
董，颇富收藏，而且得到他母亲的支持（"极力纵容，购之以为
快"）。以此，一八九九年他最早发现并能够辨识甲骨文字宜非
偶然。

董作宾（1895—1963）这样叙述王发现甲骨的经过："他在
北京私寓中发疟疾的时候，是清朝的光绪二十五年己亥（1899），
但是不能知道相当于哪个月哪一天。据说他因为发疟疾要吃中
药，药方里有一味药是'败龟板'。药买到了，老先生亲自打开
药包检查一下，发现'败龟板'片子上有刻上的文字。老先生研
究过金文，是认识古文字的，他于是发生了浓厚的兴趣，就派
人把菜市口达仁堂药店的'败龟板'通同买了回来，并且问明药
店，这种'败龟板'是哪里出品。结果，买了一大包回来，据说
是从河南汤阴县地下掘出来的。王老先生从此仔细考究一下，上
面的字有甲子、乙丑等六十甲子，也有且乙、父丁等名字，跟钟
鼎彝器上的铭文很相似，于是断定这必是殷周时代的东西。当时
他的朋友刘鹗正住在他家，也知道了，许多玩古董的朋友们一传
十、十传百，大家都花钱去搜集，北京药店的'败龟板'都找遍

了。于是社会上才知道有甲骨文字这回事。"①董之叙述系根据一位名汐翁者写的《龟甲文》（载一九三一年出版之《华北画刊》第八十九期）一文，所记王懿荣生病吃药发现甲骨文字的细节，不一定完全可靠，但王最先发现甲骨文字的历史事实应该可信。

但事有凑巧，天津人孟广慧（字定生）、王襄（字纶阁）也与王懿荣差不多时间从商人手里得到了刻有甲骨文字的"龙骨"，因此后来有研究者认为孟、王（襄）应是最早发现甲骨文字的人。对此，甲骨名学者胡厚宣（1911—1995）先生撰有《再论甲骨文发现问题》，征引各种资料，详辨此案，得出结论："在甲骨学发展近百年的今天，我们仍可说：殷墟甲骨文是在一八九九年，也就是清光绪二十五年己亥，由山东福山人，名叫王懿荣的，首先认识并加以搜购的。与王懿荣同时辨别搜购甲骨的还有天津的孟定生和王襄。"胡先生文载拙编《中国文化》一九九七年出版之第十五、十六期合刊，文章系其哲嗣胡振宇先生整理提供。所述王懿荣经历事迹则据王之第四子崇焕所辑之《王文敏公年谱》，载一九四三年七月出版之《中和月刊》四卷七期。

王懿荣不幸死于义和团之乱，他的收藏由其子转售给《老残游记》的作者刘鹗。刘是有心人，委托赵姓商人继续搜购，终于使自己的收藏达到五千余片，并于一九○三年出版《铁云藏龟》。与此同时，英国和美国驻山东的传教士库寿龄和方法敛，也合伙从商人手中购得大量甲骨，方氏且于一九○六年出版研究著作

---

① 董作宾：《甲骨学六十年》，刘梦溪主编《中国现代学术经典·董作宾卷》（裘锡圭、胡振宇编校），河北教育出版社，1996年，第280页。

《中国原始文字考》。还有日人西村博、加拿大人明义士等，也是早期的甲骨搜购者。而这些甲骨的来源，则是河南安阳的小屯村。

罗振玉曾在刘鹗（1857—1909）家里做家庭教师，《铁云藏龟》他曾为之序，他前后搜集到的甲骨有三万多片，不仅从商人手里购得，还叫弟弟去安阳发掘，他自己也曾前往考察。王国维接触甲骨文字，就是得力于罗振玉的收藏。罗的《殷商贞卜文字考》一九一〇年出版、《殷虚书契考释》一九一五年出版①，奠定了他在甲骨学界的地位。王一九一七年接连发表《殷卜辞中所见

---

① 罗振玉，字叔蕴，号雪堂，晚号贞松老人，1866 年（同治五年）生于江苏淮安，原籍浙江上虞。罗研究甲骨文字实甚早，1901 年（甲骨文发现后第三年）在刘鹗家里开始接触，刘 1903 年出版《铁云藏龟》，他参加了编辑工作，并为之序。所以 1915 年罗在所撰之《铁云藏龟之余序》中有下面的话："予之知有贞卜文字也，实因亡友刘君铁云，铁云所藏予既为编辑之《铁云藏龟》，逾十年予始考订其文字。"罗 1906 年任学部参事，有了更多的搜集研究甲骨及其他古器物的机会。且于 1909 年至 1910 年两次派人前往河南调查搜集。日本的林泰辅 1909 年寄《清国河南汤阴县发现之龟甲兽骨》一文给罗，成为他撰写《殷商贞卜文字考》的契机。罗《贞卜文字考》的贡献，在于纠正了林泰辅氏关于甲骨出土于汤阴的说法，而根据《史记·项羽本纪》等文献所载之殷墟即商代晚期之都城，确定出土地点为安阳小屯附近；同时发现殷代的帝王名谥很多见于甲骨卜辞。陈梦家在《殷虚卜辞综述》中说："考订小屯为殷墟与审释帝王名号二事，确乎是罗氏考释文字以外的贡献；没有此二事为前提，对于文字考释也难求其贯通的。"罗的《殷虚书契考释》印行于 1915 年，系在《贞卜文字考》基础上增补改写而成，解说的字多至 485 个。另有 1003 个暂不认识的字成《待问编》一卷，1916 年印行。1927 年罗再次增订《考释》，可识之字增至 570 个。因后来有人提出《考释》虽署罗名，实乃王国维所作（傅斯年讲得最直截了当，溥仪亦附和该说），遂使《考释》的著作权问题成为甲骨学史之一公案。但董作宾、陈梦家、胡厚宣、张舜徽诸大家均为罗辩护，陈梦家且研究了《考释》的手稿及《贞卜文字考》到《考释》的具体演变过程，尤具说服力。更有力的证据是王国维为《考释》所作的序言，一再称扬《考释》："自三代以来言古文者，未尝有是书也。"又说《考释》是"三百年来小学之一结束"。如果《考释》不是罗所作而是王自己所作，静安怕不会做如是之自颂之辞吧。1996 年百花洲文艺出版社出版的《罗振玉评传》，作者罗琨和张永山对此桩公案辨析颇详，读者亦可参阅（见该书第 128—137 页）。

先公先王考》和《续考》^①，把对甲骨文字的辨识与殷商制度的研究结合起来，为重建殷商信史开辟了道路。另外孙诒让也是早期研究甲骨的学者，他的《契文举例》竣稿于一九〇四年、《名原》作于一九〇五年，只不过他辨识的字比较少（和金文比较考释的字有一百八十五个），所起的作用主要是整理和传播，深入研究则远逊罗、王。戊戌政变给由今文学发展而来的政治化新学画了

---

① 王国维偕眷属于 1911 年 11 月（农历辛亥十月）中旬跟随罗振玉赴日本，住在京都西郊的乡间，地名叫田中村。他们是为避辛亥革命之"乱"而东渡的。至 1915 年春天，王全家回国扫墓，5 月偕长子潜明再赴日，住罗家。八个月后回到上海，任职于哈同办的"仓圣明智大学"。王初到日本时，生活颇艰窘，但罗带到日本的大量藏书，让静安先生找到了归宿。他的治学方向在罗的影响下亦有了改变，转为研究古文字、古器物和古代社会的制度和历史。《殷卜辞中所见先公先王考》和《续考》，就是他转变学术方向后最主要的成果之一。《先王考》写成于 1917 年 2 月底（农历二月初七），并有一序："甲寅岁暮，上虞罗叔言参事撰《殷虚书契考释》，始于卜辞中发见王亥之名。嗣余读《山海经》《竹书纪年》，乃知王亥为殷之先公，并与《世本作篇》之胲、《帝系篇》之核、《楚辞·天问》之该、《吕氏春秋》之王冰、《史记·殷本纪》及《三代世表》之振、《汉书·古今人物表》之垓，实系一人。"王的这一发现是极为重要的。单是推定《史记·殷本纪》中的振即是王亥，这是何等匪夷所思的创获。另外又从卜辞中发现王恒其人，并考证出此恒即是王亥之弟，更属学术奇迹。王国维在《先王考》的序言中继续写道："又观卜辞，王恒之祀与王亥同，太丁之祀与太乙、太甲同，孝己之祀与祖庚同，知商人兄弟，无论长幼与已立未立，其名号、典礼盖无差别。于是卜辞中人物，其名与礼皆类先王，而史无其人者，与夫父甲、兄乙等名称之浩繁求诸帝系而不可通者，至是理顺冰释。"又说："使世人知殷墟遗物之有裨于经史二学者有如斯也。"尚在日本的罗振玉收到《先王考》的稿样后，非常兴奋，写信给王国维说："昨日下午邮局送到大稿，灯下读一过，忻快无似。弟自去冬病胃，闷损已数月，披览来编，积疴若失。忆自卜辞初出洹阴，弟一见以为奇宝，而考释之事，未敢自任。研究十年，始稍稍能贯通。往者写定《考释》，尚未能自慊，固知继我有作者必在先生，不谓捷悟遂至此也。"王之弟子赵万里说："卜辞之学，至此文出，几如漆室忽见明灯，始有脉络或途径可寻，四海景从，无有违言。三千年来迄今未见之奇迹，一旦于卜辞得之，不仅为先生一生学问最大之成功，亦近世学术史上东西学者公认之一盛世也。"王之《先王考》所据之卜辞资料限于《铁云藏龟》及《殷虚书契》前后编等书所收集者，不久罗振玉从日本带来千余张新拓书契文字，哈同的《戬寿堂所藏殷虚文字拓本》亦有八百张。于是王国维又根据这些新资料，于 1917 年 4 月又写成《殷虚卜辞中所见先公先王续考》。

一个悲惨的句号。而甲骨文字的发现，则为一部分学者提供了致力于更纯粹、更独立的学术研究的新资料和新领域。

发现甲骨文字的第二年，即一九○○年，敦煌石室的宝藏重见天日，其中有两万多件卷子，包括佛经、公私文件，以及诸子、韵书、诗赋、小说等。经卷上的文字，除了汉文，还有梵文、藏文、龟兹文、突厥文等。孔子叹为不足征的"殷礼"，有了着落。宋儒看不到的古本，如今看到了。学者们认为这是可以与埃及金字塔相媲美的重大发现。殷墟甲骨文字的发现，有了甲骨学；敦煌遗书的发现，有了敦煌学。两者后来都成为二十世纪的国际显学。然而又不仅此，还有汉晋木简和内阁大库档案①，在当时也是极重要的发现。因此王国维称清末是学术发现之时代。他在《最近二三十年中中国新发见之学问》一文中写道：

> 古来新学问起，大都由于新发见。有孔子壁中书出，而后有汉以来古文家之学；有赵宋古器物出，而后有宋以来古器物古文字之学。②

清末的上述四大发现中，任何一种都可以与孔子壁中书、汲

---

① 王国维在《最近二三十年中中国新发见之学问》中写道："中国学问上之最大发现有三：一为孔子壁中书；二为汲冢书；三则今之殷墟甲骨文字、敦煌塞上及西域各处之汉晋木简、敦煌千佛洞之六朝及唐人写本书卷、内阁大库之元明以来书籍档册，此四者之一已足当孔壁、汲冢所出，而各地零星发见之金石书籍于学术有大关系者，尚不与焉。"《王国维遗书》第五册之《静安文集续编》，第65页。

② 王国维：《最近二三十年中中国新发见之学问》，《王国维遗书》第五册之《静安文集续编》，第65页。

冢竹简相抵挡。这些发现，大大拓展了学术研究的学科领域，为学术起飞做了必要的材料准备，创造了与世界对话的新契机，同时影响到人文社会科学其他学科领域，使得中国现代学术思想在其始建期就呈现出各学科交错影响的现象。

直承今文学和晚清新学而来的疑古学派的出现，本来是传统学术向现代迈进的重要一步，但在甲骨学、敦煌学新发现面前，它遇到了巨大的挑战，简直足以在事实上拆毁它赖以建立的理念根基。[①] 王国维说："疑古之过，乃并尧舜禹之人物而亦疑之。其怀疑之态度及批评之精神，不无可取。然惜于古史材料，未尝为

---

① 疑古作为一种学术思想，很早就产生了。《论语·八佾篇》："夏礼吾能言之，杞不足征也；殷礼吾能言之，宋不足征也；文献不足故也，足则吾能征之矣。"已有疑古之意。《孟子·尽心下》："尽信书不如无书。吾于武成，取二三策而已。"说得更加明白。《荀子·正论》："夫曰尧舜禅让，是虚言也，是浅者之传、陋者之说也。"所疑更大了。《论衡·案书篇》："太史公两纪，世人疑惑，不知所从。案张仪与苏秦同时，苏秦之死，仪固知之。仪知秦审，宜从仪言以定其实。而说不明，两传其文。东海张商亦作列传，岂苏秦商之所为耶？何文相违甚也？三代《世表》言五帝、三王皆黄帝子孙，自黄帝转相生，不更禀气于天。作《殷本纪》，言契母简狄浴于川，遇玄鸟坠卵，吞之，遂生契焉。及《周本纪》言后稷之母姜嫄野出，见大人迹，履之则妊身，生后稷焉。夫观《世表》，则契与后稷，黄帝之子孙也。读殷、周《本纪》，则玄鸟、大人之精气也。二者不可两传，而太史公兼纪不别。案帝王之妃，不宜野出、浴于川水；今言浴于川、吞玄鸟之卵，出于野，履大人之迹，违尊贵之节、误是非之言也。"是又辨而疑之矣。而刘知几《史通》特辟《疑古》篇，写道："夫五经立言，千载犹仰，而求其前后，理甚相乖。何者？称周之盛也，则云三分有二，商纣为独夫；语殷之败也，又云纣有臣亿万人，其亡血流漂杵。斯则是非无准，向背不同者焉。"审其语意且辨而责之矣。不过上述种种，还只是局限于对个别史实记述的怀疑与辩证，并未造成普遍的风气，也没有形成系统的理论。晚清的疑古思潮不同，它是在一种反传统的背景下并且有科学主义的参照衍生出来的学术思想。追寻清学之内在理路，则清末民初之疑古思潮，大名崔东壁实启其端，庄（存与）、刘（逢禄）、龚（自珍）、魏（源）等代表的今文学继其势，康有为集其成，胡适、钱玄同、顾颉刚等推向峰巅。

充分之处理也。"① 又说:"虽古书之未得证明者,不能加以否定,而其已得证明者,不能不加以肯定。"② 王氏以甲骨、敦煌等新发现为基地,走上了正面诠释古典的道路。他的著名的"二重证据法",就是在此一基础上提出的。《古史新证》写道:

> 吾辈生于今日,幸于纸上之材料外,更得地下之新材料。由此种材料,我辈固得据以补正纸上之材料,亦得证明古书之某部分全为实录,即百家不雅驯之言,亦不无表示一面之事实。此二重证据法,惟在今日始得为之。③

此一新理念的提出,学术界响应者甚众,不仅对疑古之偏颇有所是正,对二十世纪的学术行程也自有其正面的影响,同时也是中国现代学术何以史学一门最富实绩的原因。

而中国现代学术中考古一门的建立,也是与清末的学术新发现相联系的。古代并非没有考古,北宋吕大临曾作过《考古图》,但当时之考古不出金石之范围。现代考古则增加了田野研究的内容,由金石考古扩展到田野考古,是现代考古的学科特点。二十世纪初,以发掘工作为基础的现代考古学的建立,李济、董作宾、郭沫若诸人,与有功焉。当时的中央研究院历史语言研究所,一九二八至一九三七年对殷墟遗址的十五次发掘,是中国现

---

① 王国维:《古史新证》第一章"总论",见清华文丛之五《古史新证——王国维最后的讲义》,清华大学出版社,1994年,第2—3页。
② 同上。
③ 同上。

代考古事业的绝大行动。董作宾和李济实主其事，而收获也是空前的，后因日寇入侵被迫停止。[①] 但董、李均不忘记罗振玉和王国维对甲骨学及金石考古所做的贡献。董评罗、王曰："研究甲骨文字最努力又最有贡献的只有两个人——就是罗振玉同王国维。"又说："王氏考证卜辞，皆在罗氏之后，且受罗氏的启迪实深。所以严格来讲，甲骨学能建立起来，得有今日，实出于罗氏一人之力。"[②] 又评王之《先公先王考》及《续考》云：

> 在甲骨文字的初步研究，能够把王亥二字看作一个人名，把孙诒让认为"立"字的，断定是"王"字，这已是不容易了。王氏更把《殷本纪》讹为"振"的，考定就是

---

① 中央研究院史语所于 1928 年 10 月至 1937 年 6 月，对殷墟遗址前后做了十五次发掘，共得有字甲骨 24918 片，另有为数不少的各种重要遗物。第一次在 1928 年 10 月 13 日至 10 月 30 日，主持者为董作宾；第二次为 1929 年 3 月 7 日至 5 月 10 日，李济主持，董作宾、裴文中等参加；第三次 1929 年 10 月 7 日至 21 日及 11 月 15 日至 12 月 12 日，李济主持，董作宾等参加；第四次 1931 年 3 月 21 日至 5 月 11 日，李济主持，董作宾、梁思永、石璋如等参加；第五次 1931 年 11 月 7 日至 12 月 19 日，董作宾主持，梁思永等参加；第六次 1932 年 4 月 1 日至 5 月 31 日，李济主持，董作宾等参加；第七次 1932 年 10 月 19 日至 12 月 15 日，李济主持，董作宾等参加；第八次 1933 年 10 月 20 日至 12 月 25 日，郭宝钧主持；第九次 1934 年 3 月 9 日至 5 月 31 日，董作宾主持；第十次 1934 年 10 月 3 日至 12 月 30 日，梁思永主持，石璋如、胡厚宣等参加；第十一次 1935 年 3 月 15 日至 6 月 15 日，梁思永主持；第十二次 1935 年 9 月 5 日至 12 月 16 日，梁思永主持；第十三次 1936 年 3 月 18 日至 6 月 24 日，郭宝钧主持；第十四次 1936 年 9 月 20 日至 12 月 31 日，梁思永主持；第十五次 1937 年 3 月 16 日至 6 月 19 日，石璋如主持。对这十五次发掘，陈梦家指出了一些不足，例如不够注意全面的文化面貌、发掘与研究未做良好的分工等，但他肯定："此十五次发掘历时十载，虽初时因事属创举，全凭摸索试探，而后五次的规模与成就，实在为中国考古学奠定了基础。"（《殷虚卜辞综述》，第 37 页）

② 董作宾：《甲骨学六十年》，刘梦溪主编《中国现代学术经典·董作宾卷》（裘锡圭、胡振宇编校），第 184、185、189—190 页。

王亥，尤其令人惊奇。一个亥字，在许多古籍中，增加了偏旁成为垓、该、核、胲，还算保存着原状的一半，等到又从核讹为振，或讹为冰，就不容易找到原形了。王氏能细心对证，考订了卜辞中王亥就是《史记·殷本纪》的振，确是难得。[①]

郭（沫若，1892—1978）对王的评价也很高，称王留下的知识产品"好像一座璀璨的楼阁，在几千年来的旧学的城垒上，灿然放出一段异样的光辉"[②]；又评论说："王氏之学即以甲骨文字之研究为其主要的根干，除上所列四种之外，其他说礼制、说都邑、说文字之零作更散见于全集中。谓中国之旧学自甲骨之出而另辟一新纪元，自有罗、王二氏考释甲骨之业而另辟一新纪元，绝非过论。"[③]郭对罗的评价也不低，认为罗的功劳在于"为我们提供出了无数的真实的史料"，称赞"他的殷代甲骨的收集、保藏、流传、考释，实是中国近三十年来文化史上所应该大书特书的一项事件"[④]；还说："甲骨自出土后，其搜集保存传播之功，罗氏当居第一，而考释之功亦深赖罗氏。罗氏于一九一○年有《殷商贞卜文字考》一卷，此书仅属椎轮。一九一五年有《殷虚书契考释》一卷（后增订为三卷），则使甲骨文字之学蔚然成一巨观。

① 董作宾：《甲骨学六十年》，刘梦溪主编《中国现代学术经典·董作宾卷》（裘锡圭、胡振宇编校），第 184、185、189—190 页。
② 郭沫若：《中国古代社会研究》自序，《郭沫若全集·历史编》第一册，第 8 页，及《卜辞中的古代社会》，人民出版社，1982 年，复见该书第 193、194 页。
③ 同上。
④ 同上。

谈甲骨者固不能不权舆于此，即谈中国古学者亦不能不权舆于此。"① 郭的甲骨文、金文研究，是以罗、王为起点，他自己并不讳言。于此可见静安之学影响之大。在中国传统学术向现代转变的过程中，王国维确实起到了奠基的作用。

　　陈寅恪在《王静安先生遗书序》里这样总结静安之学的特点："一曰取地下之实物与纸上之遗文互相释证"，"二曰取异族之故书与吾国之旧籍互相补正"，"三曰取外来之观念与固有之材料互相参证"②。此固不止王氏一人的治学特点，而是当时学术中坚力量的共同特点，也即是中国现代学术的最基本的观念和方法。所以陈寅恪肯定地说："吾国他日文史考据之学，范围纵广，途径纵多，恐亦无以远出三类之外。"③

---

　　①　郭沫若：《中国古代社会研究》自序，《郭沫若全集·历史编》第一册，第 8 页，及《卜辞中的古代社会》，复见该书第 193、194 页。

　　②　陈寅恪：《王静安先生遗书序》，《金明馆丛稿二编》，生活·读书·新知三联书店，2001 年，第 247 页。

　　③　同上。

第六章
传统学术向现代学术转变：
经今古文学的互动

中国传统学术向现代学术转变，经今文学及其衍化并发展为晚清新学，是一个方面；与此同时，古文经学也没有沉默，章太炎以坚实的国学根底，承继清学正统派遗风，成为古文经学的代表人物；他的学术思想与现代接榫的途径，是通过复兴诸子学来提倡文化多元论，因而齐物论释的现代学术意义不应低估。

中国传统学术向现代学术转变，经今文学及其衍化并发展为晚清新学，是一个方面，已如上述，但古文经学也没有沉默。当廖（季平）、康（有为）、梁（启超）张今文学的大旗，影响披靡之际，余杭章炳麟以坚实的国学根底，直承清学正统派遗风，成为古文经学的代表人物。只是这里需要说明一点，即他们的学术思想尽管有异，但在政治态度上，却可以表现为同样的激烈，甚至主张古文经学的人，比今文经学还要激烈。所以如此，是由于他们目睹国家的内外危机，变革现状的要求是一致的。

　　章炳麟，字枚叔，太炎为其别号，清同治七年十一月三十日（1869年1月12日）生于浙江余杭，曾祖父、祖父、父亲都曾担任过县学的训导一类职务（曾祖、父尊为县学训导，祖父为国子监生），外祖父为庠生。虽非高门，却不乏诗书传家的传统。

十一二岁时读蒋氏《东华录》知有曾静、吕留良之案，授其读经的外祖父说："夷夏之防，同于君臣之义。"炳麟问前人是否也这样讲过，外祖父说王船山、顾亭林都讲过，并以船山"惟南宋之亡，则衣冠文物亦与之俱亡"之语告。太炎于是说："明亡于清，反不如亡于李闯。"[1]其种族革命之思想，少年时期即已萌生。二十五岁，积学所得，成《膏兰室札记》四大册，遍涉《史》《汉》及周秦诸子，而以小学奠其基，诠解古代史地、音律、典章制度，古雅奥立，不类常人。[2]盖太炎于学问词章，形同夙契，非止于苦读深研所能达致，亦天分所授也。

早期之太炎，颇寄同情于康、梁的变法主张，因此曾一度在梁启超、汪康年等共襄其事的上海《时务报》担任撰述，所写文章受到维新派人士的推重。然而时间甚短暂，一八九七年一月入报馆，四月即离去，原因是他与康、梁的学术思想适相反对，而为康门弟子所"大哄"[3]。章早期思想也受到严复介绍的西学的影

---

① 朱希祖：《本师章太炎先生口授少年事迹笔记》，载《制言》第25期"太炎先生纪念专号"。可参阅汤志钧编《章太炎年谱长编》上册，中华书局，1979年，第5—6页。

② 章氏《膏兰室札记》共四卷，生前未刊。1982年上海人民出版社出版的《章太炎全集》第一册所收，为《札记》的前三卷（第四卷散佚），系沈延国校点，共得札记474条。参见该书第34—301页。

③ 章太炎1897年4月20日《致谭献书》叙在《时务报》馆与康门弟子龃龉情形甚详，其中写道："麟自与梁、麦诸子相遇，论及学派，辄如冰炭。仲华亦假馆沪上，每有论议，常与康学抵牾，惜其才气太弱，学识未富，失据败绩，时亦有之。卓如门人梁作霖者，至斥以陋儒，诋以狗曲（面斥之云狗狗）。麟虽未遭溪诃，亦不远于辕固之遇黄生。康党诸大贤，以长素为教皇，又目为南海圣人，谓不及十年，当有符命，其人目光炯炯，如岩下电，此病狂语，不值一笑。而好之者乃如蜣蜋转丸，则不得不大声疾呼，直攻其妄。尝谓邓析、少正卯、卢杞、吕惠卿辈，咄此康瓠，皆未能为之奴隶。若钟伯敬、李卓吾，狂悖恣肆，造言不经，乃真似之。私议及此，属垣漏言，（转下页）

响，但其学术思想的基本理路则与严复迥异。他的学问的根基在乾嘉朴学，思想渊源则来自晚清诸子学。

我们前面已经论及了儒学和诸子学的分殊与对立问题，实际上这是中国传统学术多元并立的另一个方面。儒学固然长期处于正统地位，但诸子之学也没有消逝。老、庄作为道家思想的代表，自是中国文化中源远流长的一脉，荀（况）、墨（翟）、韩（非）、管（仲）、列（御寇）、公孙（龙）诸家之作在学术思想史上的地位，也没有被人忘记。特别清中叶以后，确有一个子学复兴的运动。清儒治经最见功力，而为了求得经之本义，便不能不借助于诸子之学。因为诸子生活之时代与孔、孟相垺，诸子书中记载的有关孔子的言行虽未免取其一端，但也许更接近原貌。何况乾嘉诸老对典籍的分解有似匠人的解剖刀，理性的认知极大地消融了对象的神秘感，无须再把经、子人为地对立起来。

章学诚"六经皆史"说的提出，客观上已蕴涵削弱儒家经典的权威地位的作用，策略是"降"经为"史"[①]。而另有学者把

（接上页）康党衔次骨矣。会谭复笙来自江南，以卓如文比贾生，以麟文比相如，未称麦君，麦怯忌甚。三月十三日，康党麋至，攘臂大哄，梁作霖复欲往殴仲华，昌言于众曰：昔在粤中，有某孝廉诋諆康氏，于广坐殴之，今复殴彼二人者，足以自信其学矣。嘻嘻！长素有是数子，其果如仲尼得由，恶言不入于耳耶？遂与仲华先后归杭州，避蛊毒也。"参见汤志钧编《章太炎政论选集》上册，中华书局，1977年，第14—15页。亦可参阅钱基博《现代中国文学史》，岳麓书社，1986年，第72页。

[①] "六经皆史"的思想虽并非章学诚所首创，但把这一思想系统化并在中国学术史的大背景和清代学术的具体背景下赋予全新的内涵，则是章的学术创获。章的代表性著作《文史通义》的第一篇第一句话，就是"六经皆史也"（《内篇·易教上》）。他阐述的理由，是"六经"都是先王的政典，即礼仪典章制度之书；既是典章制度之书，则史的价值遂得以凸显。传统儒家亦并非不承认"六经"（转下页）

诸子等同于六经，则是又降"经"为"子"。江瑔（1888—1917）

（接上页）里面多有周之政典，主要强调"六经"的价值在所载之道。对此章学诚反
驳说，"六经"其实是"器"，你不能离开"器"去讲那个"道"。他说："《易》曰：
'形而上者谓之道，形而下者谓之器。'道不离器，犹影不离形。后世服夫子之教者
自'六经'，以谓'六经'载道之书也，而不知'六经'皆器也。"又说："三代以
前，《诗》《书》'六艺'未尝不以教人，不如后世尊奉'六经'，别为儒学一门，而
专称为载道之书者。"（《文史通义·原道中》）那么后人可以从"六经"中学习什么
呢？章氏认为，所学的内容不外官司典守、国家政教；而其致用的方面，也不过是
人伦日用之常。所以你从"六经"中看到的，是那些不得不然的事情，并没有除此
之外还看到另外的什么"道"。因为先圣先王的"道"看不见，所以孔子才述"六
经"以训后世，叫你凭借"六经"这个"器"，来思考向往那看不见的"道"。盖
章氏直视"六经"为"器"，不管主观意图为何，都有降低"六经"权威地位的作
用。而又不止于此，章氏还认为，即使本诸"道器合一"的观点，也不能说只有即
"六经"这个"器"，方可以"明道"；而是"大而经纬世宙，细而日用伦常"，只要
去"求其所以然"，学者便可以"明道"。就是说，天下之道，并非由"六经"所专
有（《文史通义·原道上》）。此又将"六经"之"明道"的作用，分而弱之矣。因此
他顺理成章地提出，先秦之诸子各说各的"道"，在同为"言道"这点上，他们不存
在高下之分。章氏写道："而诸子纷纷，则已言道矣。庄生比之为耳目口鼻，司马谈
别之为六家，刘向区之为九流。皆自以为至极。而思以其道易天下者也。由君子观
之，皆仁智之见而谓，而非道之果若是易也。夫道因器而显，不因人而名也。自人
有谓道者，而道始因人而异其名矣。仁见谓仁、智见谓智是也。人自率道而行，道
非人之所能据而有也。自人各谓其道，而各行其所谓，而道始得为人所有矣。墨者
之道、许子之道，其类皆是也。夫道自形于三人居室，而大备于周公、孔子，历圣
未尝别以道名者，盖犹一门之内，不自标其姓氏也。至百家杂出而言道，而儒者不
得不自尊其所出矣，一则曰尧舜之道，再则曰周公、仲尼之道。"（《文史通义·原道
中》）这里章氏提出他的另一观点，即诸子言道在先，儒者反而言道在后。意谓同为
言道，儒家亦未占先着。然而又不仅此。章氏还提出，"六经"之名实起于孔门的弟
子们，孔子本人并不自封为经（"夫子之时，犹不名经"）；逮到孔子故去之后，"微
言绝而大义将乖，于是弟子门人，各以所见、所闻、所传闻者，或取简毕，或授口
耳，录其文而起义"（《文史通义·经解上》）。但"起义"的结果，也不叫"经"，而是
叫"传"。例如左氏《春秋》、子夏《丧服》等篇，就都叫"传"。即前代的逸文，不
出于六艺者，也都叫"传"。所以章学诚说："则因'传'而有'经'之名，犹之因
子而立父之号矣。"（《经解上》）则此处又明言"传"跟"经"的关系如同儿子与父亲
的关系，只不过"传"这个儿子有点特别，他生得比父亲还要早些，有了（转下页）

《读子厄言》写道："子中有经，经中亦有子。班氏艺文志之论诸
子也，亦云合其要归，亦六经之支与流裔。盖六经既出于诸子，
诸子亦可出于六经。"① 使用的就是经、子合流的论证逻辑。章太
炎的老师俞樾（1821—1907）也说："圣人之道具在六经，而周
秦两汉诸子之书亦各有所得。虽以申韩之刻薄，班列之怪诞，要
各本其心之所独得者而著之书。"② 故近人罗庶丹（1874—1932）
所撰之《诸子学述》，得出一结论说："乾嘉以还学者，皆留意子
书，以为治经之助。"③ 其实何止是"之助"，怀扬"子"抑"经"
之深心者，亦大有人在。

　　清中叶以还如上所述一些学者试图提升诸子地位的学术思想，
对青年时期即在杭州"诂经精舍"肄学八年之久的章太炎④，不能没

（接上页）儿子之后才有"经"这个父亲。听起来未免让人糊涂了。试问，章实斋（章
学诚，字实斋）这样疏解经、传的关系，是抑经还是尊经？笔者认为，他是抑之而又
抑之矣。然而还不仅此。章氏显然对儒家连"经"和"传"都不区分清楚感到不满，
所以他笔锋一转，表彰起诸子来了。他说："当时诸子著书，往往自分经传，如撰辑
《管子》者之分别经言，《墨子》亦有《经》篇，韩非则有《储说》经传，盖亦因时立
义，自以其说相经纬耳，非有所拟而僭其名也。"（《经解上》）那么假如笔者说章实斋
这里是在想方设法地扬诸子而抑儒家，恐怕不算误解章氏的文义罢。

① 江瑔：《读子厄言》，第 14 页。
② 俞樾：《诸子平议序》，徐世昌撰《清儒学案》第四册，第 385 页，中国书店，
1990 年影印。
③ 罗焌：《诸子学述》，岳麓书社，1995 年，第 51 页。
④ 太炎先生于 1890 年开始入于朴学大师俞樾主持的"诂经精舍"研习，时年 23
岁，父亲章睿刚刚弃世。俞樾字荫甫，号曲园，浙江德清人。生于道光元年（1821），
卒于光绪三十二年（1906），道光三十年庚戌（1850）进士及第，授翰林院编修。曾
任河南学政，因科场弊案被参去职，遂肆力于学。所著《群经平议》《诸子平议》《古
书疑义举例》诸书，为士林所重。然亦有称曲园为章句之儒而非通儒者。太炎《谢本
师》云："稍长，事德清俞先生，言稽古之学，未尝问文辞诗赋，先生为人岂弟，不好
声色，而余喜独行赴渊之士。出入八年，相得也。"又《自述治学》："二十岁，在余杭，
谈论每过侪辈。忖路径近曲园先生，乃入诂经精舍，陈说者再，先生率未许。（转下页）

有影响。我们看太炎先生一九〇六年撰写的《诸子学略说》一文，对"儒家之病""儒术之害"，剖剥得淋漓尽致；而于道、墨、阴阳、纵横、法、名、杂、农、小说诸家，则多有恕词。其论诸子之学曰："惟周秦诸子，推迹古初，承受师法，各为独立，无援引攀附之事，虽同在一家者，犹且矜己自贵，不相通融。故荀子非十二子，子思、孟轲亦在其列。"① 并引佛典《成唯识论》之义谛，极赞诸子"持论强盛，义证坚密，故不受外熏"②。而在一九〇二年，章氏已有《订孔》之作。至一九〇九年《致国粹学报社书》的发表，进而提出"唯诸子能起近人之废"③ 的大胆主张。实际上，复活先秦诸子之学，使孔学恢复先秦之孔，始终是太炎学术思想的一个重要特征。胡适看到了这一点，在《中国哲学史大纲》中写道："到了最近，如孙诒让、章炳麟诸君，竟都用全副精力发明诸子学，于是从前作经学附属品的诸子学，到此时代，竟成专门学。"④

（接上页）后先生问：'《礼记·明堂位》有虞氏官五十、夏侯氏官百、殷二百、周三百、郑注周三百六十官，此云三百者，记时《冬官》亡也。《冬官》亡于汉初，周末尚存，何郑注谓《冬官》亡乎？' 余谓：'《王制》三卿五大夫，据孔疏，诸侯不立冢宰、宗伯、司寇之官，有小司徒、小司寇、小司空、小司马、小卿而无小宗伯，故大夫之数为五而非六，依《周礼》，当减三百之数，与《冬官》在否无涉也。' 先生称善。又问：'《孝经》有先王有至德要道，先王谁耶？郑注谓先王为禹，何以孝道始禹耶？' 余谓：'《经》云先王有至德要道以顺天下者，明政治上之孝道异寻常人也。夏后世袭，方有政治上之孝道，故孝道始禹。且《孝经》之制，本于夏后；五刑之数三千，语符《吕刑》。三千之刑，周承夏旧，知先王确为禹也。' 先生亦以为然。余于同侪，知人所不知，颇自矜。"

① 章太炎：《诸子学略说》（1906 年），汤志钧编《章太炎政论选集》上册，中华书局，1977 年，第 285—286 页。

② 同上。

③ 章太炎：《致国粹学报社书》，汤志钧编《章太炎政论选集》上册，第 498 页。

④ 胡适：《中国哲学史大纲》上册，商务印书馆，1987 年，第 9 页。

不过在致力于先秦诸子学之复活这点上，还不能完全见出太炎先生的古文家的立场。章氏《自定年谱》称："二十四岁始分别今古文师说。"① 这一年实即一八九一年（光绪十七年），也就是康有为《新学伪经考》刊行的一年。随着起而向康之学说发起攻诘②，章太炎的古文家立场逐渐明晰起来。一八九一年至一八九六年期间，太炎尝撰有《春秋左传读》③；一九〇二年又撰有《春秋左传读叙录》《驳箴膏肓评》两书，已把矛头指向清代今文学家的代表人物刘逢禄，并主要就刘氏提出的《左传》的传经系统系刘歆所伪造的观点展开辩难。不过给予今文学打击最力的是写于一八九九年的《今古文辨义》一文。这篇文章针对廖平所代表的今文学的基本观点逐一加以剖释，最后写道：

> 总之，廖氏之见，欲极崇孔子，而不能批郤导窾，以有此弊。寻其自造六经之说，在彼固以为宗仰素王，无出是语，而不知踵其说者，并可曰孔子事亦后人所造也。噫嘻！槁骨不复起矣，欲出与今人驳难，自言实有其人实有其事，

---

① 参见《章太炎先生自定年谱》，上海书店，1986年。

② 章太炎1897年4月20日《致谭献书》："《新学伪经考》，前已有驳议数十条，近杜门谢客，将次第续成之。"参见汤志钧编《章太炎政论选集》上册，第285—286页。

③ 《春秋左传读》一书太炎生前未正式刊行，盖作者认为不成熟故也。1907年章氏所作之《再与人论国学书》云："左氏故言，近欲次录，昔时为此亦几得五六岁。乃今仍有不惬意者，要当精心汰浙，始可以质君子。"此即指《左传读》而言。参见《太炎文录初编·别录卷二》，《章太炎全集》第四册，上海人民出版社，1985年，第356页。现上海人民版《章太炎全集》第二册所收之《春秋左传读》，系根据北京图书馆所藏钱玄同签署本及上海图书馆所藏手稿整理而成，是为首次造版印行。

固不可得矣。则就廖氏之说以推之，安知孔子言与事，非孟、荀、汉儒所造耶？孟、荀、汉儒书，亦非刘歆所造也？邓析之杀求尸者，其谋如此；及教得尸者，其谋如彼。智计之士，一身而备输、墨攻守之具，若好奇爱博，则纵横错出，自为解驳可也。彼古文既为刘歆所造，安知今文非亦刘歆所造以自矜其多能如郑析之为耶？而《移让博士书》，安知非亦寓言耶？然则虽谓兰台历史，无一语可以征信，尽如蔚宗之传王乔者亦可矣。而刘歆之有无，亦尚不可知也，乌虖！廖氏不言，后之人必有言之者，其机盖已兆矣。若是，则欲以尊崇孔子而适为绝灭儒术之渐，可不惧与？①

对康有为《新学伪经考》一书有重要影响的廖氏之古文经系刘歆所伪造的说法，是太炎先生驳难的重点，因为这是今文学派立论的历史根基。而且太炎先生预见到，如果依照今文学派造伪说的思路一直走下去，必然导致"兰台历史，无一语可以征信"的虚妄结果。事实上，后来的疑古思潮就是这样产生的。我们不能不佩服章氏穷究学理的先见之明。但章氏信古书却不信晚清以来的地下发掘物，认为河南安阳出土的甲骨卜辞也是伪造，并且直到他逝世的前一年——一九三五年，中央研究院史语所的殷墟发掘已经进行到第十一次，获得极丰硕的成绩，而且有名金祖同者反复向其说明辩难，他还是不肯相信甲骨文字的真实性，甚至

---

① 章太炎：《今古文辨义》，汤志钧编《章太炎政论选集》上册，第 114—115 页。

史语所的发掘所得，他也认为是村民的伪造①，则又将先见之明化作了自蔽的眼障。

章氏弟子黄侃（1886—1935）暨友人刘师培（1884—1919）者，也秉承先正遗风，坚执古文经的立场，在学术上各有所成。刘之所成在经学，黄之所成在小学。章的学术创获，也集中在小学。故真能承继余杭之学的是黄侃和另一弟子吴承仕。但我们须

---

① 章太炎《国故论衡》中的《理惑论》一文，是专门论述金文和甲骨文字的，其中写道："又近有掊得龟甲者，文如鸟虫，又与彝器小异。其人盖欺世豫贾之徒，国土可鬻，何有文字？而一二贤儒信以为质，斯亦通人之蔽。按《周礼》有衅龟之典，未闻铭勒。其余见于《龟策列传》者，乃有白雉之灌，酒脯之礼，梁卵之被，黄绢之裹，而刻画、书契无传焉。假令灼龟以卜，理兆错迎，衅裂自见，则误以为文字，然非所论于二千年之旧藏也。夫骸骨入土，未有千年不坏；积岁少久，故当化为灰尘。龟甲蠡眺，其质同耳。古者随侯之珠，照乘之宝，琉珧之削，余蚳之贝，今无有见世者矣。足明坚质白盛，其化非远，龟甲何灵而能长久若是哉！鼎彝铜器，传者非一，犹疑其伪，况于速朽之质、易霾之器，作伪有须臾之便，得者非贞信之人，而群相信以为法物，不其慎欤？"太炎精通小学，主张研究古文字应以《说文》为依据，然而金文及甲骨学者竟以钟鼎甲骨订正《说文》，他感到无论如何不可理解。所谓"得者非贞信之人"，显系指罗振玉；而"一二贤儒"，则是指他素所尊敬的孙诒让。以上参见刘梦溪主编《中国现代学术经典·章太炎卷》（陈平原编校），第40页。另有《甲骨文辨证》的编纂者金祖同氏，在《辨证》上集的跋语中讲述了与太炎先生交往、讨论甲骨的有趣经过。第一次前去拜谒的情形，他作了如下的记述："先生貌塞古。而健谈惊四座。同行者五人，各叩所学而就其渊源导发之。抉其利弊，启以先河，莫不叹服。及予，予以方治殷人礼制，乃告以甲骨文。先生蹙然者久之，曰：乌乎可？研几文字之学，《说文》其总龟也。由此深入，可见苍圣制作之源。今舍此外求，而信真伪莫辨之物，是不揣其本而齐其末，得无诬乎？"金嗣后多次写信向太炎先生讨教，并尽可能引证甲骨文中可以阐证经史的例子，太炎终不以为然，只复了四封信，再不理睬。太炎的第一次复信说："文字源流，除《说文》外，不可妄求。甲骨文真伪且勿论，但问其文字之不可识者，谁实识之？非罗振玉乎？其字既与《说文》碑版经史字书无征，罗振玉何以能独识之乎？"另一信提到中研院的发掘，他认为其所获是"洹上之人因殷墟之说而伪造"。还有一信讲到刘铁云的收藏，太炎说："以愚度之，殆北宋祥符天书之类耳。"关于金祖同与太炎先生的交往通信和章对甲骨文的态度以及相关背景，董作宾《甲骨学六十年》介绍甚详，可参阅《中国现代学术经典·董作宾卷》，第194—198页。

说明一点，章太炎、刘师培、黄侃等人采取的古文经学的立场，如同晚清今文经学的代表人物龚自珍、魏源以及康有为一样，学术立场与政治态度难免情非所愿地纠缠在一起。康有为斥刘歆伪造"六经"，为的是提高孔子的地位，托古改制。章太炎降低孔子的地位，是为了实践他的多元文化的主张，为清末的思想解放运动提供原发的思想资源。

最能体现章太炎的文化多元论思想的著作，是他写于一九一〇年的《齐物论释》。此篇通过解庄而阐发自己的文化思想，虽不免杂糅释、道，以唯识解"齐物"，但思辨与纯理认知的程度很高，诚如著者自己所说，"可谓一字千金"①。最引人瞩目处是对《齐物论》第三章的阐释，明确提出对不同的文明应持兼容、齐物的态度。

庄子援古为说，讲了一个不一定实有的寓言故事。尧对舜说："我想讨伐宗、脍、胥敖，可临朝的时候心里很是不安，不知怎么回事？"舜说："这三个小国还处在蓬蒿艾草一样的生活阶段，何必那样在意？从前十日并出的时候，普照万物，君主的盛德应高过太阳才是。"郭象《庄子注》说这则寓言的意思是希望"物畅其性，各安其所安，无有远近幽深，付之自若，皆得其极，则彼无不当而我无不怡也"。太炎先生认为："子玄斯解，

---

① 《章太炎先生自述学术次第》叙缘起曰："余生亡清之末，少婴异族，未尝应举，故得泛览典文，左右采获。中年以后，著纂渐成，虽兼综故籍，得诸精思者多，精要之言，不过四十万字，而皆持之有故，言之成理，不好与儒先立异，亦不欲为苟同。若《齐物论释》《文始》诸书，可谓一字千金矣。"参见《中国现代学术经典·章太炎卷》，第 642 页。

独会庄生之旨。"但在理念上他进一步作了现代意义的发挥，写道："原夫齐物之用，将以内存寂照，外利有情。世情不齐，文野异尚，亦各安其贯利，无所慕往。饷海鸟以大牢，乐斥晏以钟鼓，适令颠连取毙，斯亦众情所恒知。然志存兼并者，外辞蚕食之名，而方寄言高义，若云使彼野人获与文化。斯则文野不齐之见，为桀跖之嚆矢明矣。"又说："今之伐国取邑者，所在皆是，以彼大儒，尚蒙其眩惑，返观庄生，则虽文明灭国之名，犹能破其隐匿也。"

而且庄子也不是不知道物竞相争的道理，《外物篇》里就有"谋稽乎炫，知出乎争"的话。但庄子毕竟不因争竞之说而主张强行改变物的自性。所以太炎先生慨叹说："向令齐物一篇方行，海表纵无灭于攻战，舆人之所不与，必不得借为口实，以收淫名明矣。"尤可注意者，是太炎先生下面的话：

> 或言齐物之用，廓然多途，今独以蓬艾为言何也？答曰文野之见，尤不易除。夫灭国者，假是为名，此是梼杌穷奇之志尔。如观近世有言无政府者，自谓至平等也，国邑州闾泯然无间，贞廉诈佞一切都捐，而犹横着文野之见，必令械器日工，餐服愈美，劳形苦身，以就是业，而谓民职宜然，何其妄欤！故应物之论，以齐文野为究极。①

---

① 笔者所引《齐物论》原文，系采自石峻、楼宇烈、方立天等编《中国佛教思想资料选编》第三卷第四册，中华书局，1990年，第202—263页。

"应物之论，以齐文野为究极"，是太炎是篇的核心论旨，最能见出章氏的文化多元论思想和斯旨的现实针对性。[①] 而他的强调诸子之学，也早已显示出他对传统学术的看法采取的是多元文化的态度。

论者或曰，章太炎思想上是保守派，文化上是传统派，政治上后来成为"反动派"。余则曰，此论未免失之一隅之见。实际上在现代学者中，章太炎是最具有定见、遇事从不动摇的真儒。年轻时赞成变法维新，是鉴于对现状的体认，在个人固属至诚；后来主张革命，提出种族问题，也是基于戊戌后世局越来越不可收拾，而采取的一种因应方略；最后由于西潮滚滚，时髦学人置

---

① 笔者这里须作一郑重说明：学术界最早提出章太炎有文化多元论思想的是汪荣祖先生。1986 年，他撰有《章太炎的文化观》一文，其中写道："太炎的文化观实基于'多元文化论'（cultural pluralism）。事实上，他是在强调每一种文化都具有特殊性格，不必也不应与别种文化同化。在文化交流中，各文化既然都有特性，自应站在平等的地位。此在章氏《齐物论》一书中有充分的说明。"可参见汪著《章太炎研究》，台北李敖出版社，1991 年，第 175—181 页。又汪著《康章合论》（联经出版公司，1988 年初版）之"结论"及"后记"，于章氏的文化多元论思想亦曾比较为说，写道："近人常将谈中西文化者分为三类：西化派、传统派，以及折衷派，似未注意到康、章各自提出的两个不同的文化观点，指出两条不同的思想趋向。康氏震惊于近代西方物质文明的富盛，文化观点深受科学的影响，以为人文的发展可像科学那样有规则，具有客观的真理，放诸四海而皆准。因此，文化像科学一样没有国界，可以自由仿效采用。西方国家因行君主立宪而富强，中国亦可仿行君主立宪而富强。但章氏的文化观点扎根于历史，各国家或各民族各有其独特的历史经验，所以由历史中所产生的文化各有其特性，不可能雷同。因此，文化不像科学那样客观与统一，不可能随便抄袭。一种文化可以吸收另一种文化的长处，但必须适应本文化的特性。与本文化特性相左的外来文化因素，必难有效。如果要消灭一文化的特性，等于此一文化的灭亡。所以，我们可以说，康氏的文化观是一元的，而章氏的文化观是多元的。"见汪氏著《合论》，第 137—138 页。荣祖兄是我的好友，所赐两书置案多年而未尝拜诵，近日在较系统地研读太炎著作之余，方来细详。读后大快吾心，相信荣祖所论，实为对章氏研究的重要学术发现，故特补叙于此，以彰学理。

传统文化于无地，他转而在文化方面极力主张保存国性。毋宁说他一直有一种不随时俗转移的独立不倚的精神。我们所追寻的中国现代学术传统中具有恒在意义的东西，这在章太炎身上表现得最为明显。

太炎自述其学术思想的嬗变有言："自揣平生学术，始则转俗成真，终乃回真向俗。世固有见谛转胜者耶？后生可畏，安敢质言。秦汉以来，依违于彼是之间，局促于一曲之内，盖未尝睹是也。乃若昔人所诮，专志精微，反致陆沉，穷研训诂，遂成无用者，余虽无腆，固足以雪斯耻。"① 梁任公评曰："其所自述，殆非溢美。"②

---

① 章太炎：《菿汉微言结语》，《中国现代学术经典·章太炎卷》，第 641 页。
② 梁启超：《清代学术概论》，《中国现代学术经典·梁启超卷》，第 204、206 页。

第七章
传统学术向现代学术转变：史学与哲学

史学在中国自有不间断的传统。中国现代学术之史学一门最见实绩，真可以说是人才济济，硕果丰盈。现代史学家中包括「二陈」在内的一批大师巨子，所涉猎和所建树的史学实际上也可以视作文化史学。所谓文化史学，是指著者不仅试图复原历史的结构，而且苦心追寻我华夏民族文化传承的血脉，负一种文化托命的职责。

中国传统学术向现代学术转变，走的是多源多流、交错嬗变的路。有远源，也有近源；有分流，也有汇流；有内因，也有外缘。传统学术的大背景，两千余年学术自身的传统，当然是远源。乾嘉汉学、道咸以降的经今文学、晚清诸子学等等，都是近源。外缘的因素，刺激之大，前面已从王静安的有关论述中窥见一斑。事实上，不只是清朝的大门在列强的船坚炮利的打击下洞开，延续几千年的中国传统学术思想，也是在西潮的强烈刺激下，产生了不能安于固有秩序的紧迫感。世势使之然，学术固无法回避。

　　本来明代中晚期的学术，已经有了走向科技、走向民间的趋向，与西方也开始了交流，发展下去完全可能以自己的方式走向现代。但明清易代，生产力低下的族群建立了对全国的统治，加上满汉之间的文化冲突，开放的思想被严酷的政治体制窒息了。

乾嘉学术在这个意义上是一种不得已的形态。直到清朝末造，欧风美雨狂袭而至，学术思想才不得不在动荡中因应以变。但强势刺激容易产生文化颠簸症，于学术的发展会伴生不利的影响。就如同黑夜里的一间屋子，正在里面熟睡的人们突然被强盗团伙的剧烈撬门声惊醒，势必手忙脚乱，迎退失据，甚或穿错了衣服和鞋子也是有的。所以晚清之思想界的变革，实带有急促、慌乱、因应失据、饥不择食的特点。当时的许多文章和著作，更多的是开药方，学术实绩的创造是后来的事情。即使就介绍西方的思想和学说而言，问题也是多多。梁启超于此洞察幽微，他痛心疾首地写道："晚清西洋思想之运动，最大不幸者一事焉。盖西洋留学生殆全体未尝参加于此运动；运动之原动力及其中坚，乃在不通西洋语言文字之人。坐此为能力所限，而稗贩、破碎、笼统、肤浅、错误诸弊，皆不能免。故运动垂二十年，卒不能得一健实之基础，旋起旋落，为社会所轻。"① 特别是学术思想如何从传统的格局中（包括远源和近源）蜕分出来，是亟待解决而没有解决好的一个问题。

　　史学在中国自有不间断的传统，由传统史学转变为现代史学，应该顺理成章。然而向传统史学质疑容易，提出史学的新概念、真正建立新史学，殊非易易。已故经学史家周予同（1898—1981）先生一九四一年写的《五十年来中国之新史学》一文中，有下面的论述："学术思想的转变，仍有待于凭借，亦即凭借于固有的文化遗产。当时，国内的文化仍未脱经学的羁

---

　　① 　梁启超：《清代学术概论》，《中国现代学术经典·梁启超卷》，第 204、206 页。

绊，而国外输入的科学又仅限于物质文明；所以学术思想虽有心转变，转变的路线仍无法脱离二千年来经典中心的宗派。"① 事实确是如此。单是新史学与经今文学的关系有所厘清，已是困难重重。按周予同的说法，晚清治史诸家中，崔适、夏曾佑都是经今文学兼及史学。崔适（1852—1924），浙江吴兴人，著有《春秋复始》《史记探原》《五经释要》等著作。为学自成体式，但鲜为人知其渊源来历。夏曾佑（1863—1924），杭州人，光绪十六年（1890）进士，其所著《中国古代史》，虽被称为用近代方法研究中国历史的"第一部著作"，但仍属于没有转过身来的"旧史学"的范畴。只有梁启超说得上是摆脱了今文学的羁绊，走上了新史学的道路。

就此点而言，任公先生对现代史学的贡献可谓大矣。而现代史学中的学术史一目，也是任公先生开其端，《论中国学术思想变迁之大势》《清代学术概论》《中国近三百年学术史》三书，就是他研究学术史的代表作，至今还经常被学者所引用。诚如梁之好友林志钧所说："知任公者，则知其为学虽数变，而固有其紧密自守者在，即百年不离于史是矣。"② 但梁之史学，前期和后期的旨趣不尽相同。一九〇一年至一九〇二年写作《中国史叙论》和《新史学》的梁启超，对传统史学的态度甚为决绝，他总结出

① 周予同：《五十年来中国之新史学》，见朱维铮编《周予同经学史论著选集》，上海人民出版社，1983年，第517页。
② 林志钧：《饮冰室合集序》，《饮冰室合集》第一册，中华书局，1989年，第3页。

旧史学的"四蔽""二病""三难"①，摧毁力极大。后来写《清代学术概论》《历史研究法》和《历史研究法补编》，则表现出对传统史学不无温文地会意冥心之处。但不论前期还是后期，梁之史学都有气象宏阔、重视历史的整体性、重视史学研究的具体数据、重视科际整合的特点。他把中国历史分为三个阶段：从黄帝到秦统一，为上世史，称作"中国之中国"；秦统一至乾隆末年，为中世史，称作"亚洲之中国"；乾隆末年至晚清，为近世史，称作"世界之中国"②。这是一种着眼于大历史的分期方法，颇能反映中国历史演化的过程。

胡适（1891—1962）的史学在梁的基础上又有所跨越，《白话文学史》《中国哲学史大纲》，在专史方面已是开新建设的史学了。但胡适实验的多，完成的少，他的作用主要在得风气之先和对史学研究的"科学方法"的提倡。二十年代兴起的古史辨学派，除了受康有为所代表的晚清今文学的影响，与胡适的《中国哲学史大纲》直接"从周宣王以后讲起"③有很大关系。所以当一九二三年顾颉刚（1893—1980）在《读书杂志》上发表《与钱玄

---

① 梁启超揭橥之传统史学的"四蔽"是：知有朝廷而不知有国家；知有个人而不知有群体；知有陈迹而不知有今务；知有事实而不知有理想。"二病"是：能铺叙而不能别裁；能因袭而不能创作。"三难"是：难读，难别择，无感触。参见《饮冰室文集》之九，第3—6页，载《饮冰室合集》第一册。

② 梁启超：《中国史叙论》，《饮冰室合集》第一册，文集之六，第11—12页。

③ 顾颉刚在《古史辨》第一册的自序里写道："第二年，改请胡适之先生来教。'他是一个美国新回来的留学生，如何能到北京大学里来讲中国的东西？'许多同学都这样怀疑，我也未能免俗。他来了，他不管以前的课业，重编讲义，开头一章是'中国哲学结胎的时代'，用《诗经》作时代的说明，丢开唐虞夏商，竟从周宣王以后讲起。这一改，把我们一班人充满着三皇五帝的脑筋，骤然作一个重大的打击，骇得一堂中舌挢而不能下。"《古史辨》第一册，上海古籍出版社，1982年，第36页。

同先生论古史书》，提出著名的"层累造成说"，胡适给予支持；而钱玄同和傅斯年也作有力的回应，疑古思潮遂掀起波澜。

顾的"层累造成说"，包括三方面的意思：

第一，"时代愈后，传说的古史期愈长"。如这封信里说的，周代人心目中最古的人是禹，到孔子时有尧、舜，到战国时有黄帝、神农，到秦有三皇，到汉以后有盘古等。

第二，可以说明"时代愈后，传说中的中心人物愈放愈大"。如舜，在孔子时只是一个"无为而治"的圣君，到《尧典》就成了一个"齐家而后国治"的圣人，到孟子时就成了一个孝子的模范了。

第三，我们在这上即不能知道某一件事的真确的状况，但可以知道某一件事传说中的最早的状况。我们即不能知道东周时的东周史，也至少能知道战国时的东周史；我们即不能知道夏商时的夏商史，也至少能知道东周时的夏商史。①

这些观点他想在一篇叫作《层累地造成的中国古史》的文章中论述，文章未及写，先在致钱玄同的信里讲了出来。备受争议的禹大约是"蜥蜴之类"的一条"有足蹂地"的虫，就是此信中的名句。

顾的这封信在学术界引起巨大的震撼。他后来回忆起这段往事时说："信一发表，竟成了轰炸中国古史的一个原子弹。连我自己也想不到竟收着了这样巨大的战果，各方面读些古书的人都受到了这个问题的刺激。因为在中国人的头脑里向来受着'自从盘古开天地，三皇五帝到于今'的定型的教育，忽然听到没有盘

---

① 顾颉刚：《与钱玄同先生论古史书》，载《古史辨》第一册，第60页。

古，也没有三皇、五帝，于是大家不禁哗然起来。"①《读书杂志》系胡适主办，因为顾的这封信展开了一场历时八九个月的大讨论，直到一九二四年年初方告一段落。而一九二六年出版的《古史辨》第一册，则是对这场讨论的总结，顾颉刚写了一篇六万余言的长序，"古史辨"作为学派因之而诞生。

当时与"古史辨派"相对立的是释古派和考古派。也有的概括为"泥古派"或"信古派"，指起而与顾颉刚、钱玄同论争的柳诒徵等文化史家，影响不是很大，且用"泥古"或"信古"字样概括他们的观点也不够准确，可暂置不论。考古派前面讲到了，首功当然是罗、王、郭、董"四堂"（罗号雪堂、王号观堂、郭号鼎堂、董号彦堂），还有李济（1896—1979）、夏鼐（1910—1985）等。当然考古者大都也释古。董的《殷历谱》和《甲骨文断代研究例》、郭的《中国古代社会研究》和《两周金文辞大系图录考释》、李济的《中国民族的形成》和《安阳》等，均堪称古文字与古史研究的典范之作。释古派可以王国维和陈寅恪为代表。如果认为梁启超提出的多，系统建设少，王、陈的特点，是承继的多，开辟的也多。

特别是陈寅恪的史学，是最具现代性和最有发明意义的中国现代史学的重镇，这一点当时后世少有异词。他治史的特点，一是在史识上追求通识通解；二是在史观上格外重视种族与文化的关系，强调文化高于种族；三是在史料的运用上，穷搜旁通，极大地扩大了史料的使用范围；四是在史法上，以诗文证史、借传

---

① 顾颉刚：《我是怎样编写古史辨的》，载《古史辨》第一册，第17—18页。

修史，使中国传统的文史之学达致贯通无阻的境界；五是考证古史而能做到古典和今典双重证发，古典之中注入今情，给枯繁的考证学以活的生命；六是对包括异域文字在内的治史工具的掌握，并世鲜有与其比肩者；七是融会贯彻全篇的深沉强烈的历史兴亡感；八是史著之文体熔史才、诗笔、议论于一炉。[①] 他治史的贡献，主要表现在对"中国境内之古外族遗文"的释证，对佛教经典不同文本的比勘对照，对各种宗教影响于华夏人士生平艺事的考证，对隋唐政治制度文化渊源的研究，对晋唐诗人创作所作的历史与文化的笺证，对明清易代所激发的民族精神的传写，等等。而所有这些方面，他都有创辟胜解。他治史的精神，则是"独立之精神，自由之思想"[②]，这是他学术思想的力量源泉，也可

[①] 关于陈寅恪的治史成就，请参阅拙作《论陈寅恪的学术创获与研究方法》，《纪念陈寅恪先生百年诞辰学术论文集》，江西教育出版社，1994年，第352—425页。

[②] 1929年陈寅恪所作《清华大学王观堂先生纪念碑铭》写道："先生之著述，或有时而不章；先生之学说，或有时而可商。惟此独立之精神，自由之思想，历千万祀，与天壤而同久，共三光而永光。"《金明馆丛稿二编》，第218页。《柳如是别传》之缘起部分也有如下的话："虽然，披寻钱柳之篇什于残缺毁禁之余，往往窥见其孤怀遗恨，有可以令人感泣不能自已者焉。夫三户亡秦之志，九章哀郢之辞，即发自当日之士大夫，犹应珍惜引申，以表彰我民族独立之精神，自由之思想。"参见《别传》上册，第4页，上海古籍出版社，1980年。又陆键东著《陈寅恪的最后二十年》披露的1953年12月1日陈寅恪《对科学院的答复》，尤集中阐述了寅恪先生的这一学术精神。《答复》中写道："我的思想，我的主张完全见于我所写的王国维纪念碑。王国维死后，学生刘节等请我撰文纪念。当时正值国民党统一时，立碑时间有年月可查。在当时，清华校长是罗家伦，是二陈（CC）派去的，众所周知。我当时是清华研究院导师，认为王国维是近世学术界最主要的人物，故撰文来昭示天下后世研究学问的人，特别是研究史学的人。我认为研究学术，最主要的是要具有自由的意志和独立的精神。所以我说'士之读书治学，盖将以脱心志于俗谛之桎梏'。'俗谛'在当时即指三民主义而言。必须脱掉'俗谛之桎梏'，真理才能发挥，受'俗谛之桎梏'，没有自由思想，没有独立精神，即不能发扬真理，即不能研究学术。学说有无错误，这是可以商量的，我对于王国维即是如此。王国维的学说中，也有错的，如关于蒙古史上的 （转下页）

以称作陈氏之"史魂"。

陈垣与陈寅恪并称"史学二陈"。陈垣（1880—1971）的专精在目录、校勘、史讳、年表的研究，并兼擅词章之学；史源学一目，是他的创造；治史的显绩则集中在宗教研究和元史研究。从继承的史学传统来说，清代史家赵翼、钱晓徵对他的影响最大。所以陈寅恪评赞其史学之贡献时说："近二十年来，国人内感民族文化之衰退，外受世界思潮之激荡，其论史之作，渐能脱除清代经师之旧染，有以合于今日史学之真谛，而新会陈援庵先生之书，尤为中外学人所推服。盖先生之精思博识，吾国学者，自钱晓徵以来，未之有也。"① 但陈垣五十年代以后世潮润及己身，没有再写出重要的著述。陈寅恪则挺拔不动，愈到晚年愈见其著述风骨。尤其一九五三年至一九六三年积十载之功撰写的七十万言的《柳如是别传》，是他一生之中最重要的著述，是我国现代文史考证的典范，是"借传修史"的明清文化痛史的杰构。置诸二十世纪的史林文苑，其博雅通识和学思之密，亦鲜有出其右者。

（接上页）一些问题，我认为就可以商量。我的学说也有错误，也可以商量，个人间的争吵不必芥蒂。我、你都应该如此。我写王国维诗，中间骂了梁任公，给梁任公看，梁任公只笑了笑，不以为芥蒂。我对胡适也骂过。但对于独立精神，自由思想，我认为是最重要的，所以我说'惟此独立之精神，自由之思想，历千万祀，与天壤而同久，共三光而永光'。我认为王国维之死，不关与罗振玉的恩怨，不关满清之灭亡，其一死乃以见独立自由之意志。独立精神和自由意志是必须争的，且须以生死力争。正如词文所示，'思想而不自由，毋宁死耳。斯古今仁贤所同殉之精义，其岂庸鄙之敢望'。一切都是小事，惟此是大事。碑文中所持之宗旨，至今并未改易。"见该书第111—112页，生活·读书·新知三联书店，1995年。

① 陈寅恪：《陈垣元西域人华化考序》，《金明馆丛稿二编》，上海古籍出版社，1980年，第219页。

现代史学家中包括"二陈"在内的一批大师巨子，所涉猎和所建树的史学实际上也可以视作文化史学。所谓文化史学，是指著者不仅试图复原历史的结构，而且苦心追寻我华夏民族文化传承的血脉，负一种文化托命的职责。文化史学的集大成者是钱宾四先生。宾四是钱穆的字，无锡人，自学名家。始任教于无锡、厦门、苏州等地的中学，一九三〇年起北上京华，执教鞭于燕大、北大、清华、师大等高等学府。钱之著述，早期以《刘向歆父子年谱》《先秦诸子系年》《中国近三百年学术史》《国史大纲》为代表。治国史而以学术流变为基底，承接儒统，独立开合，空诸倚傍，是钱氏史学的特点。其抗战期间在西南联大撰写的《国史大纲》，特别提出应把"我国家民族、已往文化演进之真相，明白示人，为一般有志认识中国已往政治社会文化思想种种演变者所必要之智识"[①]，作为修撰新通史的必备条件；并昭示国人树立一种信念，即对"本国已往历史有一种温情与敬意"[②]。他强调："历史与文化就是一个民族精神的表现。所以没有历史，没有文化，也不可能有民族之成立与存在。如是我们可以说，研究历史，就是研究此历史背后的民族精神和文化精神的。"[③] 钱穆晚期的代表著作是《朱子新学案》，其价值在重新整合理学和儒学的关系，把援释援道入儒的宋学，收纳回归到儒、释、道合流统贯

① 钱穆：《国史大纲》（修订本）上册，香港商务印书馆，1989 年，"引论"第 7 页，及卷前"凡读本书请先具下列诸信念"第 1 页。

② 同上。

③ 钱穆：《中国历史精神》，东大图书公司，1976 年，第 7 页。

的传统学术思想的长河中去。国学大师之名，章太炎之后，唯钱穆最当之无愧。

中国现代学术之史学一门最见实绩，真可以说是人才济济，硕果丰盈。梁（任公）、王（静安）、胡（适之）、顾（颉刚）和二陈（陈寅恪、陈援庵）、钱穆之外，张荫麟、郭沫若、范文澜、翦伯赞、吕振羽，都是具通史之才的史学大师。郭的恣肆、范的淹博、翦的明通、吕的简要，为学界所共道。就中张荫麟（1905—1942）的史学天才尤值得注意。虽然他只活了三十七岁，留下的史学著作最重要的竟是一部没有最后完成的《中国史纲》（只有上古部分）。他是广东东莞人，十六岁考入清华学堂，十八岁发表《老子生后孔子百余年之说质疑》于《学衡》杂志，批评梁启超而得到梁启超的激赏。一九二九年赴美国斯坦福大学研习哲学和社会学，四年后回国，任教于清华，兼授哲学、历史两系的课程。

张荫麟试图把哲学和艺术与史学融合在一起，提出要用感情、生命、神采来从事历史写作。他说：

史学应为科学欤？抑艺术欤？曰，兼之。斯言也，多数积学之专门史家闻之，必且嗤笑。然专门家之嗤笑，不尽足慑也。世人恒以文笔优雅，为述史之要技。专门家则否之。然历史之为艺术，固有超乎文笔之上矣。今以历史与小说较，所异者何在？夫人皆知在其所表现之境界一为虚一为实也。然此异点，遂足摈历史于艺术范围之外矣乎？写神仙之图画，艺术也。写生写真。毫发毕肖之图画，亦艺术也。小

说与历史之同者，表现有感情、有生命、有神采之境界，此
则艺术之事也。惟以历史所表现者为真境，故其资料必有待
于科学的搜集与整理。然仅有资料，虽极精确，亦不成史。
即要经科学的综合，亦不成史，何也？以感情、生命、神
采，有待于直观的认取，与艺术的表现也。[①]

他认为正确充备的资料和忠实的艺术表现，是理想的历史写
作的两个必要条件。他自己的史著和论文，把他的这一史学写作
理想变成了现实。谓予不信，请试读《中国史纲》以及《明清之
际西学输入中国考略》《北宋四子之生活与思想》等专书和论文，
你无法不被他的"忠实的艺术表现"所感染。你甚至可能忘记了
是在读史，而以为是在阅读文学家撰写的饶有兴味的历史故事。
但他那不掺杂繁引详注的历史叙述，又可以做到无一字无来历，
无一事无出处。包括梁任公、贺麟在内的熟悉他的学界人物，无
一例外地称赏他为不可多得的史学天才。熊十力（1885—1968）
说："张荫麟先生，史学家也，亦哲学家也。其宏博之思，蕴诸
中而尚未及阐发者，吾固无从深悉。然其为学，规模宏远，不守
一家言，则时贤之所夙推而共誉也。"又说："昔明季诸子，无不
兼精哲史两方面者。吾因荫麟先生之殁，而深有慨乎其规模或遂
莫有继之者也。"[②] 以熊之性格特点，如此评骘一位先逝的比自己

① 张荫麟：《论历史学之过去与未来》，《张荫麟先生文集》下册，台湾大学出版
委员会，1984年，第1059页。
② 熊十力：《哲学与史学——悼张荫麟先生》，见《张荫麟先生文集》上册，台
湾大学出版委员会，1984年，第3页。

小整整二十岁的当代学人，可谓绝无仅有。

另外在专史和断代史领域，汤用彤（1893—1964）、柳诒徵（1880—1956）、萧公权（1897—1981）、岑仲勉（1886—1961）、朱谦之（1899—1972）、雷海宗（1902—1962）、陈梦家（1911—1966）、侯外庐（1903—1987）、孟森（1869—1937）、向达（1900—1966）、杨联陞（1914—1990）、罗尔纲（1901—1997）等，都有足可传世的代表性著作。而陈梦家的学术成就和遭遇，更令人感到震撼。他是浙江上虞人，一九一一年出生，十六岁考取中央大学法律系，二十岁就是闻名遐迩的新月派诗人了。一九三二年上海"一·二八事变"，他投笔从戎，参加著名的淞沪抗战。后来师从容庚，成为研究古文字学、古史的专家。先后执教于燕京大学、西南联大、清华大学等学府，五十年代以后转到科学院考古所。《殷虚卜辞综述》《尚书通论》《六国纪年》《西周铜器断代》等著作，都写于一九五七年以前。他的诗人气质和学者的风骨，使他未能逃过一九五七年"不平常的春天"那一劫。他被下放到甘肃。但他那双神奇的眼睛和神奇的手，似乎接触什么就可以研究什么，而且都能结出果实。他在甘肃接触到了汉简，他撰写了《武威汉简》和《汉简缀述》两部涉猎新的学科领域的专著。他的文笔是优美的，优美到可以和张荫麟相颉颃。谁都知道通解甲骨文的发现和研究过程是一件多么繁难的事情，但如果阅读他的七十余万言的《殷虚卜辞综述》，不仅可以轻松地实现你的学术目标，而且可以得到史学与艺术的美的享受。

但陈梦家的悲剧人生并没有到此结束，还有更惨烈的一幕等待着他。一九六六年，当迎面而来的掀天巨浪不仅残害知识精英，而且残害文化的时候，他自己结束了自己的生命，英年方届 55 岁，正值学术的盛年。当然还有翦伯赞，一位一向被称作马克思主义史学家的通史之才，也在那股掀天巨浪面前选择了最简便的结局。只是，也许他并不孤单，因为陪伴他同行的还有他的夫人。这些史学天才，是太知道历史还是太不知道历史？

疑古、释古、考古，足以代表中国现代史学的三个学术派别了。钱穆分近世史学为传统派、革新派和科学派①，固属立说有据，但义例似乎偏窄。还有的区别为史观派、史建派、考证派、方法派等等②，也未见窥其典要。疑古、释古、考古三派，都有自己的史学观念和史学方法，也都离不开史料和考证，其目标也是为了建设。

唯一例外的是以傅斯年为代表的史料学派，虽也可以范围在释古一派之内，但在史学观念上确有自己的特色。况且讲中国现代史学如果不讲到傅斯年，不仅不公正，而且是严重的缺失。因为二十世纪的历史学，他是一位有力量的带领者和推动者。

傅斯年字孟真，山东聊城人，一八九六年出生，十七岁考入北京大学预科，后转为国文门。他是"五四"新思潮的学生

---

① 钱穆：《国史大纲》（修订本）上册，"引论"第 3 页。
② 许冠三：《新史学九十年》（上下册），香港中文大学出版社，1986 年。按许著爬梳勾勒百年史学，提纲挈领，每有特见，乃研究近世史学史的先发之著。即对史学各派别的归纳，亦自可成说。唯"考证学派""方法学派""史观学派""史建学派"的提法，窃以为稍有未安。

领袖，他当时办的刊物就叫《新潮》。陈独秀、胡适之等都很赏识他的才子，李大钊的思想对他也很有影响。一九一九年五月四日那天的爱国大游行，他担任总指挥，扛着大旗走在队伍的最前面。但"火烧赵家楼"的意外行为发生后，他退而回到学校。当年年底考取官费留学，赴英国伦敦大学研究院学习。一九二三年转赴德国柏林大学文学院，比较语言学和历史学成为他倾心钻研的新的学科领域。赵元任、陈寅恪、俞大维、罗家伦、毛子水、金岳霖、徐志摩等青年才隽，是他在德国期间经常往还的友人。一九二六年回国，应中山大学之聘，担任文学院院长兼文史两系之系主任。一九二八年就任当时国家最高学术机构中央研究院历史语言研究所所长。陈寅恪、赵元任、李济，分别是史语所第一、二、三组的组长。他的"拔尖"政策，使他有办法聚集全国最优秀的学人。

他最有影响力的文章是就任史语所所长后撰写的《历史语言研究所工作之旨趣》。他经常被引用的名言是："上穷碧落下黄泉，动手动脚找东西。"[1] 他说："凡一种学问能扩张他研究的材料便进步，不能的便退步。"[2] 他说："我们反对疏通，我们只是要把材料整理好，则事实自然显明了。一分材料出一分货，十分材料出十分货，没有材料便不出货。"[3] 他说："史学便是史料学。"[4]

---

[1] 见《历史语言研究所工作之旨趣》，《中国现代学术经典·傅斯年卷》，河北教育出版社，1996年，第340—350页。

[2] 同上。

[3] 同上。

[4] 傅斯年：《史学方法导论》，《中国现代学术经典·傅斯年卷》，第243页。

他说了这么多容易断章取义、容易被误解的话，但真正的学术大家、史学重镇，都知道他的苦心孤诣，很少发生误解。不仅不误解，反而承认他的权威地位，感激他对现代史学的建设所做的贡献。其实他是受德国朗克史学的影响，有感于西方汉学家的独特建树，目睹中国历史语言学的衰歇，提出的振兴救弊的主张。他说：

> 西洋人做学问不是去读书，是动手动脚到处寻找新材料，随时扩大旧范围，所以这学问才有四方的发展，向上的增高。中国文字学之进步，正因为《说文》之研究消灭了汉简，阮、吴诸人金文之研究识破了《说文》。近年孙诒让、王国维等之殷文研究更能继续金文之研究。材料愈扩充，学问愈进步，利用了档案，然后可以订史。利用了别国的记载，然后可以考四裔的史事。在中国史学的盛时，材料用得还是广的，地方上求材料，刻文上抄材料，档库中出材料，传说中辨材料。到了现在，不特不能去扩张材料，去学曹操设"发冢校尉"，求出一部古史于地下遗物，就是"自然"送给我们的出土的物事，以及敦煌石藏、内阁档案，还由他毁坏了好多，剩下的流传海外，京师图书馆所存摩尼经典等等良籍，还复任其搁置，一面则谈整理国故者人多如鲫，这样焉能进步？①

---

① 见《历史语言研究所工作之旨趣》，《中国现代学术经典·傅斯年卷》，第344页。

可知他是痛乎言之、有感而发。他还说："在中国的语言学和历史学当年之有光荣的历史，正因为能开拓有用材料。后来之衰歇，正因为题目固定了，材料不大扩充了，工具不能添新的了。不过在中国境内语言学和历史学的材料是最多的，欧洲人求之尚难得，我们却坐看它毁坏亡失。我们着实不满这个状态，着实不服气就是物质的原料以外，即便学问的原料，也被欧洲人搬了去乃至偷了去。我们很想借几个不陈的工具，处治些新获见的材料，所以才有这历史语言研究所的设置。"[1]何以要把史料的作用强调到如此的地步，他讲得再清楚不过，不需要我们再添加什么了。

当我们了解了傅斯年，才能够深层理解陈寅恪史学的现代价值。

现在再来看哲学。哲学走向现代的步履就更其艰难了。

中国传统哲学的高峰，一表现为先秦子学。再表现为宋明理学。此外佛教哲学在魏晋至隋唐有规模宏阔的发展。除此之外，晚明的方以智（1611—1671）算得上哲学的异数，且不论引人注目的《物理小识》，仅《东西均》一书即可奠定其在中国哲学史上的地位。但大体上而言，宋明之后的独立之哲学已日趋衰微，哲学思想往往消融到实际人生态度和社会伦理中去，真个是道混成而难分了。影响之下，盛清学术所成就者主要在经史，哲学思想只有戴震尚能发一缕光辉，其余很多都流于学而寡思一途。至于清中叶过后的道、咸至晚清，包括龚自珍、魏源、严

---

[1]　见《历史语言研究所工作之旨趣》，《中国现代学术经典·傅斯年卷》，第 346 页。

复、康有为、梁启超、章太炎诸人，虽然不无自己的哲学思想，却不是以哲学的专精而名家的。此正如蔡元培（1868—1940）所说："最近五十年，虽然渐渐输入欧洲的哲学，但是还没有独创的哲学。"[1] 蔡元培又说："凡一时期的哲学，常是前一时期的反动，或是再前一时期的复活，或是前几个时期的综合，所以哲学史是哲学界重要的工具。这五十年中，没有人翻译过一部西洋哲学史，也没有人用新的眼光来著一部中国哲学史，这就是这时期中哲学还没有发展的征候。"[2] 因此他对胡适的《中国哲学史大纲》给予相当的肯定，称其为"第一部新的哲学史"[3]。但胡适的《大纲》是对中国传统哲学思想的叙论，还不是作者自己哲学思想的系统化。

　　能够自觉地建立自己的哲学思想体系的是冯友兰（1895—1990）。冯氏一九一八年毕业于北京大学文科中国哲学门，次年赴美，一九二四年获哥伦比亚大学哲学博士学位。一九三〇年和一九三三年，先后写出并出版《中国哲学史》上、下卷。这是第一部有系统地研究中国传统哲学的专书。陈寅恪、金岳霖都给予高度评价。一九三七年至一九四六年，冯氏通过"贞元六书"的写作，进而完成了他的新理学的哲学体系。值得注意的是，作者在绪论章中特别提出，他是"接着宋明以来的理学讲底，而不

---

　　① 蔡元培：《五十年来中国之哲学》，《蔡元培全集》（高平叔编），中华书局，1984年，第351、381页。
　　② 同上。
　　③ 同上。

是照着宋明以来的理学讲底"①。这点很重要，正好与我们前面讲的宋以后哲学的独立性有所减弱，可以相印证。

中国传统学术里最缺乏的是逻辑学。这涉及中国人的思维特性问题。因此传统哲学并不以追求完整的理论体系为目标。影响所及，现代学术中的哲学一门，数理哲学一向不发达。中国传统哲学中所缺少的另一个东西是知识论。唯其如此，金岳霖（1895—1984）的哲学值得我们格外注意。金早年毕业于清华大学，一九二〇年获美国哥伦比亚大学哲学博士学位，后留学英国剑桥大学。直接给他以影响的是罗素哲学和穆尔哲学，这两位在二十世纪初是国际上最具影响力的分析哲学泰斗。金岳霖本人是个哲学天才，很少有另外的人像他那样既有逻辑的头脑又有建构知识系统的能力。一九三五年，他的《逻辑》一书作为"大学丛书"之一种出版。一九四〇年，《论道》出版。一九四八年，《知识论》竣稿，终于建立起了以知识论为骨架的哲学体系。他是现代中国为数很少的可以不借助人只借助符号写作的哲学家。这是他与冯友兰不同的地方。

但他的思想又很矛盾。他具有现代哲学所要求的全部素养、训练和逻辑方式，可他又不以此为满足，因此他宁可先写《论道》，而把《知识论》放在后面。《论道》的序言里有关于他的这种矛盾心情的极好的描述：

---

① 冯友兰：《新理学》绪论，《三松堂全集》第四册，河南人民出版社，1986 年，第 5 页。

　　研究知识论我可以站在知识的对象范围之外，我可以暂时忘记我是人。凡问题之直接牵扯到人者我可以用冷静的态度去研究它，片面地忘记我是人适所以冷静我的态度。研究元学则不然，我虽可以忘记我是人，而我不能忘记"天地与我并生，万物与我同一"，我不仅在研究对象上求理智的了解，而且在研究的结果上求情感的满足。虽然从理智方面说我这里所谓道，我可以另立名目，而另立名目之后，此新名目之所谓也许就不能动我的心，怡我的情，养我的性。知识论的裁判者是理智，而元学的裁判者是整个的人。①

　　这里金岳霖对中西哲学、中西哲学家作了一个区分。稍后，在用英文撰写的《中国哲学》一文中，对此问题作了更明确的阐述，写道："现代人的求知不仅有分工，还有一种训练有素的超脱法或外化法。现代研究工作的基本信条之一，就是要研究者超脱他的研究对象。要做到这一点，只有培养他对于客观真理的感情。人虽然不能超脱自己的感情，连科学家也很难办到，但是他如果经过训练，学会让自己对于客观真理的感情盖过研究中的其他感情，那就已经获得科学研究所需要的那种超脱法了。这样做，哲学家就或多或少地超脱了自己的哲学。他推理、论证，但并不传道。"②

　　而中国传统哲学则有不同的要求。金岳霖继续写道："中国

　　① 金岳霖：《论道》，商务印书馆，1985 年，第 16 页。
　　② 金岳霖：《中国哲学》，《金岳霖学术论文选》，中国社会科学出版社，1990 年，第 360—362 页。

哲学家都是不同程度的苏格拉底式的人物。其所以如此，是因为伦理、政治、反思和认识集于哲学家一身，在他那里知识和美德是不可分的一体。他的哲学要求他身体力行，他本人是实行他的哲学的工具。按照自己的哲学信念生活，是他的哲学的一部分。他的事业就是继续不断地把自己修养到近于无我的纯净境界，从而与宇宙合而为一。这个修养过程显然是不能中断的，因为一中断就意味着自我抬头，失掉宇宙。因此，在认识上，他永远在探索；在意愿上，则永远在行动或者试图行动。这两方面是不能分开的，所以在他身上你可以综合起来看到那个本来意义的哲学家。他同苏格拉底一样，跟他的哲学不讲办公时间。他也不是一个深居简出、端坐在生活以外的哲学家。在他那里，哲学从来不单是一个提供人们理解的观念模式，他同时是哲学家内心中的一个信仰体系，在极端情况下，甚至可以说就是他的自传。"[①] 就人类的精神需要来说，不论过去、现在、未来，哲学家作为哲学家的这两种品质，都是需要的。现代哲学的使哲学与哲学家分离的特点，改变了哲学的价值。金岳霖悲伤地说："这种改变使世界失去了绚丽的色彩。"[②]

　　那么中国现代哲学应该走什么样的路？金岳霖似乎感到两难。这有点像王国维在哲学面前的矛盾心情。王曾说过："哲学上之说，大都可爱者不可信，可信者不可爱。余知真理，而余又爱其谬误伟大之形而上学，高严之伦理学与纯粹之美学。此吾人

----

① 金岳霖：《中国哲学》，《金岳霖学术论文选》，第360—362页。
② 同上。

所酷嗜者也。然求其可信者，则宁在知识论上之实证论，伦理学上之快乐论，与美学上之经验论。知其可信而不能爱，觉其可爱而不能信，此近二三年中最大之烦闷。"①毋宁说，王国维的烦闷也是一切哲人的烦闷。

特别是站在中国传统哲学的立场上，面对科学主义思潮的冲击，更容易发生这样的问题。

---

① 王国维：《自序二》，《王国维遗书》之《静安文集续编》，第 21 页。

第八章

传统学术向现代学术转变：
新儒学和新佛学

只要我们明白中国传统哲学向现代哲学嬗变蜕分之艰难，就可以理解新儒家所试图建立的基本哲学理念之可贵。因为学术理论的构造，不仅需要知识的累积，而且需要眼光。新儒家的思想渊源之一，是佛教哲学的影响。晚清以来，新佛学是中国现代学术的重要一支。

新儒家所建立的基本理念，就包含对中国传统哲学向现代转化的两难处境的回应。

　　关于新儒家这个概念，虽有广义和狭义两种不同的解释，我个人则比较倾向于狭义一些的解释。即指认同于传统儒学又在哲学上有自己独特建树的那样一些现代学人。[①] 但无论从广义出发还是从狭义出发，冯友兰都应属于新儒家的行列，所以在冯友兰身上没有金岳霖那样的矛盾。但冯绝不是现代中国的第一个新儒家。

　　如前所述，宋明理学作为相对于先秦儒学的儒学，已有新儒家之称，何以近代又有了新儒家？这得从梁漱溟说起。

　　梁漱溟（1893—1988）在中国现代学术史上，应该是新儒

---

　　① 余英时：《钱穆与新儒家》，《中国文化》第 6 期，1992 年 9 月出版。

学的第一个代表。梁早年究心佛学，一九一七年应蔡元培之聘任教北京大学。当时正处在新潮汹涌的"五四"运动前夕，知识界西浪声声，而梁氏之所钟情独在东方传统。为寻求同道的理解支持，他在北大刊出启事："顾吾校自蔡先生并主讲诸先生皆深味乎欧化，而无味乎东方文化，由是倡为东方学者，尚未有闻。"① 由是开始讲《东西文化及其哲学》，倡"世界文化三期重现"说，重估中国的儒学传统，给定孔子以新的价值，破天荒地提出："世界未来文化就是中国文化的复兴，有似希腊文化在近代的复兴那样。"② 一九二一年，他这本讲演集《东西文化及其哲学》由上海商务印书馆出版，至一九二九年先后印行八次，可见其影响。梁的思理价值，在于他提出的问题本身，动人心弦处是问题的指向。虽然他提出的文化的"东、西"问题他一生都不曾解决，我们也没有理由要求他一定解决这个问题，实际上这是二十世纪中国人面对的斯芬克司之谜。这个问题的思想价值远高于它的学术价值。梁的难能可贵之处，在于他勇于实践，乡村建设成了他的不结果实的试验场。他的贡献，就在于知其不可而为之，最终成就了自己的人格，但在哲学上他并没有建立起自己的理论体系。他没有上过大学，没有留过洋，全凭自学入于学问之道。

新儒家中另一个有自己体系的是熊十力。熊生于一八八五

---

① 参见李渊庭、闫秉华编《梁漱溟先生年谱》，广西师范大学出版社，1991年，第34页。

② 梁漱溟：《东西文化及其哲学》，《梁漱溟全集》第一卷，山东人民出版社，1989年，第525页。

年，比梁漱溟大八岁。当梁在北京大学讲授《东西文化及其哲学》的时候，他正在撰写《唯识学概论》。而在此前已有《心书》印行。蔡元培为之序，其中写道："余开缄读之，愈以知熊子之所得者至深且远，而非时流之逐于物欲者比也。"[1] 又说："自改革以还，纲维既决，而神奸之窃弄政柄者，又复挟其利禄威刑之具，投人类之劣根性以煽诱之，于是乎廉耻道丧，而人禽遂几于杂糅。昔者顾亭林先生推原五胡之乱，归狱于魏操之提奖污行，而今乃什佰千万其魏操焉，其流毒宁有穷期也？呜呼！履霜坚冰至，是真人心世道之殷忧矣。"[2] 此一关于晚清以还之社会文化背景之说明，也即是新儒家产生之具体历史条件。列强侵凌，西学冲击，纲颓纪殄，传统道断。承载此种文化并为此种文化所化之人，饱尝精神漂泊之苦痛，于是转而为中国文化寻找新的出路。梁、熊都属于此种情况。而自身的文化承载量过深过大又找不到出路者如王国维，最后选择了以身殉此种文化的路。

一九三二年，熊十力的文言本《新唯识论》出版。一九四〇年又出版语体文本，从而完成了他的儒佛杂糅的哲学体系。熊的特点在己出（余英时先生说），在个性独立，在体用不二。至一九五四年写《原儒》，熊的从中国传统出发的哲学体系臻于完善。他念念不忘于"六经"，说"六经"是中国人做人和立国的基本依据。

张君劢（1887—1969）、方东美（1899—1977）与梁、熊同时而稍后。张的特点是既热衷政治，又钟情学术，对学术与政治

① 见蔡元培：《熊子真〈心书〉序》，《蔡元培全集》第三卷，浙江教育出版社，1997年，第462页。
② 同上。

的分野，洞若观火。但在学术思想上始终维护中国文化的统系，竭力阐发孔子与儒学的现代意义。他的惊人之举，是在"五四"高潮中挑起了玄学与科学的论战。他的"雅号"是思想文化界耳熟能详的"玄学鬼"。但他为人的出处节操，可谓可圈可点。现代政党政治他有介入，却绝对不染尘杂。他的学术创获的标志，主要是晚年用英文撰写的《新儒家思想史》。方东美所追寻的，是哲学和美学的融合，所以早年有《生命情调与美感》之撰写。人生哲学与生命哲学，是他始终关注的论理题旨。一九三三年出版的《哲学三慧》一书，最能反映他的这种学术追求。他最重要的著作，是用英文写成的《中国哲学之精神及其发展》。儒学、道家和大乘佛学的结合，是他所追寻的终极学术目标。作为哲学家的方东美在哲学界的地位，颇似宗白华在美学界的地位。方氏籍安徽桐城，清代大儒方苞的后裔，秉承家学，才气纵横。一八九九年生，一九七七年逝于台北。张君劢一八八七年生于江苏嘉定（今属上海市），一九六九年在美国去世。

　　唐君毅、牟宗三各树一帜，分别建立了新儒家比较完整的同时也是最后的哲学理论体系。唐是方东美的弟子，四川宜宾人，一九〇九年生，长期执教于中央大学。一九四九年以后，离开内地，定居香港。一生著述宏富，《中国文化之精神价值》《文化意识与道德理性》《生命存在于心灵境界》等，是不同时期的代表著作。一九七八年在香港辞世。"中国文化之花果飘零"的理念，就是唐提出来的。牟宗三一九〇九年生于山东栖霞，一九二七年考上北大预科，两年后升入北大哲学系，从此开始了哲学家的职业生涯。牟是熊十力的弟子，一生著述不辍。五十年代后任教职于台、港诸大学，一九九五年病逝。《心体与性体》《佛性与般若》等是其力作。就理论体系的建树而言，新儒学走到唐、牟，达致了一个学派所能达到的峰巅位置，当然也就行进到了终点。儒学的伟力在于和日用常行息息相关，单纯书斋哲学所成就的，主要是个体生命的人格精神，也就是内圣之境。至于一直被作为理想处理的外王之境，也就是与现实政治的关系，或者说传统儒学能不能开出民主政治的花朵，与其说是个理论问题，不如说是个实践问题。所谓"反本开新"，反本匪易，开新尤难，新儒学的死结就在这里。二十一世纪，传统儒学价值面临再一次重新评估。多资多源是中国传统文化的特征，指望用儒学解决今天遇到的极感紧迫的现实问题，无论如何是求之过奢了。但是只要我们明白中国传统哲学向现代哲学蜕分之艰难，就能理解这些哲学家寻求理论建树之可贵。因为学说的系统构造，不仅需要知识的累积，而且需要睿智的眼光。

上一个世纪大师级的人物当中，眼光最锐利的一个人是马一浮。梁（漱溟）、熊（十力）、马（一浮）一向被称作新儒家的"三圣"，但马的学养之深和悟慧之高，在二十世纪百年中国的学苑里似少有与之相匹敌者。如果说陈寅恪始终立基于社会现实的土壤，纵然以说诗治史为职志，仍摆脱不掉"家国旧情"与"兴亡遗恨"；马一浮则远离讲堂，宁愿置身于亦儒亦佛的飘渺云雾之中，也不愿与烦恼人生过多地发生纠葛。马一浮是浙江绍兴人，一八八三年四月二日（农历二月二十五）生于四川成都。幼名福田，单名浮，一浮是他的字，又号湛翁，别署蠲戏老人。他的父尊马廷培，究心法律、刑名之学，因承嗣其大伯父而入川。

光绪七年（1881）以通判发四川，得到当时川省布政使鹿传霖的赏识。但当马一浮五岁的时候，马廷培为给生母和庶母举丧，自动弃官离职，偕妻儿回到绍兴上虞长塘乡后庄村旧居。

马一浮是个少见的天才，早在孩童时期，即才惊四座。九岁所作指题限韵五律，已有超尘之象。两次请的西席，都因其天赋高而自动辞馆。十六岁应绍兴县试，同考者有周树人、周作人昆仲，而马一浮名列第一。以此被后来曾任浙省都督的贤达名士汤寿潜所看重，欲以女妻之，两次登门，均为马廷培以寒门不敢攀援所逊谢。最后为至诚雅意所感，方答允了这门亲事。但结婚只一年多，马一浮尊人病逝。不久，妻子汤仪也离开人间。马一浮在悲痛中走上肆志不二的笃学之路。曾一度任清廷驻北美留学生办事处的秘书之职，这为他接触外学提供了机会。回国后则长期居陋巷，栖僧舍，潜心阅读平生所未见之书。弘一法师说："马先生是生而知之的。假定有一个人，生出来就读书，而且每天读两本（他用食指和拇指略示书之厚薄），而且读了就会背诵，读到马先生的年纪，所读的还不及马先生之多。"[1]民国成立后，任教育总长的蔡元培邀请他出任教育部秘书长，只到职几周时间，就以"我不会做官，只会读书，不如让我回西湖"[2]为由，挂冠而去。实际上是由于两个人的教育思想大异其趣：马先生力主不废读经，而蔡先生则站在新派一边不赞成读经。一九一六年蔡元培任北京大学校长，再次恳请马一浮出山担任北大文科学长，又

---

① 丰子恺：《桐庐负暄》，《缘缘堂随笔》，天津教育出版社，2007年，第245页。
② 参阅马镜泉：《马一浮传略》第十章，《中国当代理学大师马一浮》，上海人民出版社，1992年，第163页。

次遭到婉拒。马先生写来八个字的电报曰："古有来学，未闻往教。"①，马一浮为学的重点，是经术和义理。他提出的著名论述，是"六艺可以赅摄诸学"②，包括诸子、四部都在《易》《诗》《书》《礼》《乐》《春秋》"六经"的统领之中。因此在他看来，"六艺之学"应该成为国学。他致力于儒佛会通，所创构的"义理名相论"是成体系的思想学说。"儒佛等是闲名"是他的座右铭。③儒学和佛学是他的学术思想的同样重要的支柱。其佛氏义学和禅学的造诣之精湛，置诸二十世纪新佛学的队列，他显然站在了前面。他不事著述，从不写时文。仅有的著作是抗战时期讲学于浙江大学的讲论文稿，即《泰和会语》和《宜山会语》，以及创建复性书院于四川乐山的《复性书院讲录》。但他的文字以少胜多，均堪称典要。同时他还是真正懂诗学的了不起的现代诗人。他的诗和书信，是他的学问的别体。他的辞章更是少有人可与之相比并了。而其人格节操之特点，则超凡脱俗、高蹈独善，可谓神仙一流人品，是二十世纪师儒中一个真正的隐者。

新儒家的思想渊源之一，是佛教哲学的影响。晚清以来，新佛学也是现代学术的重要一支。任公先生有言："晚清思想家有

① 参阅马镜泉：《马一浮传略》第十章，《中国当代理学大师马一浮》，上海人民出版社，1992年，第163页。
② 马一浮：《泰和宜山会语》，参见《马一浮卷》第一册，浙江古籍出版社、浙江教育出版社，1996年，第12页。
③ 马一浮：《致曹赤霞》第十二函（1936年）有云："儒佛老庄，等是闲名；生灭真常，俱为赘说。达本则一性无亏，语用则千差竞起。随处作主，岂假安排；遇缘即宗，不妨施设。若乃得之象外，自然应乎寰中。故见立则矫乱纷陈，法空则异同俱泯矣。且置儒佛老庄，问如何是曹居士。"见《马一浮集》第二册，第468页。

一伏流，曰佛学。"①又说："所谓新学家者，殆无一不与佛学有关。"②确实如此。康有为、梁启超、谭嗣同、章太炎、蔡元培、胡适之、梁漱溟、熊十力、马一浮、张君劢、方东美等，都曾以自己的方式究心佛学。事实上。一个立基于传统文化根脉之上的现代学者，如果对佛学茫无所知，其为学的理念能否会通，已大可怀疑。当然晚清以还西潮冲击，思想颠簸，社会剧变，迎退失据，知识者倍感苦痛，也是第一流的学人出入内典的因缘。马一浮以佛释儒，儒佛会通，成一代大儒。章太炎以佛解庄，贡献于学理者也大矣。特别是释氏义学的思理逻辑，丰富了现代学者的言说方式。不过，能做到以佛学名家，又结合己身信仰的现代佛学学者，还是首推杨文会、欧阳渐、太虚诸大师。

杨文会（1837—1911），字仁山，安徽石埭人，是现代佛学的开辟者。其父为道光年间进士，他自己则厌弃科考，以杂学博览为务。太平天国起，与乃父一道襄办团练，参与当地的剿灭之役。荷枪跣足，勇武身先，论功则避之。后得《大乘起信》《楞严》诸经而读之，开始觉悟，乃一心学佛。鉴于有清一代佛法不兴，群经散佚，他于是在同治五年（1866）创办刻经处于金陵，当时他恰值而立之年。尝随曾纪泽、刘芝田游历英法，并因而结识日本僧人南条文雄。其所搜求之藏外经论，大都通过南条从海外购得。光绪三十四年（1908），又在刻经处的基础上建立"祇垣精舍"，招收僧俗学子，向热心此学者讲授佛教经典。其所留

---

① 梁启超：《清代学术概论》，《梁启超论清学史二种》（朱维铮校注），复旦大学出版社，1985 年，第 81 页。

② 同上。

文字著述，有《佛教初学课本》，实为文会居士重新改写创作的
"新佛教三字经"，文辞简明，法义深湛，不失为初学者入于佛典
的方便法门。而所作之"注"①，无异于阐教说义的学术著作。其
实，他的《等不等观杂录》八卷，内容丰富而精要，更能见其
思想性情，今日读来尤亲切有味。其为学，"教宗贤首，行在弥
陀"，理究"华严""法相"，而以"净土"传宗。

　　文会逝后，弟子欧阳渐（1871—1943）继其志业，刻经传
道，法事日隆。欧阳为江西宜黄人，竟无系其字。早年治宋明理
学，后受文会居士启导，决心向佛。一九一四年，在金陵刻经处
增设研究部。一九一八年，在沈曾植、梁启超、蔡元培、章太炎
等的支持下，开始筹建佛学研究院。一九二二年正式成立，定名
支那内学院，欧阳任院长。一九三七年抗战开始，内学院为避寇
难，迁移至四川江津，在艰苦塞难之境，继续刻板传经，弘法不
辍，直至谢世。其所宗奉，为唯识法相之学，论之曰："若能研
法相学，则无所谓宗教之神秘；若能研唯识学，则无所谓宗教之
迷信感情。其精深有据，足以破龙侗支离；其超活如量，足以药
方隅固执。用科哲学之因果理智以为治，而所趣不同。是故佛法
于宗教科哲学外，别为一学也。"②其于现代佛学的建立，有一种
学理上的自觉。欧阳内外学兼通，对包括《语》《孟》在内的儒
家经典亦有深在研究。《欧阳竟无内外学》是其在世时手订的著
作合集。思想深邃，人格独立，文笔亲切有风致，信为二十世纪

　　① 杨文会：《佛教初学课本注》，《杨仁山全集》，黄山书社，2000 年，第 112 页。
　　② 欧阳渐：《与章行严书》，金陵刻经处刻《欧阳竟无先生内外学》乙函"内学
杂著"下，第 1 页。

的一流人物，当为真实不虚。

欧阳的弟子吕澂（1896—1989）字秋逸者，通梵文等多种文字，擅因明，学理精纯，著述系统，卓然大家。当内学院成立时，吕任教务长，为欧阳所倚重。欧阳逝后，继任内学院院长于江津。讲现代新佛学，吕是不可轻忽的人物。

太虚（1890—1947）也宗奉唯识法相，但观点与欧阳异趣，更倾向于济世利人的人间佛教的建立。他是僧人、学者，也是社会活动家。俗姓吕，本名沛林，太虚是出家的表字。生于浙江海宁州，父亲是农家子，父母皆早逝。[①] 早年思想激进，尝参加广州起义，向佛后亦曾提倡佛教革命。在金陵刻经处师事杨文会，而受八指头陀（寄禅法师，1850—1912）影响甚深。现代佛学的推向社会，太虚大师有首倡力行之功。《中国佛学》《法相唯识学概论》《建设人间净土论》等，是他的有代表性的著作。没有最后完成的巨著《真现实论》，则试图为人生佛教建立一个现证的哲学体系。

杨、欧、太的努力，使新佛学创造了实绩，也大大增加了佛学的现代成分。

---

① 参见释印顺编著：《太虚法师年谱》，宗教文化出版社，1995 年，第 1—7 页。

第九章

传统学术向现代学术转变：
通人之学和专家之学

诸子百家之说，与其说是哲学，莫若称之为思想学说更加恰当。所以中国历史学科中有思想史一门，而中国学术史实即为学术思想之史也。

如果说清末民初的学者，其第一流的人物所成就的主要是通人之学，后『五四』时期的学者则更重视个案的处理，往往对某一学科的一个分支的研究即可名家。因此专家的地位越来越突出，通人之学反而不为时尚所重了。这种情况，既是传统学术走向现代的一个标志，也是固有学术向现代学术转变付出的代价。

因为人文学科任何时候都需要通才、通儒、通学。

中国传统学术向现代学术转变，有一学术理念上的分别，即传统学术重通人之学，现代学术重专家之学。

　　钱穆在《现代中国学术论衡》一书的序言中写道："文化异，斯学术亦异。中国重和合，西方重分别。民国以来，中国学术界分门别类，务为专家，与中国传统通人通儒之学大相违异。循至通读古籍，格不相入。此其影响将来学术之发展实大，不可不加以讨论。"① 钱穆先生所揭示的民国以来学术界之重分类，追求专家之学，是吸收了西方学术观念和方法的中国现代学术的特征，与传统学术的重会通，通人通儒有至高的地位，两者大不相同。这里通人之学与专家之学的分野，实际上有古今的问题，也有中西的问题。

---

① 钱穆：《现代中国学术论衡》，岳麓书社，1986 年，第 1 页。

中国传统学术的分类，大类项是经、史、子、集四部之学。史部为史学，集部为文学，其释义较为明显，历来学者大都这样界定。唯子部的内涵，通常人们以为属于哲学的范畴，似尚待分解。诸子百家之说，与其说是哲学，莫若称之为思想学说更加恰当。所以中国历史学科中有思想史一门，而中国学术史实即为学术思想之史也。至于经部，分歧尤大。历史文献学家张舜徽（1911—1992）尝云："盖经者纲领之谓，凡言一事一物之纲领者，古人皆名之为经，经字本非专用之尊称也。故诸子百家书中有纲领性之记载，皆以经称之。"[①]后来儒家地位升高，孔门之教的文本典籍，即《诗》《书》《礼》《乐》《易》《春秋》"六艺"，习惯上称为"六经"。司马迁《史记》里的记述，既称"六艺"，亦称"六经"[②]。班固《汉书》的记载和《史记》异曲同工，也是"六艺"和"六经"并用。[③]看来"六艺"和"六经"交替并用，是汉代流行的风气。

《庄子·天运》记载的孔子拜晤老子的故事，很少有学者认为是信史，但其学术思想的参照意义，亦不能完全忽视。其中有

---

① 张舜徽：《爱晚庐随笔》，湖南教育出版社，1991年，第48页。
② 《史记·孔子世家》写道："孔子以诗、书、礼、乐、教，弟子盖三千焉，身通六艺者七十有二人。"《史记·天官书》亦载："幽厉以往，尚矣。所见天变，皆国殊窟穴，家占物怪，以合时应，其文图籍机祥不法。是以孔子论六经，纪异而说不书。至天道命，不传；传其人，不待告；告非其人，虽言不著。"《太史公自序》也说："凡百三十篇，五十二万六千五百字，为太史公书。序略，以拾遗补蓺，成一家之言，厥协六经异传，整齐百家杂语，藏之名山，副在京师，俟后世圣人君子。"
③ 《汉书·地理志》："六经之道同归，而《礼》《乐》之用为急。"《汉书·艺文志》："儒家者流，盖出于司徒之官，助人君顺阳阴明教化者也。游文于六经之中，留意于仁义之际，祖述尧、舜，宪章文、武，宗师仲尼，以重其言，于道最为高。"

一段是孔子向老子发牢骚，说道："丘治《诗》《书》《礼》《乐》《易》《春秋》'六经'，自以为久矣，孰知其故矣。以奸者七十二君，论先王之道而明周、召之迹，一君无所钩用。甚矣夫！人之难说也，道之难明也。"老子回应说："幸矣，子之不遇治世之君也。夫'六经'，先王之陈迹也，岂其所以迹哉。今子之所言，犹迹也。夫迹，履之所出，而迹岂履哉。"①孔子因不为所用、己道不传而懊恼。庄子则说不为所用是大幸事，理由是："六经"只不过是先王的脚印而已，何以为脚印的根源并没有给出来。连你今天对我讲的这些话，也是鞋子踩出的脚印，还不是鞋子本身。据说后来孔子由见老子而获得启晤。我们先不管这些，主要是此段记载让我们看到，孔子自己也在称《诗》《书》《礼》《乐》《易》《春秋》为"六经"。尽管《乐》这一"经"不传或失记，人们习惯上还是以"六"标"经"。当然事实上的"五经"在汉代也是普遍的称谓。

那么"六经"的地位在传统学术中，可否与诸子、四部等量齐观呢？其实不能。正如马一浮所说，"六经"可以凌驾于诸子、四部之上，同时也超越现代的文史哲各学科，它应该成为单独立学立科的对象。

然则站在现代学术的角度，是否也可以对传统经学给予分解？譬如认为《易经》是哲学，《诗经》是文学，《春秋》和《尚书》属于历史学和文献学的范围，《周礼》《仪礼》《礼记》"三礼"可以归之于政治学和伦理学等等。事实上很多学者都做

---

① 郭庆藩撰《庄子集释》，中华书局，2013年，第473—474页。

过这种尝试。可是又感到做这样的分解，尽管不无道理，却使得概念范畴的内涵出现大量遗漏丢失的现象，也是不争的事实。况且多少有一点削足适履的嫌疑。因为"六经"终归是"六经"，不管怎样分解、转换，还是无法用现代分科的办法来完全代替它。

传统学术向现代转化，无法回避学科整合的问题。

传统学术的四部分类法，自是我国固有的传统，但现代学术不便于继续这样区分了。究竟如何分？晚清之时的学子在理念上并不都很明确。人文科学和社会科学两大类当时就没有分开。严复、康有为、梁启超、章太炎、王国维等现代学术大家，走的还是通人之学的路，在他们身上，学科的界分并不那么明显，或至少不那样严格。

首先意识到现代学术需要重新分类的是王国维。

这里涉及他写的一篇极重要而又鲜为人注意的文章。即作于一九〇二年的《奏定经学科大学文学科大学章程书后》。这是他写给张之洞的一封信，在这封信里他明确提出反对把经学置于各分科大学之首，强调必须设置哲学一科。他直言不讳地指出，由张南皮制定的分科大学的章程存在重大的错误。错在何处？他说：

　　其根本之误何在？曰在缺哲学一科而已。夫欧洲各国大学无不以神、哲、医、法四学为分科之基本。日本大学虽易哲学科以文科之名，然其文科之九科中，则哲学科衰然据首，而余八科无不以哲学概论、哲学史为其基本学科者。今经学科大学中虽附设理学一门，然其范围限于宋以后之哲学。①

这涉及的可不是一个细小的分歧，而是与现代学术的分类直接相关的大学分科问题。王国维强调了哲学的重要性，这一观念是现代的。用以取譬的例证，是欧洲各国和日本的例证。可见他的强调现代学术分类方法的思想，是相当自觉的。在另外一个地方他还说过："今之世界，分业之世界也。一切学问，一切职事，无往而不需特别之技能，特别之教育。一习其事，终身以之。治一学者之不能使治他学，任一职者之不能使任他职，犹金工之不能使为木工，矢人之不能使为函人也。"②这里他强调的就是具有现代特点的专家之学。在《欧罗巴通史序》中又说："凡学问之事其可称科学以上者，必不可无系统。系统者何？立一统以分类是矣。分类之法，以系统而异。有人种学上之分类，有地理学上之分类，有历史上之分类。"③王氏对学术分类问题申之又申、一论再论，说明他对此一问题是何等重视。

就学术的总体分类而言，王国维认为不出三大类的范围，即科学、史学、文学。史学和文学也就是中国传统学问中所谓文史之学，哲学和艺术也应该包括在里面。科学，则是指自然科学和社会科学。他说："凡记述事物而求其原因，定其理法者，谓之科

---

① 王国维：《奏定经学科大学文学科大学章程书后》，《王国维遗书》第五册之《静安文集续编》，第36页。

② 王国维：《教育小言十三则》，《王国维遗书》第五册之《静安文集续编》，第54页。

③ 王国维：《欧罗巴通史序》，《王国维遗书》第五册之《静安文集续编》，第64页。

学；求事物变迁之迹，而明其因果者谓之史学；至出入二者间，而兼有玩物适情之效者，谓之文学。"①他还指出各门科学有各门科学的沿革，而且史学有史学的科门之学，如《史通》系史学理论；文学有文学的科门之学，如《文心雕龙》属于文学理论。又说："凡事物必尽其真，而道理必求其是，此科学之所有事也。而欲求知识之真与道理之是者，不可不知事物道理之所以存在之由，与其变迁之故，此史学之所有事也。若夫知识道理之不能表以议论，而但可表以情感者，与夫不能求诸实地而但可求诸想象者，此则文学之所有事。"②他说古今中外之学问，实逃不出这三类的范围。

　　世界上再没有比学术分类更易生多义性，学者根据学科的特点和自己研究的方便，可以施行各种各样的分类方法。钱基博（1887—1957）的《现代中国文学史》，把晚清以来的文学先分成古文学和新文学两大类，然后在古文学一编里分文、诗、词、曲四种文体，新文学一编里分新民体、逻辑文、白话文三种文体，就文学史的写法而言是很特别的，但钱氏其书自有其不可替代的价值。以此王国维的古今学问三类分法也只是各种分类中的一种，并不是说只有这样的界分最合科学，而是表明他对学术分类问题不仅重视，而且在理念上有非常深刻的认知。静安之学总是表现出对学术嬗变的敏感。

　　现代学者中，胡适也是极重视学术分类的一人。他所提倡的"整理国故"的口号，就是试图用现代学科分类的方法整理固有

---

　　①　王国维：《国学丛刊序》，《王国维遗书》第四册之《观堂别集》卷四，第6页B至第7页。
　　②　同上。

学术资源。所以他特别强调在整理的时候，要文学的归文学，哲学的归哲学，史学的归史学。一九二二年北京大学正式成立国学门，研究力量分别来自国文、史学、哲学三系，已含有"整理国故"必须分类分科的意思。所以曹聚仁（1900—1972）说："国故一经整理，则分家之势即成。"①

而且清末民初以还的中国，西潮之影响已成不可抗拒之势，学人面对的不仅仅是中国传统学术，种类繁多的西学也被大规模引了进来，因为此时之中国已是"世界之中国"（梁任公语），已往四部之学的分类格局正在发生动摇。姚名达（1905—1942）因此发出代不为继的慨叹，其所著《中国目录学史》写道："四部分类法不合时代也，不仅现代为然。自道光、咸丰允许西人入国通商传教以来，继以派生留学外国，于是东西洋译籍逐年增多。学问翻新，迥出旧学之外。目录学界之思想不免为之震荡。"② 现代学术的建设，需要采用现代学科分类的方法，是传统学术向现代衍变的结果，势所必然，无以辞避。

王国维认为经学不能代替哲学，固然；但哲学是否能代替经学？看来也不可能。这是现代学术在学术分科问题上遇到的一个扭结。可以解开此扭结的是马一浮的"六艺论"，他所着眼的是学问的会通。

如果说清末的学者，其第一流的人物所成就的还是通人之学，

---

① 曹聚仁：《国故学之意义与价值》，《国故学讨论集》上册，上海书店，1991年"民国丛书选印"版，第74页。

② 姚名达：《中国目录学史》，见上海书店1984年《中国文化史丛书》第2辑，第140页。

后"五四"时期的学者的学术成就在学科上就判然有分了。即如史学一门，已有学术史、思想史、哲学史、政治史、经济史、法律史、军事史、制度史、宗教史、文学史、艺术史等许多门类。而艺术史，也有书法、绘画、音乐、舞蹈、雕塑、建筑的分别。学者更重视个案的处理，往往对某一学科的一个分支的研究就可以名家。流风所及，后学至于以觅偏寻僻为选题诀窍。研究方法则主要是分析的实证的方法。因此专家的地位越来越突出，通人之学反而不为时尚所重了。这种情况，既是传统学术走向现代的一个标志，也是固有学术向现代转变付出的代价。因为人文学科任何时候都需要通才、通儒、通学。学科之不立，品目之不分，固是学术不发达的表现；但学科之间互为畛域，不能打通，也足以滞碍学术的发展。

因此之故，中国现代学者中的一些最出色的人物，往往在致力于某一学科领域的专精研究的同时，又自觉不自觉地在打开学科间的限制。章太炎如是，王国维如是，梁启超如是，蔡元培如是，马一浮如是，胡适亦复如是。钱宾四之为学，固然有融通四部之大目标；钱锺书（1910—1998）在谈到自己的治学方法时也说，他是自觉地"求打通，以中国文学与外国文学打通，以中国诗文词曲与小说打通"①，而《管锥编》一书，则是体现他综合运用此种方法对古今中西各种学问寻求通解圆释之当代无二的大著述。

---

① 钱锺书在给郑朝宗的信中谈道："弟因自思，弟之方法，并非（比较文学），in the usual sense of the term，而是求打通，以中国文学与外国文学打通，以中国诗文词曲与小说打通。"见 1987 年 3 月 16 日《人民日报》刊载的郑朝宗《管锥编作者的自白》一文。

第十章

中国现代学术的发端与繁盛

中国现代学术这个概念，主要指对学术本身的价值已有所认定，产生了学术独立的自觉要求，并在方法上吸收了世界流行的新观念，中西学术开始交流对话；中国现代学术从发端到结出丰满的果实，道路并不平坦；现代学者在『五四』前后创造的学术实绩，证实中国学术迎来了新的繁盛期和高峰期。

写到这里，我们需要探讨一下中国现代学术的发端、发展和繁盛的问题了。

　　过去通常的说法，认为中国近代的开端始于一八四〇年的鸦片战争，现代的开端始于一九一九年的"五四"运动。但这种以政治事变作为学术思想史分期的依据，是有缺陷的。学术思想的变迁，自然不能不受社会政治结构变化的影响，但学术有自己内在发展的理路。中国现代学术这个概念，主要指学者对学术本身的价值已经有所认定，产生了学术独立的自觉要求，并且在方法上吸收了世界上流行的新观念，中西学术开始交流对话。如果这样界定大体上可以为大家所接受，就可以看出，清中叶的乾嘉汉学里面已经根藏有现代学术的一些因子，而发端则应该是在清末民初这段时期。

　　至于发端的具体时间，似不好绝然化。一八九八年，严复发表《论治学治事宜分二途》，一九〇二年梁启超发表《论学术之势力左右世界》和《新史学》，一九〇四年王国维发表《红楼梦评论》，这些论著的学术观念发生了重大变化，或开始倡言学术独立，强调学术本身的价值，或借鉴西方的哲学和美学观点诠释中国古代文学名著，传统学术的范围已经无法包容它们的治学内涵，说明中国学术的现代时期事实上开始了。[①]

　　严复的译事开始于一八九八年，他以精熟海军战术和炮台学的留英学生的身份，而去译介西方的人文学术思想著作，这本身就值得注意。《天演论》的序言写道："风气渐通，士知弇陋为耻，而西学之事，问途日多。然亦有一二巨子，讪然谓彼之所知，不外象数形下之末；彼之所务，不逾功利之间，逞臆为谈，不咨其实。讨论国闻，审敌自镜之道，又断断乎不如是也。"[②]说明介绍西方学术思想伊始，就有其自觉性，目的是开发民智，改变自己的固陋，消除对西方的误解。严复说："民智不开，则守旧、维新，两无一可。"[③]他在一八九五年所作的《原强》一文，论析得也很透辟，其中写道："彼西洋者，无法与法并用而皆有以胜我者也。自其自由平等观之，则捐忌讳，去烦苛，决壅蔽，人人得以行其事，申其言，上下之事不相慁，君不至尊，民不至贱，而连若一体者，是无法之胜也。自其农工商贾章程明备观之，则人知其职，不督而办，事至纤悉，莫不备举，进退作息，未或失节，无间远迩，朝令夕改，而人不以为烦，则是以有法胜

<hr>

　　① 　关于中国现代学术的发端问题，可参阅我的《文化托命与中国现代学术传统》一文，载《中国文化》第 6 期，1992 年出版。

　　② 　严复：《天演论》自序，《严复集》第五册，中华书局，1986 年，第 1321 页。

　　③ 　《严复与张元济书》，转引自《严复集》前言，见该书第一册第 5 页。

也。"① 又说："凡所谓耕凿陶冶，织任树牧，上而至于官府行政，战斗转输，凡所谓保民养民之事，其精密广远，较之中国之所有作为，其相越之度，有言之莫能信者。且其为事也，又一一皆本之学术。其为学术也，又一一求之实事实理，层累阶级，以造于至大至精之域，盖寡一事焉可坐论而不可起行者也。推求其故，盖彼以自由为体，以民主为用。"② 则又说明严之译事发端于他对西方学术精神的理解，尽管涉及社会法律制度方面未免掺杂理想化的成分在内。

严复的翻译，是中国现代学术发端的一个重要标志。

另外，一九〇五年八月，清廷正式诏令废止科举考试制度，而代之以新式学堂，这为现代学术的发展提供了制度方面的有利条件。旧式科举转变为新式学堂，适成为学术思想由传统向现代转变的一个契机。如同当时有开明人士所说："科举与学校有一最异之点，科举之责望子弟也，在人人使尽为人才，作秀才时便以宰辅相期许，故卯而角者，格致之字义未明，而治国平天下固已卒读矣。学校之责望子弟也，在人人使尽具人格，自幼稚园以至强迫之学龄。有荒而嬉者，国家之科条有必及，在其父兄或保护人且加罪矣。一言蔽之，科举思想务富少数人之学识，以博少数人之荣誉，而仍在不可知之数。其思想也，但为个人，非为国家也。学校思想务普全国人之知识，以巩全国人之能力，而不容有一夫之不获。其思想也，视吾个人即国家之一分子也。科举之

---

① 严复：《原强》,《严复集》第一册，第 11 页。
② 同上。

义狭，学校之义广；科举之道私，学校之道公。"①这分解得甚为详明。盖科举制度之下，读书人的唯一进路是入于仕途，己身之学不过是一块敲门砖，无任何独立之价值可言。新式学校不同，它重视知识传播，成就的是个人专业科目的基础，所以知识独立论的色彩有所增强。废科举、兴学堂，改革国家的教育制度，是推动学术思想走向现代的非常重要的一步。

诸种因素组成的合力向我们昭示，一八九八年至一九〇五年前后这段时间，应该是中国现代学术的发端时期。

但中国现代学术由发端到结出较为丰满的果实，经过的道路是不平坦的。实际上，只有到了二十年代以后，也就是进入后"五四"时代，中国现代学术才逐渐呈现出繁荣的景象。这之前将近二十年的时间，基本上还是处于现代学术发展的准备期和交错期。从教育制度的变革与学术的兴替之关系一方面来说，科举废而学堂兴，是学术发展的一个契机。由新式学堂而建立正式的大学，是学术发展的又一个契机。一九一一年，北京大学在原京师大学堂的基础上成立，这是中国第一所具有现代意义的大学。清华学堂也建立于同一年。但北大获得现代学府的地位，是在一九一六年十二月蔡元培出任校长之后。清华则至一九二八年始成为国立清华大学。这两所现代学术人才培训基地都是在二十年代以后作用更加凸显。

虽然，"五四"前后那一历史时期，知识分子被推到时代的

---

① 《光绪三十四年江苏教育总会上学部请明降御旨勿复科举书》，转引自桑兵著《晚清学堂学生与社会变迁》，稻禾出版社，1991 年，第 153 页。

前沿，思潮激荡，学派纷繁，颇有诸子百家竞相为说的景象。但深入的研究显得不够，提出的问题多，解决的问题少，真正的学术建树还不能尽如人意，研究机构也未遑走上正常的轨则。所以当时许多学人对学术的现状颇为不满。

我们不妨举出陈寅恪先生的一段话作为例证。他是这样写的：

> 吾国大学之职责，在求本国学术之独立，此今日之公论也。若持此意以观全国学术现状，则自然科学，凡近年发明之学理，新出版之图籍，吾国学人能知其概要，举其名目，已复不易。虽地质生物气象等学可称尚有贡献，实乃地域材料关系所使然。古人所谓慰情聊胜无者，要不可据此而自足。西洋文学哲学艺术历史等，苟输入传达，不失其真，即为难能可贵，遑问其有所创获。社会科学则本国政治社会财政经济之情况，非乞灵于外人之调查统计，几无以为研求讨论之资。教育学则与政治相通，子夏曰仕而优则学，学而优则仕。今日中国多数教育学者庶几近之。至于本国史学文学思想艺术史等，疑若可以几于独立者，察其实际。亦复不然。近年中国古代及近代史料发见虽多而具有统系与不涉傅会之整理，犹待今后之努力。今日全国大学未必有人焉，能授本国通史，或一代专史，而胜任愉快者。昔元裕之、危太朴、钱受之、万季野诸人，其品格之隆污，学术之歧异，不可以一概而论；然其心意中有一共同之观念，即国可亡，而史不可灭。今日国虽幸存，而国史已失其正统，若起先民于

地下，其感慨何如？今日与支那语同系，诸语言犹无精密之调查研究，故难以测定国语之地位，及辨别其源流，治国语学者又多无暇为历史之探讨，及方言之调查，论其现状似尚注意宣传方面。国文则全国大学所研究者，皆不求通解及剖析吾民族所承受文化之内容，为一种人文主义之教育，虽有贤者，势不能不以创造文学为旨归。殊不知外国大学之治其国文者，趋向固有异于是也。近年国内本国思想史之著作，几尽为先秦及两汉诸子之论文，殆皆师法昔贤"非三代两汉之书不敢观者"。何国人之好古，一至于斯也。关于本国艺术史材料，其往者多遭毁损，或流散于东西诸国，或密藏于权豪之家，国人闻见尚且不能，更何从得而研究？其仅存于公家博物馆者，则高其入览券之价，实等于半公开，又因经费不充，展列匪易，以致艺术珍品不分时代，不别宗派，纷然杂陈，恍若置身于厂甸之商肆，安能供研究者之参考？但此缺点，经费稍裕，犹易改良。独至通国无一精善之印刷工厂，则难保有国宝，而乏传真之工具，何以普及国人，资其研究？故本国艺术史学若俟其发达，犹邈不可期。最后则图书馆事业，虽历年会议，建议之案至多，而所收之书仍少，今日国中几无论为何种专门研究，皆苦图书馆所藏之资料不足；盖今世治学以世界为范围，重在知彼，绝非闭户造车者比。况中西目录版本之学问，既不易讲求，购置收罗之经费精神复多所制限。近年以来，奇书珍本虽多发见，其入于外国人手者固非国人之得所窥，其幸而见收于本国私家者，类皆视为奇货，秘不示人，或且待善价而沽之异国，彼辈既不能利用，或无暇利用，不唯辜负此种新材料，直为中国学术独立之罪人而已。[①]

陈寅恪先生这段话写于一九二五年，不用说是极为沉痛的。很明显，他对当时中国学术的现状并不满意，也可以说很不满意。当然也可以说他的估计有些过于悲观。但总的来说还是符合实际的。不只陈寅恪先生，当时的学人大都不满意我国学术的现状。胡适、顾颉刚、朱光潜也都说过类似的话。

胡适在一九二二年八月二十八日的日记中写道："现今的中国学术界真凋敝零落极了。旧式学者只剩王国维、罗振玉、叶德辉、章炳麟四人，其次则半新半旧的过渡学者，也只有梁启超和我们几个人。内中章炳麟是在学术上已半僵了，罗与叶没有条理系统，只有王国维最有希望。"[②] 同年，朱光潜（1897—1986）也说："从维新以后计算，我国学术界的历史还很幼稚。"[③] 所以他提出了"改造学术界"的口号。

中国现代学术创造实绩的拓展和繁荣，是在二十年代后半期和三四十年代。

一九二二年北京大学成立国学门，一九二五年清华大学成立国学研究院，一九二八年中央研究院成立，是现代学术发展的三个里程碑。

---

① 陈寅恪：《吾国学术之现状及清华之职责》，《金明馆丛稿二编》，第 317—318 页。
② 《胡适全集》第 29 卷，安徽教育出版社，2003 年，第 729 页。
③ 朱光潜：《怎样改造学术界》，《朱光潜全集》第八卷，安徽教育出版社，1993 年，第 23 页。

第一流学术人物立身有地、为学有所，中国现代学术的腾飞才可以说具备了初步的条件。唯专门的研究机构，方可能造就专门的学术人才。北大国学门的主任是太炎弟子沈兼士（1887—1947），他在《国学门建议书》里声言："窃惟东方文化自古以中国为中心，所以整理东方学以贡献于世界，实为中国人今日一种责无旁贷之任务。"并进一步号召说："以中国古物典籍如此之宏富，国人竟不能发挥光大，于世界学术界中争一立脚地，此非极可痛心之事耶。"①抱定的目标虽主要是整理旧学，但以北大当时作为新思潮的发源地和学术人才的渊薮，其对学术风气的影响和推动自可想见。

清华国学研究院的旨趣，是要研究高深学术，培养通才硕学，故其章程中强调："良以中国经籍，自汉迄今，注释略具，然因材料之未备与方法之未密，不能不有待于后人之补正。又近世所出之古代史料，至为夥颐，亦尚待会通细密之研究。其他人事方面，如历代生活之情状，言语之变迁，风俗之沿革，道德、政治、宗教、学艺之兴衰；自然方面，如川河之迁徙，动植物名实之繁颐，前人虽有记录，无不需专门分类之研究。至于欧洲学术，新自西来，凡哲理文史诸学，非有精深比较之研究，不足以抱其精华而定其去取。要之，学者必志其曲，复观其通，然后足当指导社会昌明文化之任。"②此章程实际上起到了为现代学术的研究事业提纲挈领的作用。更不要说二十年代末成立中央研究

---

① 《国学门建议书》，见《沈兼士学术论文集》，中华书局，1986 年，第 362 页。
② 参阅《清华大学史料选编》第一册，清华大学出版社，1991 年，第 375 页。

院，为国家建立顶尖级的学术中枢机构，于现代学术的发展会有怎样的带领意义。

果不其然，现代学术史上许多重要著作，都是学者进行"会通细密之研究"或"专门分类之研究"的结果。梁启超的《中国历史研究法》、王国维的《古史新证》、赵元任的《现代吴语的研究》、蔡元培的《中国伦理学史》、鲁迅的《中国小说史略》、熊十力的《新唯识论》、梁漱溟的《中国文化要义》、冯友兰的《中国哲学史》和"贞元六书"、钱穆的《中国近三百年学术史》和《国史大纲》、陈寅恪的《隋唐制度渊源略论稿》和《唐代政治史述论稿》、陈垣的《元西域人华化考》和《通鉴胡注表微》、郭沫若的《甲骨文研究》和《金文丛考》、范文澜的《文心雕龙注》、董作宾的《甲骨文断代研究例》、顾颉刚的《汉代学术史略》、马一浮的《泰和会语》和《宜山会语》、余嘉锡的《目录学发微》和《古书通例》、杨树达的《积微居小学金石论丛》、萧公权的《中国政治思想史》、汤用彤的《汉魏两晋南北朝佛教史》、太虚的《真现实论》、钱基博的《现代中国文学史》、吴梅的《顾曲麈谈》和《曲学通论》、潘光旦的《中国伶人血缘之研究》、雷海宗的《中国文化和中国的兵》、洪业的《杜诗引得序》、金岳霖的《论道》和《知识论》等现代学术史上具有经典意义的著作，都成书于此一时期，体现出中国现代学术的实绩。

说来不可思议，二十年代也好，三十年代和四十年代也好，都是中国内忧外患、战乱频仍、社会动荡时期，并不是最适宜学术生长的环境。至少与乾嘉诸老所拥有的社会安定、生活优渥的学术条件，相差远矣。可是当时的学术就是有一种不可阻遏的势头。国内战争不能阻遏，反对日本帝国主义侵略的民族战争也不能阻遏。就连战时被迫南迁的北大、清华、南开等校组成的西南联合大学，以及地处四川的燕京大学，尽管随时有遭空袭的危险，校园里仍然充满浓厚的学术空气。陈寅恪的《唐代政治史述论稿》和《隋唐制度渊源略论稿》，冯友兰的"贞元六书"，都写成于此时。钱锺书的《谈艺录》，也是"兵罅偷生"之作。而金岳霖的《知识论》更其悲惨，几十万字的手稿，在昆明躲空袭时坐在上面，警报解除竟忘记了带走，等到去找，已渺无踪迹。只好重新写起，至一九四八年十二月再次竣稿，但出版已经是三十五年后的一九八三年了。

究竟是什么因素给了现代学者以如此坚韧顽强的支持力量？固然与民族精神的激发义愤著书不无关系，但归根结底还是学术本身的因素在起作用，诚如梁任公所说，公开的趣味的研究，是学术发达的必要条件。因为晚清至"五四"时期的几十年时间里，现代学术奠立了坚实的基础，并在实际上形成了自己的传统。

第十一章
中国现代学术的学术传统

中国现代学术在其发生发展过程中形成了多方面的传统。包括学术独立的传统、科学考据的传统、广为吸纳外域经验而又不忘本民族历史地位的传统，以及既重视现代学术分类又重视通学通识和学者情怀的传统。他们之中的第一流人物，知识建构固然博大精深，其闪现时代理性之光的学术著作，开辟意义和精神价值，足可以作为现代学术的经典之作而当之无愧。

中国现代学术在后"五四"时期所创造的实绩，使我们相信，那是清中叶乾嘉之后中国学术的又一个繁盛期和高峰期。而当时的一批大师巨子，其人其学其绩其迹，足可以传之后世而不被忘记。他们撰写的学术著作，在知识建构上固然博大精深，同时闪现着时代的理性之光，其开辟意义，其精神价值，都可以作为现代学术的经典之作而当之无愧。甚至可以说，他们之中的第一流人物既起到了承前启后的作用，就个人学养和知识结构而言，又是空前绝后的。因为他们得之于时代的赐予，在学术观念上有机会吸收西方的新方法，这是乾嘉诸老所不具备的，所以可说是空前。而在传统学问的累积方面，也就是家学渊源和国学根底，后来者怕是无法与他们相比肩了。

　　至于那一时期学界胜流为学精神的坚韧性和顽强性，则是时代风雨和学术理性双重铸造的结果。他们中的许多人并不是一开始就致力于学术，而是受时代潮流的激荡，往往一个时期无意为学，有心问政。康有为、梁启超、章太炎、黄侃、熊十力等莫不如是。章太炎曾经是声名显赫的革命家，世所共知。黄侃和熊十力年轻时也曾热衷于政治活动，甚至一度成为地方上的群众领袖。但中年以后，渐悟政治之不可为，转而潜心学术，又卓然立说成家。这种情况。即丰富的人生阅历反而增加了沉潜学问的深度，使得他们的学术历练和文化担当与清初大儒有一脉相承之处，而后来又能够渐次做到以学问本身为目的，其学术训练和执着单纯之精神，颇类乾嘉诸老。

当然"五四"前后的风云人物并不是所有的都实现了这种学术思想上的转变，所以同为现代学人，其为学实有深浅、轻重、厚薄之分别。流行一时而终为历史所淘汰者并非没有。但富有人文精神和学者情怀又为当时第一流人物所同具。

这里不妨举出一个方面的特征作为例证，即现代学者中许多都能诗，有的不仅是一般的能写诗、会写诗、喜欢写诗，而是擅长写诗，诗是他们生命的一部分，是学之别体，他们是货真价实的学人兼诗人。他们之中如王国维、马一浮、陈寅恪、鲁迅、郭沫若、萧公权、钱锺书等，既是第一流的学人，又是第一流的诗人。马一浮的学问，主要在诗里。陈寅恪如果离开了诗，会增加生命的苦痛。学者能诗也是中国现代学术的一个传统。

中国现代学术发展的大关键处，还在于对学术独立这个问题采取何种立场。

学术是否独立，首要的是能否把学问本身作为目的。梁任公晚年对自己和同时代学人所作的反省，值得我们深思。他是一个过来人，曾不遗余力地介绍各种新思想，但他并不高估自己的努力，称这种"梁启超式的输入"有"无组织，无选择，本末不具，派别不明"的缺点。他说当时一些"新学家"的局限，除了对西方学术思想的介绍显得笼统、浮浅、破碎、稗贩诸弊之外，更有一种根源，就是"不以学问为目的而以为手段"。他说：

> 时主方以利禄饵诱天下，学校一变名之科举，而新学亦一变质之八股。学子之求学者，其什中八九动机已不纯洁，用为"敲门砖"，过时则抛之而已。此其劣下者，可勿论。其高秀者，则亦以"致用"为信条，谓必出所学举而措之，乃为无负。殊不知凡学问之为物，实应离"致用"之意味而独立生存，真所谓"正其谊不谋其利，明其道不计其功"。质言之，则有"书呆子"，然后有学问也。晚清之新学家，欲求其盛清先辈具有"为经学而治经学"之精神者，渺不可得。其不能有所成就，亦何足怪？①

又说：

> 启超虽自知其短，而改之不勇，中间又屡为无聊的政治活动所牵率，耗其精而荒其业。识者谓启超若能永远绝意政治，且裁敛其学问欲，专精于一二点，则于将来之思想界尚

---

① 梁启超：《清代学术概论》，《梁启超论清学史二种》，第73—74页、80页。

更有所贡献，否则亦适成为清代思想史之结束人物而已。①

　　他力主学术应该"独立生存"，反对世俗功利浸染于学术之中，希望把学术作为一种单独的职业。而悬起的传统的模楷，则是盛清学者为学术而学术的精神。这说明晚年的任公先生已超越了清末新学的藩篱，开始与王国维的学术思想趋于合流。

　　王国维早就提出："学术之发达，存于其独立而已。"②又说："吾国今日之学术界，一面当破中外之见，而一面毋以为政论之手段，则庶几可有发达之日矣。"③一九二五年九月，任公先生还以《学问独立与清华第二期事业》为题，在《清华周刊》上发表文章，对学术独立的必要性给以专门论述。陈独秀（1879—1942）也著文论述："中国学术不发达之最大原因，莫如学者自身不知学术独立之神圣。譬如文学自有其独立之价值也，而文学家自身不承认之，必欲攀附六经，妄称'文以载道'、'代圣贤立言'，以自贬抑。史学亦自有其独立之价值也，而史学家自身不承认之，必欲攀附《春秋》，着眼大义名分，甘以史学为论理学之附属品。"④

　　冯友兰、萧公权、朱光潜也都就学术独立问题写过专论。萧公权写道："为了使得教育发生它固有的功能，我们必须把学术自身看成一个目的，而不把它看成一个工具。国家社会应当有此

---

① 梁启超：《清代学术概论》，《梁启超论清学史二种》，第73—74页、80页。
② 王国维：《论近年之学术界》，《王国维遗书》第五册之《静安文集》，第97页。
③ 同上。
④ 陈独秀：《陈独秀著作选》第一卷，第389页。

认识，治学求学者的本人应当有此认识。所谓学术独立，其基本意义不过就是尊重学术，认学术具有本身的价值，不准滥用它以为达到其他目的之工具罢了。"①朱光潜则对学术的所谓实用不实用问题作了详尽的辨析，申论说：

> 学术原来有实用，以前人研究学术也大半因为它有实用，但人类思想逐渐发达，新机逐渐呈露，好奇心也一天强似一天，科学哲学都超过实用的目标，向求真理的路途走去了。真理固然有用，但纵使无用，科学家哲学家也决不会因此袖手吃闲饭。精密说起来，好奇与求知是人类天性。穿衣吃饭为餍足自然的要求，求学术真理也不过为餍足自然的要求。谁能说这个有实用，那个就没有实用呢？我们倘若要对学术有所贡献，我们要趁早培养爱真理的精神，把实用主义放在第二层上。②

陈寅恪更是毕生为学术独立而诉求抗争，自己则成为走学术独立道路最典型的现代学者。可以肯定，主张并坚持学术的独立地位和独立价值，是中国现代学术一个最重要的传统，许多学人的力量源泉即本于此。

不过，如果进一步追寻中国现代学人心中笔下的学术独立的含义，可以发现事实上既包括学者个人的学术独立，也包括一国

---

① 萧公权：《学术独立的真谛》，《萧公权全集》之九，联经出版公司，1983年，第248—249页。

② 朱光潜：《怎样改造学术界》，《朱光潜全集》第八卷，第23页。

学术之独立。所以梁任公在阐释学术独立的思想时，提的是"凡一独立国家，其学问皆有独立之可能与必要"，"一国之学问之独立，例须经过若干时期适能完成"，等等。^①这并不奇怪，因为晚清东西方文化冲突和传统价值崩陷的大背景，古与今、中与西迎拒去取，始终是那一时代的学人摆脱不掉的问题。反思传统和回应西学，构成了中国现代学术的思想基底。中国传统学术一向缺少独立的传统，因此就需要别开生面，强调学术独立。西方学术思想汹涌而来，当然首先是引进，也就是鲁迅所说的"拿来主义"；但拿来之后，确实有一个消化吸收的过程。于是便衍生出学术独立的第二义谛。换句话说，现代西方的思想学术和我们自己固有的传统，它们怎样才能在走向现代中国的路途中互相融通，化育新生，不能不成为有关怀的现代学人焦思竭虑的问题。在这个问题上，"五四"一代学人为我们奠立了一个极好的传统，这就是融化新知而又不忘记本民族历史地位的传统。

东西学术之学理和心理的共通性，"五四"胜流均有共识。王国维主张，学术所争论的，在是非真伪，而不应掺杂国家、人种、宗教之偏见。他说："知力人人之所同，人人之所不得解也。其有能解释此问题之一部分者，无论其出于本国或出于外国，其偿我知识上之要求，而慰我怀疑之苦痛者则一也。"^②又说："同此宇宙，同此人生。而其观宇宙人生也，则各不同。以其不同之

---

① 梁启超：《学术独立与清华第二期事业》，《清华大学史料选编》第一册，第420、421页。

② 王国维：《论近年之学术界》，《静安文集》，第96、97页。

故，而遂生彼此之见，此大不然也。"① 但对于西方学术思想当晚清之时如何输入的问题，王国维意识到有困难的一面，政治上的疑虑和宗教上的嫌忌，他认为都足以构成障碍，而不像佛教的输入那样顺理成章。他说："非常之说，黎民之所惧；难知之道，下士之所笑。此苏格拉底之所以仰药，婆鲁诺之所以焚身，斯披诺若之所以破门，汗德之所以解职也。其在本国且如此，况乎在风俗文物殊异之国哉！"所以他的结论是："西洋之思想之不能骤然输入我中国，亦自然之势也。况中国之民，固实际的，而非理论的，即令一时输入，非与我中国固有之思想相化，决不能保其势力。"② 静安此段言说，人情、国法、学理、风俗、习惯，都在在考虑到了，由不得让人信服。输入之思想要与我国固有思想"相化"，虽不是新说，却是的论。

陈寅恪在为冯友兰的《中国哲学史》下册撰写审查报告时，说得更明确：

窃疑中国自今日以后，即使能忠实输入北美或东欧之思想，其结局当亦等于玄奘唯识之学，在吾国思想史上，既不能居最高之地位，且亦终归于歇绝者。其真能于思想上自成系统，有所创获者，必须一方面吸收输入外来之学说，一方面不忘本来民族之地位。此二种相反而适相成之态度，乃道教之真精神，新儒家之旧途径，而二千年吾民族与他民族思

---

① 王国维：《论近年之学术界》，《静安文集》，第96、97页。
② 同上。

想接触史之所昭示者也。^①

　　王国维强调与我国固有思想"相化"，陈寅恪主张"不忘本来民族之地位"，虽至今日，仍为不刊之论。他们的学术实践也足为后来处理此一问题者树立楷模。王由西方哲学美学思想转向中国古代思想与制度的研究，自然带入了异域的观念和方法，可是我们在王的著作中看到的是彼此的相融，而不是外加物的罗列。而陈更加彻底，国外求学十数余年，通识多种文字，己身之著述至少在语言符号方面几乎看不出受西方学术思想影响的痕迹。王、陈的同时也是中国现代学术的一个传统，是一方面吸收外来之学说，一方面又不忘记自己民族的历史地位。

　　中国现代学术的奠立与发展，实际上还经历了一个方法学变革的过程。这个过程首先起于西学的刺激，而严复实有首倡之功。严译诸书在方法学上给予人们的启迪比书中的原理所给予的还重要。

　　特别是严复为所译各书所写的按语，尤具方法学的意义。中国传统学术所缺乏的，是逻辑的方法和实验的方法。正如严复在《穆勒名学》的按语中所举的一个例证：一位中国学人和一个西方人争论西方到底富强不富强的问题，这位中国学人说："富者不远适异国以求利，今西人远适异国以求利矣，则非富也。"^② 又

---

① 陈寅恪：《冯友兰〈中国哲学史〉下册审查报告》，《金明馆丛稿二编》，第252页。

② 严复：《穆勒名学按语》，《严复集》第四册，第1048页。

说："强者无事人之保护，今西人立约以求保护矣，则非强也。"①
大前提不能成立，推论之谬误自不待言。鉴于国人有这样的思维
惯性，严复特别重视逻辑学的引进，称逻辑是"一切法之法，一
切学之学"②，因此在翻译了《穆勒名学》之后，又出版了杰文斯
的《名学浅说》，直接目的是给天津的一个女学生讲授逻辑学，
便于"喻人而已"，而不管是否尽合于原文的义旨。③对于传统学
术的训诂方法，严复也深知利弊，指出训诂并不等于界说，只不
过是"同名互训，以见古今之异言而已"④。西方的科学方法，严
复认为包括三个层次：一是考订，二是贯通，三是试验。严复
说："试验愈周，理愈靠实矣，此其大要也。"⑤晚清以还实证的方
法大兴，与严复的提倡有直接关系。当然地下发掘物的增多、甲
骨文字的发现，也给实证的方法以更多的用武之地。

　　胡适不用说更是科学方法的积极倡导者。

　　严复比胡适大三十七岁，严的译著对胡适产生影响应该不成
问题，但在方法学上胡适受美国哲学家杜威实验主义的影响更为
明显。《胡适口述自传》写道："我治中国思想与中国历史的各种
著作，都是围绕着'方法'这一观念打转的。'方法'实在主宰
了我四十多年来所有的著述。从基本上说，我这一点实在得益于
杜威的影响。"⑥一九一七年他在哥伦比亚大学所作的博士论文，

---

① 严复：《穆勒名学按语》，《严复集》第四册，第 1048 页。
② 同上书，第 1028 页。
③ 严复：《名学浅说》"译者自序"，商务印书馆，1981 年。
④ 严复：《穆勒名学按语》，《严复集》第四册，第 1031 页。
⑤ 严复：《西学门径功用》，《严复集》第一册，第 93 页。
⑥ 《胡适口述自传》，唐德刚译注，传记文学出版社，1981 年，第 94 页。

题目就是《古代中国逻辑方法之进化》。翻开他的著作目录，到处可见与方法有关的题目。不仅从西方思想家身上，而且从宋儒的著作中，从清代朴学家的家法里，随时能够发现令他惊喜的"科学方法"。他撰写的《研究国故的方法》《考证学方法之来历》《考据学的责任与方法》《治学的方法与材料》《中国哲学里的科学精神与方法》《清代学者的治学方法》等文章，都是专门阐释方法学的名篇。而考证《水浒传》《红楼梦》《西游记》等作品的文字，则是他开辟的应用科学方法研究古典名著的试验田。

一九二一年冬天他曾说：

> 我这几年的讲学的文章，范围好像很杂乱，从墨子《小取篇》到《红楼梦》，目的却很简单。我的唯一的目的，是注重学问思想的方法。故这些文章，无论是讲实验主义，是考证小说，是研究一个字的文法，都可以说是方法论的文章。①

他喜欢引用赫胥黎的一句话："拿证据来。"他说正是赫胥黎和杜威两个人，让他明白了"科学方法的性质和功用"②。因此强调他的小说考证："都只是思想学问的方法的一些例子。在这些文字里，我要读者学得一点科学精神、一点科学态度、一点科学方法。科学精神在于寻求事实，寻求真理。科学态度在于撇开成见，搁起感情，只认得事实，只跟着证据走。科学方法只是'大

---

① 《胡适文存》第一集《叙例》，《胡适全集》第1卷。
② 胡适：《介绍我自己的思想》，《胡适全集》第4卷，第658页。

胆的假设，小心的求证'十个字。"① 胡记考证学的"十字箴言"，就这样轻松地表述出来了。尽管批评者无算，当尘埃落定的今天重新加以检讨，我们实在看不出他的"十字箴言"有什么不妥之处。本来早期他是推崇西哲的归纳法的，后来意识到演绎法同样重要，归纳和演绎的互用是科学发明的常态。他以宋儒说得口滑的"格物致知"作为例证，说明追求"一旦豁然贯通"的绝对智慧，和追求科学的不能同日而语，尽管其中不无一定程度的归纳精神。只有到了清代的朴学家那里，才出现学术史的大转机，终于有了属于中国自己的研究学问的科学方法。

胡适对清儒治学方法的总结可谓苦心孤诣。戴东原对《尚书·尧典》里"光被四表"的"光"字的考证，胡适认为是"大胆的假设，小心的求证"的典范。② 他甚至认为："发明一个字的古义，与发现一颗恒星，都是一大功绩。"③"五四"时期流行的两个口号"民主"与"科学"，胡适认为就科学而言主要也表现为一种方法。到了晚年，他仍然坚持："科学不是坚甲利兵，飞机大炮，也不是声光电化。那些东西都是科学的出产品，并不是科学本身。科学本身只是一个方法，一个态度，一种精神。"④ 在胡

---

① 胡适：《介绍我自己的思想》，《胡适全集》第 4 卷，第 672—673 页。

② 胡适：《清代学者的治学方法》，《胡适全集》第 1 卷，第 388—390 页。

③ 胡适：《论国故学——答毛子水》，《胡适全集》第 1 卷，第 418 页。

④ 胡适：《四十年来中国文艺复兴运动留下的抗暴消毒力量》，胡适纪念馆出版之《胡适手稿》第九集，第 548 页。

适身上，确乎有一种方法普适化和方法万能论的倾向。^① 如果说胡适在中国现代学术上的正面建树，人们还时有疵议的话，那么他为推动方法学所作的努力无论如何不能低估。连对胡适不肯买账的熊十力也承认："在'五四'运动前后，适之先生提倡科学方法，此甚紧要。又陵先生虽首译名学，而其文字未能普遍。适之锐意宣扬，而后青年皆知注重逻辑。视清末民初，文章之习显然大变。"^② 这说得完全符合历史实际。

中国现代学术传统中的直承乾嘉的科学考据之风和重视实证的研究方法的形成，胡适之先生的确有首倡力行之功。

总而言之，可以说中国现代学术在其发展过程中形成了多方面的学术传统。

笔者以上所略及的，包括坚持学术独立的传统、科学考据的传统、广为吸纳外域经验而又不忘本来民族历史地位的传统，以及学者能诗的传统和既重视现代学术分类又重视通学通儒的传统，等等，只不过是举其要者稍事评说。

至于那一时期许多学人立身行事之逸出常格和流品之高，多有令人感叹而可歌可泣者。如康有为的狂放自高，章太炎被目为"疯子"，梁启超的"不惜以今日之我难昔日之我"，王国维的自杀，蔡元培的出走，马一浮归隐，李叔同出家，黄侃拜师，辜鸿

---

① 余英时先生在其所著《中国近代思想史上的胡适》一书中写道："胡适思想中有一种非常明显的化约论（reductionism）的倾向，他把一切学术思想以至整个文化都化约为方法。"联经出版事业公司，1986 年，第 49 页。

② 熊十力：《纪念北京大学五十年并为林宰平祝嘏》，《熊十力全集》第五卷，湖北教育出版社，2001 年，第 26 页。

铭着前清装束执教于北京大学，胡适之讲课看见女生衣服单薄而走下讲台亲手关窗，梁漱溟和毛泽东吵架，钱锺书论学以手杖捅破睡觉的蚊帐，以及傅斯年的雄霸，熊十力的傲岸，陈寅恪的深忧，吴宓的浪漫，汤用彤的温良，等等，这样一些异事奇节、嘉德懿行，当时后世必有警世励人及启迪心智的作用。

　　本文没有涉及甚至现代学术遇到了却没有来得及解决的问题还有很多。例如社会科学和人文学科的界分以及学科内部和学科之间的整合问题，至今仍不能说已经完成。我们重视的是中国现代学术的基本经验和最主要的传统。后来者当不会忘记，中国现代学术的许多成果是在动荡中取得的、在战乱中取得的、在困境中取得的。不能不佩服前辈大师们的毅力和他们对待学术事业的执着精神。因此我们也就应该格外重视并珍惜他们在两难境遇中奠立的现代学术传统。

第十二章
追寻学术史具有恒在意义的价值

学术发展必须有前人的成果为依凭，每一个时代都要经过整理和重估前人成果的过程。清代学术是对宋明学术的一次整理和评估。民初对清代学术的评价也包含有整理的内容。我们之所为作，只是对现代学术的一次初步梳理，意在寻找现代学术史更具有恒在意义的价值。

中国两千多年来的学术流变，有三个历史分际之点最值得注意：一是晚周，二是晚明，三是晚清。都是天崩地解、社会转型、传统价值发生危机、新思潮汹涌竞变的时代。初看起来，明清易代似乎与春秋战国时期以及清末民初大有不同。实际上明清之际文化裂变的深度和烈度，丝毫不让于另外两个历史时期。而就学术思想的嬗变而言，明清交替时期还有其他时期不可比拟的特殊之处。明清之际学术思想的变化，更隐蔽、更蜿曲、更悲壮。

如果说先秦诸子和晚清各家是用舌和刀、纸和笔来表达自己的思想，那么明末清初的"北里名媛"和"南曲才娃"，即士阶层，则是用血和泪来书写历史的册页。这也就是陈寅恪先生晚年为什么以病残之躯，十易寒暑，一定要写成《柳如是别传》的缘故。且看《别传》第一章下面的话：

虽然，披寻钱柳之篇什于残阙毁禁之余，往往窥见其孤怀遗恨，有可以令人感泣不能自已者焉。夫三户亡秦之志，九章哀郢之辞，即发自当日之士大夫，犹应珍惜引申，以表彰我民族独立之精神，自由之思想。何况出于婉娈倚门之少女，绸缪鼓瑟之小妇，而又为当时迂腐者所深诋，后世轻薄者所厚诬之人哉。①

明清易代既是我国社会历史的转捩点，也是理解我国学术思想嬗变的一个枢纽。陈寅恪标举的"我民族独立之精神，自由之思想"，在明清之际表现得最见力度，而这也就是中华学术的思想灵魂和走向现代的方向。

晚清之学术变革在某种意义上可以看作明清之际思想嬗变的继续和重演。但在形式上，晚清的变局和文化冲突更像晚周的诸子百家争鸣竞放的局面。由于欧风美雨的剧烈冲击，中国固有传统面临挑战，文化秩序陷于重组重建的大动荡之中。此一时期学术思想之多元，学派之纷繁，只有春秋战国时期差可比并。但中国现代学术的后续之路走起来并不平坦。相当一段时间，我们忘记了晚清以来的新的学术传统，更不要说对这一时期的学术成果加以系统整理。然而学术的发展必须有前人的成果为依凭，每一个时代都要经过整理和重估上一代学术的过程。清代学术是对宋明学术的一次整理和评估。民初对清代学术的评估，也包含有整理的内容。因此有梁任公的《清代学术概论》《中国近三百年学

---

① 陈寅恪：《柳如是别传》上册，上海古籍出版社，1980 年，第 4 页。

术史》和钱穆的《中国近三百年学术史》应运应时而生。

我和我的一些学术同道所作的，也是试图重新梳理前代学术的工作，实际上也可以说是一次补课，是隔代整理。陈寅恪诗："后世相知或有缘。"① 相知不敢，但与前辈学者建立一种相续相接的因缘关系，确是我的私心所愿。

梁启超当年撰写《清代学术概论》，在结尾处标列出自己著此书的四点宗旨：

第一，可见我国民确富有学问的本能，我国文化史确有研究价值，即一代而已见其概。故我辈虽当一面尽量吸收外来之新文化，一面仍不可妄自菲薄，蔑弃其遗产。

第二，对于先辈之学者的人格，可以生一种观感。所谓学者的人格者，为学问而学问，断不以学问供学问以外之手段。故其性耿介，其志专一，虽若不周于世用，然每一时代文化之进展，必赖有此等人。

第三，可以知学问之价值，在善疑，在求真，在创获。所谓研究精神者，归著于此点。不问其所疑、所求、所创者在何部分，亦不问其所得之巨细，要之经一番之研究，即有一番贡献。必如是始能谓之增加遗产，对于本国之遗产当有然，对于全世界人类之遗产亦当有然。

第四，将现在学风与前辈学风相比照，令吾曹可以发现自己

---

① 陈寅恪 1963 年所作《旧历壬寅六月十日入居病院》诗："不比辽东木蠋穿，那能形毁更神全。今生所剩真无几，后世相知或有缘。脉脉暗销除岁夕，依依听唱破家山。酒兵愁阵非吾事，把臂诗魔一粲然。"见《陈寅恪诗集》，清华大学出版社，1993 年，119 页。

种种缺点。知现代学问上笼统、影响、凌乱、肤浅等等恶现象，实我辈所造成。此等现象，非彻底改造，则学问永无独立之望，且生心害政，其流且及于学问社会以外。吾辈欲为将来之学术界造福耶？抑遭罪耶？不可不取鉴前代得失以自策励。[①]

如果把任公先生标列的上述四点宗旨，移来作为我们编纂"中国现代学术经典"的旨趣，也若合符契，尤可证明我们今天所遇到的问题和"五四"先贤当时所面对的问题有惊人的相似之处。

虽然，评骘前代学术思想之得失并不是一件轻松的容易做的事情。

一九三六年钱基博为其自著《现代中国文学史》写"四版增订识语"，颇议及晚清以还的学界风气和当时诸名流的思想变迁，写道："我生不辰，目睹诸公衮衮，放言高论，喜为异说而不让，令闻广誉施于身，而不自知诸公之高名厚实何莫非亿兆姓之含冤茹辛，有以成之。"[②] 接下去他说到了当时的一些人物："有自始为之而即致其长虑却顾者，章炳麟是也。有自始舍旧谋新，如恐不力，而晚乃致次骨之悔以明不可追者，陈三立、王国维、康有为、严复、章士钊是也。有唯恐落伍，兢兢焉日新又新以为追逐，而进退维谷，卒不掩心理之矛盾者，梁启超、胡适是也。"[③]

---

①　梁启超：《清代学术概论》，参见刘梦溪主编《中国现代学术经典·梁启超卷》，河北教育出版社，1996年，第212页。

②　钱基博：《现代中国文学史》，参见刘梦溪主编《中国现代学术经典·钱基博卷》，河北教育出版社，1996年，第563页。

③　同上。

因为是写文学史，他不能不提到晚清到民初的大诗人陈三立。尽管描述的是这些人对待社会变革的态度和他们的立身行事，我们仍可以从中悟出，清末民初以来的社会思潮不管如何沉浮跌宕，历史的河流里总有我们需要的而且是可以追寻得到的更趋稳定的东西。

陈寅恪一九二九年为王国维撰写纪念碑铭，其词曰："士之读书治学，盖将以脱心志于俗谛之桎梏，真理因得以发扬。思想而不自由，毋宁死耳。斯古今仁圣所同殉之精义，夫岂庸鄙之敢望。先生以一死见其独立自由之意志，非所论于一人之恩怨，一姓之兴亡。"① 二十三年后的一九五三年十二月一日上午，时任教于广州中山大学年已六十有三的寅恪先生，对碑文的内容作了一次罕见的阐扬。那是他的学生汪籛南下来探望老师，有试图说服老师北上就科学院历史第二所所长之意，于是口述了一篇《对科学院的答复》。他说：

> 我认为研究学术，最主要的是要具有自由的意志和独立的精神。所以我说"士之读书治学，盖将以脱心志于俗谛之桎梏。""俗谛"在当时即指三民主义而言。必须脱掉"俗谛之桎梏"，真理才能发挥，受"俗谛之桎梏"，没有自由思想，没有独立精神，即不能发扬真理，即不能研究学术。学说有无错误，这是可以商量的，我对于王国维即是如此。王

---

① 陈寅恪：《清华大学王观堂先生纪念碑铭》，《金明馆丛稿二编》，生活·读书·新知三联书店，2001年，第246页。

国维的学说中，也有错的，如关于蒙古史上的一些问题，我认为就可以商量。我的学说也有错误，也可以商量，个人之间的争吵，不必芥蒂。我、你都应该如此。我写王国维诗，中间骂了梁任公，给梁任公看，梁任公只笑了笑，不以为芥蒂。我对胡适也骂过。但对于独立精神，自由思想，我认为是最重要的，所以我说"惟此独立之精神，自由之思想，历千万祀，与天壤而同久，共三光而永光"。我认为王国维之死，不关与罗振玉之恩怨，不关满清之灭亡，其一死乃以见其独立自由之意志。独立精神和自由意志是必须争的，且须以生死力争。正如词文所示，"思想而不自由，毋宁死耳。斯古今仁圣所同殉之精义，夫岂庸鄙之敢望"。一切都是小事，惟此是大事。碑文中所持之宗旨，至今并未改易。①

何谓我所说的中国现代学术史上具有恒在意义的价值？诵读了《王观堂先生纪念碑铭》，再看到作者对碑铭内容的深切阐发，我想我们已经思过半矣。人的个体生命在历史的长河里，只不过是小得不能再小的一芥漂浮物，或径直就是浮沤而已；但人类智慧的彩虹，可以让历史的河流变得格外璀璨夺目。绝对的绝对论，可以让历史丧失生命，活人变成死人；绝对的相对论，是虚无主义的避难所，能够使人类丧失任何自信。历史没有空白，人类的精神造物总有一些是既属于过去又属于未来的东西。中国现

① 陈寅恪：《对科学院的答复》，载陆键东著《陈寅恪的最后20年》，生活·读书·新知三联书店，1995年，第111—112页。

代学术所建构的诸多传统，不单属于学人自身，也是吾民族从传统走向现代的共同记忆。

有的研究者把那一时期的人物分成自由主义者、保守主义者、激进主义者三个派别，我想这样判然界分无助于达致对历史人物的了解之同情。而且，如此界分还有一个危险，就是很容易用今天的思潮去冲洗昨天的人物。事实上这种情况已经多次发生了，所以才不时出现此一时期举抬这一部分人物，彼一时期举抬另一部分人物的现象，往贤昔哲成了时人手中的游戏卡，致使历史失其本真。钱著《现代中国文学史》的有些观点我们自然不必尽同，但其书确有优长之处，主要是特见独出而不为时论所摆布，掘发到了有定在性的历史文化精神。所以他敢于宣称："吾知百年之后，痛定思痛，必有沉吟反复于吾书，而致戒于天下神器之不可为，国于天地之必有与立者。"[1]

我立意编纂"中国现代学术经典"，有一潜在的目的，即祈望能够梳理出现代学术史上那些具有恒在意义的东西。所谓经典，主要指在学科上有开辟意义、对某一领域的研究有示范作用，既为后来者开启无穷法门，又留下未决之问题供研究者继续探究。[2]弥久不变和与时俱新，是经典的两个方面的品格。我不敢说我们之所选全部都是经典，但至少它们有经典意义存焉。着

---

① 钱基博：《现代中国文学史》，参见刘梦溪主编《中国现代学术经典·钱基博卷》，第564页。

② 此处我参照了余英时先生对"典范"一词的解释，见余著《近代红学的发展与红学革命——一个学术史的分析》，《红楼梦的两个世界》，联经出版事业公司，1981年，第5页。

眼点完全在学术，尤重视学术本身的独立价值，采择去取尽量做到不受学术以外因素的牵扰。所选各家，言论主张各异，学养人格有殊，其于家国、世道、人心，俱可执偏而补全。

学术之立名，理应包括人文科学、社会科学和自然科学，兹编所限，自然科学部分没有收入，社会科学的内容亦未凸显，着眼点主要在能够与传统学术相接的人文学术部分，虽有遗憾，也是无可如何之事。相信今天的学子若要使自己学有宗基，取径有门，传承有绪，中国现代学者的这些具有经典意义的著作不仅无法绕行，且将成为他们获得学思灵感的重要源泉。

一九九六年二月竣稿，连载于一九九六年十二月十八日、二十五日《中华读书报》；二〇〇二年八月修改；二〇〇六年六月增补；二〇一六年十月修订。

初版后记

本书原是我为"中国现代学术经典"丛书写的"总序"。当初无长篇大论之想，只不过写着写着，收不住了，竣稿的时候，连同注解差不多有六万字。因此朋友说我是在学梁任公，当年任公先生为蒋方震的《欧洲文艺复兴史》作序，就写了五万多字，"篇幅几与原书埒"，结果不得不向蒋书"宣告独立"，自成《清代学术概论》一书。如今我的序也以《中国现代学术要略》的名目成书，大约跳到黄河我也洗不清了。

然则又确有不同。任公先生的序一九二〇年十月写就，十二月已由商务印书馆出版。我的这篇序完稿于一九九六年二月，如今已过去整整十年。中间不是没有过想出单行本的念头，友人也屡以此相催促，终因种种缘由而作罢。其实主要是需要有比较充裕的时间从头到尾重新增补改润。二〇〇二年做了一部分，后来又搁下了。此序文所以在学界有较大影响，实与《中华读书报》一九九六年十二月十八日和二十五日以四个整版的篇幅连续披载有关。刊载时，就用了《中国现代学术要略》的题目。看到的人很多，师友以及一些相识或不相识的读者，不少都打来电话或写来了信。至今我保留的信札仍有三十余通，大都是鼓励之辞，也有的发现舛误给以订正。特别让我感动的是，戴逸、李亦园、叶秀山、虞万里、冯天瑜、林庆彰、邓小军、扬之水等学界名素，也都有手教贻我。

虞万里先生我闻名而未尝一面，他对我行文中把章太炎、黄侃、刘师培一例以师弟子连属的误植，精心是正以教我。原信不长，虽已附录于书后，仍抄录如下与读者共饷。

　　刘梦溪先生：

　　　　大著《学术要略》鸟瞰二十世纪学术，提要钩玄，纲举目张，询不可多得之杰构。加之文笔流畅，若长江黄河，一气呵成，足以镇此丛书以垂不朽。拜读一遍，意犹未尽。唯先生谓"章氏弟子有黄侃、刘师培者，秉承师风，坚执古文经的立场"云云，意申叔未尝师事太炎，唯仪征刘氏四世治《左传》，申叔又于经学极为精专，故太炎深敬之，而侃以少申叔两岁而拜之为师，不知先生以为然否。恐丛书刊出难以补故，特致函相商，聊供抉择。又《读书报》文末无注，若先生别有铅印件，乞掷下置之邮架。余点校之《马一浮集》今年可出，附告，颛此敬颂

　　　　著安。

　　　　　　　　　　　　　　　虞万里顿首丁丑正月十二

虞万里先生校点的《马一浮集》第一册，已由浙江古籍出版社、浙江教育出版社于一九九六年出版，因研究需要，成为我的案头

书。虞先生读书之细、功力之厚，令人赞佩，谨在此深致谢忱。

一九九六年年底，恰好李泽厚从海外回来，他看了文章之后，说不妨开个小会，找几位友人一起议一议这篇文章，他觉得我提出了许多关乎思想史和学术史的大问题。我接受了他的建议，于是就在一九九七年二月十六日，在我家中举行了一次特别的学术恳谈会。戴逸、李慎之、庞朴、汤一介、李泽厚、余敦康、王俊义、雷颐诸位先生，一一应邀而至。我们中国文化研究所的梁治平、何怀宏（后调北大）、任大援也参加了座谈。可惜王元化先生不在北京，否则我也会烦劳他的大驾。大家都是有备而来，谈得异常热烈，甚至有争论争吵。下午三点开始，至六点半意犹未尽，晚餐时继续谈。这些人物聚在一起，尽管有茶有饭，招待不谓不周，可一定不要指望他们都讲好话。好话自然也有，我作为文章作者和恳谈会召集人，更愿意听他们的攻错，看他们的机锋，当然无须隐瞒，也很愿意看他们吵架。做学问的人抬学问杠，特别有趣。大约一九九四年或者一九九五年，在杭州开会。我当时因写《学术独立与中国现代学术传统》一文，正对学术独立着迷，发言时便强调各司其业，学者不一定耗时费力去管学术以外的事情，不妨"天下兴亡，匹夫无责"。王元化听后大惊，不待我讲完就插话说："梦溪呵！你怎么可以这样讲？如果'匹夫无责'，你还办《中国文化》干吗？"朱维铮说："知识分子讲的话，当政者不听，与制定政策无关，在这个意义上，我同意刘梦溪的意见，'天下兴亡'，我们'无责'。"

我以为这次谈我的一篇文章，而且是家庭的小环境，朱维铮也不在场，不至于吵架。不料，谈着谈着语调不对了。庞朴说：

"你写大师，有一个基本的问题，你是仰着看的。马一浮，是神仙了，这不行。不光马一浮，所有人，你都是仰着看。要站在前人的肩膀上看，要有这个魄力，这是个大毛病。"余敦康表示反对，说："过了半个世纪，重新接受民国时期的经典，大有好处。鲁迅说，一个苍蝇，拍了一下，绕了一个圈儿，又回来了。二十世纪，从一八九七年算起到一九九七年，这一百年我们耽误了太多的时间。说仰视，没有俯视——我们受到的教育，最糟的就是只有俯视，没有仰视。你、汤一介、庞朴，都是俯视。你有什么资格来俯视？"尽管都熟知敦康先生的学术脾气，还是没有想到出口会如此严厉。气氛不免紧张了一下。幸亏李慎之先生及时插话，说他既不"仰视"，也不"俯视"，而是"窥视"，大家都忍俊不禁地笑了。

戴逸先生给我的信里，只"报喜"，不"报忧"，这是从前一般信函的"规矩"。开会讨论就不同了，"忧""喜"都报，主要是"忧"，这也是学者不愿逾越的"规矩"。他手里拿着准备好的提纲，郑重地讲了四个问题。"喜"我不重复，摘几段"忧"给大家看。戴先生说："对于学术，我认为既有独立性，又有功利性，但学术的功利性，应该如何表现？应该通过求真来达到服务现实。求真是第一位的，通过追求'真'就能够对现实起作用。还有致用，这是老祖宗的传统。《资治通鉴》，不是直接致用，是通过历史的真实，司马光讲的真实。"他说："看起来，学术与现实结合太紧，是中国学术的一个弱点。申请一个科研项目，首先看你有没有用。"对于唯物史观对中国现代学术的影响，戴先生尤其看重，他说："唯物史观'五四'传入，影响中国八十年之久，在座的没有人没受过影响。'唯物论'起了什么作用？有多大成绩？我觉得不能避开。"他说："没写入这个问题，是一个缺陷。避开不行，不管是什么原因。"戴先生是研究清史及近代史的学者，一向待人和气，即之也温，但讲起学术问题，他不含糊。戴逸先生发言的时候，李慎之、汤一介、李泽厚都有插话，我随时也有所说明。

不难看出，这是一次货真价实的高水准的学术研讨和学术对话，充满了理趣和智辩。其他几位的精彩之见，不能逐一胪列，有座谈会的详细纪要附录于书后，大家可自行参看。只是这次修订成书，有关唯物论的内容我仍然没有写入，倒不是有意避开，而是那样写起来，要讲许许多多另外的问题。戴先生的教诲也许要等到我将来写更大的书的时候再有所补充了。没法形容我对与会师友们的感谢与感激，我说我已经很富有了。而且我知道，今后再不可能有这些人聚集在一起的学术恳谈了。因为李慎之先生已不在人世，没有他在场，大家会感到寂寞。

我与李慎之先生相识于上世纪九十年代初，一次纪念冯友兰的研讨会上，大事件刚刚过去，人们欲谈无话。李先生不同，依旧放言高论。我喜欢听他讲经过文化过滤的政坛掌故。一九九三年三月，我们一起出席香港中文大学召开的"文化中国：理念与实际"国际学术研讨会，回来时搭乘同一架飞机，候机室里论学论治更容易增加彼此的了解。从此就经常见到李先生了。我们中国文化研究所以及《中国文化》杂志举办的学术活动，有时也请他参加。虽然他在文化问题上所持的"全球化"主张，许多致力于传统研究的学者不一定认同，但我个人颇偏爱他观察问题的宏阔眼光和无所顾忌，以及"目无余子"的直言谠论。一九九七年二月十六日的恳谈会请他光临，他愉快地答应。怕不好找，约好先到兆龙饭店。我准时去接，他已经在等了。我家离兆龙只五分钟的路，我们一起走的时候，他说最近腿有些不便，但还在谈近来他特别关注的问题。我的《要略》他显然看得不够仔细，所以发言时不能完全对上口径，例如以为我使用的"现代"一词是从明代开始等等。但学术敏感告诉他，他不能同意我的许多观点。会后通电话，他说他要写文章与我商讨，他认为我对什么是现代学术没有加以分梳。我同样敏感地发现，他的观点其实相当混乱，如果写文章，我不回答不好，回答则容易停留在澄清和说明的惯常的所谓论争的地平线上。距今二十多年前，我有过同时与好几位了得的人物作车轮论争的失败经验，深知真理不是愈辩愈明，恰恰相反，如果承认愈辩愈糊涂庶几接近世情物相。

李先生是我素所喜欢的人（喜欢他明言快论的君子之风），以此我雅不情愿与他发生所谓学术论争。何况本人当时天命之年已过，要做的事情正多，哪里有时间、兴趣、意气，与人争论自己已经发表过的一篇文章的是非对错。对固然好；错如果是经过潜心研究而未到之错，于学理人心也不无裨益。李先生与我商榷的文章出来的时候，已是一九九八年的秋天，初步印象他是下功夫写出来的，提出了可以讨论的问题。大问题是怎样看待我们自己的文化传统，这是晚清以来的百年中国一直存在、一直有争论的问题。我的《中国现代学术要略》，不妨也可以看作从学术史的角度，对这个问题所作的一个方面的探讨。所以重点讲的虽是现代学术，传统学术部分，所占比重也相当不小，第一章至第三章都是关于传统学术的内容。对此一大问题有不同的看法不同的解读，再正常不过。例如李先生引用台湾前"中研院"院长吴大猷先生的观点，主张科学和技术是两个不同的概念，以"科技"一词概而括之，不利于科学的发展；以及认为"中国引进西学百年，迄今在技术上有相当的成就，在科学上却还没有太大的独创"等等，我完全能够认同。

但他说作为科学基石的"为求知而求知"的精神，除了"十年前《读书》杂志倡导的一次讨论"，"这十年，再也听不见同样的声音了"。这不符合事实。别人姑且不论，谨在下对此一问题，就曾多次著文申之论之。一九九一年我写的《"学术独立"与中国现代学术传统》一文（刊载于《中国文化》一九九二年秋季号，应该在李先生设定的"这十年"之内），可以说是专门探讨此一问题的文章。我在该文章中写道："在中国传统学术里，学术从来是一种手段，没有人把学术当作目的看待。所以中国古代没有学术独立的传统。其实对研究学术的学者来说，学术本身就是目的，就是为了学术研究学术，为研究而研究。"这就是我的主张："为研究而研究"，难道和"作为科学基石的'为求知而求知'"，不是同一个意思吗？而《中国现代学术要略》的写作，核心理念也是关乎"学术独立"四个字。开篇引严复的话："盖学之事万途，而大异存乎术鹄。"什么意思？严复是说，"学"须是以学为目的，而"术"不过是"弋声称，网利禄"的手段，如果只要手段，不要目的，学就不存在了。"翻新不如述旧"，引前人的言论，表达的不是我的意思吗？《要略》第十一章"中国现代学术的学术传统"，更明白晓示："中国现代学术发展的大关键处，还在于对学术独立这个问题采取何种立场。"又说："学术是否独立，首要的是能否把学问本身作为目的。"接着便引录梁（启超）、王（国维）、陈（寅恪）、萧（公权）、朱（光潜）、冯（友兰）诸大家的论说，以为参证。我的这些观点都明白无误地写在李先生为之商榷的文章里，我只能相信，是由于报纸的字体太小，可能李先生没有看清楚。

有一个问题我觉得李先生的质疑是有意趣的，就是我说"元朝的时候罗马教皇曾以七大术介绍给元世祖，包括文法、修辞、名学、音乐、算术、几何、天文。然而此七项大都关乎技艺，也就是器，属于形下的范畴，与学术思想迥然有别"。李先生说："这里的名学就是逻辑，严复称之为'一切法之法，一切学之学'。连逻辑都要归于'形而下者谓之器'的范围，说实在的，天下就再没有什么学问可以称为'纯粹的学术'了。"我在《要略》中论述现代学术有重视科学方法的传统时，特别提到严复的贡献，说名学是"一切法之法，一切学之学"的严氏名言，就是我文中所引录。但"七术"之说，是王国维所讲，由于是"意引"，我没有注明话语的来源，今次修订方予补注。王国维的话见于他的《论近年之学术界》，原文为："元时罗马教皇以希腊以来所谓七术遗世祖，然其书不传，至明末而数学与历学与基督教俱入中国，遂为国家所采用。然此等学术皆形下之学，与我国思想上无丝毫之关系也。"王国维在"七术"句下加了一个注："文法、修辞、名学、音乐、算术、几何学、天文学。"则王国维认为包括"名学"在内的"七术"都是"形下之学"，应无疑义矣。这里其实涉及静安先生对形上之学和形下之学的看法。

盖静安先生当一九〇一至一九〇五年期间，正在不遗余力地与西方哲学和美学打交道，尤其沉迷康德和叔本华学说，故此一时间撰写的论文，大都倡言"伟大之形而上学"和"纯粹之美学"。《静安文集》所收之《论性》《释理》《叔本华与尼采》《论近年之学术界》《论新学语之输入》《论哲学家及美术家之天职》等，均关涉到这方面的内容。即如《论性》之一篇，遍举尧舜、《尚书》的"仲虺之诰"和"汤诰"、孔子、孟子、荀子、老子、庄子、淮南子等关于"性"的诸种论说，王国维都不认为已达形上学之境，而汉之董仲舒的"阴阳二元论"，与形而上学庶几近之。他如唐之韩愈、李翱，宋之王安石、苏轼等亦复如是。只有周敦颐、邵康节、张横渠、程明道、程伊川、朱熹诸大儒，他们创立的新儒学，王国维才认可是形上学的学说。他说：

> 纵观以上之人性论，除董仲舒外，皆就性论性，而不涉于形而上学之问题。至宋代哲学兴，而各由其形而上学以建设人性论。[①]

王国维对周敦颐的《太极图说》尤为称赏，用"广漠"二字概括其哲学论说的形上特点。而对张横渠《太和篇》提出的"太虚无形，气之本体"，以及"气本之虚，则湛本无形。感而生，则聚而有象。有象斯有对，对必反其为，有反斯有雠，雠必和而解"，王国维认为也是"由其形而上学而演绎人性论"。特别"有象斯

---

① 王国维：《论性》，《王国维遗书》第五册之《静安文集》，第 7 页。

有对"四句，王国维说："此即海额尔（黑格尔）之辩证法。"至于朱子，主张理气二元论，形上形下区分得甚为清晰，王国维当然不能不肯定"其形而上学之见解"。

而《释理》一篇，将"理"分解为"理由"和"理性"二义，称"理由"为广义的解释，"理性"为狭义的解释。由于人的运用概念进行推理判断的能力缘于理性，所以王国维认为"理性的作用"是人的"知力作用"的最高形式，同时也是一种普遍形式，因此可以建构形而上学的系统。宋儒便有此条件与可能。朱子答黄道夫云："天地之间，有理有气。理也者，形而上之道也，生物之本也；气也者，形而下之器也，生物之具也。是以人物之生，必禀此理，然后有性，必禀此气，然后有形。其性其形，虽不外乎一身，然其道器之间，分际甚明，不可乱也。"[1]王国维引录朱熹的这段话之后写道："朱子之所谓理，与希腊斯多噶派之所谓理，皆预想一客观的理存于生天生地生人之前，而吾心之理，不过其一部分而已。于是理之概念自物理学上之意义出，至宋以后而遂得形而上学之意义。"[2]此可见，王国维是以西哲之论述作为参照系，以严格的论理标准来使用形而上学一词。

"易言以明之"（王国维习惯用语），静安先生所谓形上形下之分别，应该是："所谓形而上者，超时空而潜存（subsist）者也；所谓形而下者，在时空而存在（esist）者也。"[3]因此他以此标

---

[1] 朱熹：《答黄道夫》，《朱熹集》第五册，四川教育出版社，1996年，第2947页。
[2] 王国维：《释理》，《王国维遗书》第五册之《静安文集》，第18页。
[3] 冯友兰：《中国哲学史》下册，《三松堂全集》第三卷，河南人民出版社，1989年，第316页。

准来衡量宋学，一方面承认宋之理学有形而上学的特点，另一方面又指出，宋儒的目的是想巩固道德哲学的根基，而不是对形而上学有多少特殊的兴趣。① 同样的理由，王国维对晚清西方学术思想的输入，严译出现之前，也就是他所说的："十年以前，西洋学术之输入，限于形而下学之方面。"② 那么历史上所传之罗马教皇介绍给元世祖的文法、修辞、名学、音乐、算术、几何、天文"七术"，王国维认为"皆形下之学"，就没有什么好奇怪的了。问题是以我们今天的观点，是不是仍可以认为名学不是形上之学？兹事体大，我为此请教了两位当今研究西哲的大家，一位是何兆武教授，一位是叶秀山先生。他们不约而同地回答：可以认为。叶先生说，名学也就是逻辑学，它是形式科学，带有工具性，不是形而上学。何先生说，逻辑学是推理的过程，不是推理的对象，因此不是形上之学。后来他又作一补充："形上学譬如哲学是我们的知识，逻辑是认识知识的能力。"这让我想到金岳霖先生早年讲的一段极富思辨意味的话：

> 逻辑并不发明思想，它不会从水中救出我们喜欢的小姐，也不会向我们说明我们关于世界应该形成什么样的思想。如果逻辑对我们所在的世界做出某种反应，那么它仅仅表明那种能够使我们关于世界的思想联系起来形成一个可理

---

① 王国维：《论哲学家与美术家之天职》，《王国维遗书》第五册之《静安文集》，第 102 页。

② 金岳霖：《序》(1927)，《金岳霖学术论文选》，中国社会科学出版社，1990年，第 468 页。

解的整体的方式。

不过我在《要略》中对此一问题所作的行文表述并非不存在可议之处。我认为包括名学在内的"七术"不属于形上之学，确没有理会错静安先生的意思，但我说"此七项大都关乎技艺，也就是器，属于形下的范畴，与学术思想迥然有别"，其中"也就是器"四字则容易引起误解。说他们"关乎技艺""属于形下的范畴""与学术思想迥然有别"，都无不可。但说它们是"器"，就不准确了。因为"关乎技艺""属于形下的范畴"的也可以是"学"，不一定都是"器"。所以李慎之先生提出此点进行商榷，理由是充足的。只不过他由于不知道"七术"都是"形下之学"是王国维的说法，而使自己也出了纰漏。这也由于我未注明出处使然，因此特借此撰写后记之机缘，略述后果前因，并向李先生和读者致歉云尔。不过以李先生的性格，即使知道是王国维的观点，他也许照样质疑。你看他文章中对同样并非形上学的几何学的赞美，他说他至今还"感到一种不可抗拒的理性的力量"。

李先生文章中透露出来的宏阔的视野和"目无余子"的气魄一如其平素为人。如果不是关乎己身，我会继续毫无障碍地欣赏他的风格。然既成为当事人的角色，欣赏之余，难免要检讨、比较、反思彼此立论的是非、曲直、正误。例如他说为了研究马一浮，"整整花了一个星期的时间"，结果"最后的印象却是：他全然是一个冬烘"。认为二十世纪最具通儒气象的大学者马一浮不过是个"冬烘"，我还能说什么呢？又比如李先生责怪学术经典的《鲁迅卷》竟然没有选小说《阿 Q 正传》或《狂人日记》,却选了专门史著作《中国小说史略》,这样的商榷,我该怎么回答呢?至于把鲁迅、陈师曾、吴宓、吴梅编入一卷,李先生认为不符合书前《编例》所说的"合卷并考虑到了入选者的学科性质和师承关系"。鲁迅我们选的是两种文学史研究著作,吴宓选的是比较文学之作,吴梅是词曲学,陈衡恪是美术史论,大类项上都属于文学与艺术研究一科,也可以统称为艺术学。因此他们的学科性质当然是相同的,和《编例》并无矛盾。还有,我在文章的标题之下,摘引了一句阮元的话:"学术盛衰,当于百年前后论升降焉。"李先生说他参不透我引用这句话的奥妙。其实,这不过是写文章的一种"常式",引前贤之语,以作起兴。完全不必如李先生那样引申为:"阮元难道预见到了这方面的升降吗?他难道能要求中国的现代学术升而传统学术降吗?"或者进而设问:"百年而后兴起的中学,阮元还能认识而认同吗?"这说得很让我有些不明白了。

阮文达所说的"百年",和刘梦溪所说的"百年",当然不是指的同一个时间段。我在《中国现代学术要略》一开头便提出:"站在学术史的角度回观二十世纪的中国,简错纷繁的百年世事也许更容易获致理性的通明。"可见我所说的"百年",是指刚刚过去的二十世纪这一百年。李先生说他不知道阮元"在何时、何地、何文中说这句话的",倒不妨说明系见于文达公为钱大昕《十驾斋养新录》所写的序,时间在嘉庆九年即公历一八〇四年之小雪日。兹将有关原文抄录如下:

　　学术盛衰，当于百年前后论升降焉。元初学者，不能学唐宋儒者之难，惟以空言高论、易立名者为事。其流至于明初《五经大全》易极矣。中叶以后，学者渐务于难，然能者尚少。我朝开国，鸿儒硕学，接踵而出，乃远过乎千百年以前。乾隆中，学者更习而精之，可谓难矣，可谓盛矣。国初以来，诸儒或言道德，或言经术，或言历史，或言天学，或言地理，或言文字音韵，或言金石诗文，专精者固多，兼擅者尚少。惟嘉定钱辛楣先生，能兼其成。①

我们从上述这段话里，可以看出阮元的"百年前后"的含义。元初到明初，一百年左右的时间，学术流变由不能学唐宋儒者之难，到《五经大全》易而至极，空言高论至于极点；明初到明中叶，也是一百多年的时间，学术风气"渐务于难"，是又一变；明中叶至明末清初，又是"百年前后"，顾、黄、王等大儒出，学术之盛，超过前代；而国初至乾隆时期，又经过了百余年，各专门学科之专精务难，前所未见，已进入学术史的专门汉学时期。质言之，阮元的意思是说，学术风气的演变更替是一个长过程，短时间内不足以窥其盛衰升降。我认为这是一代通儒的老到卓识之言，因而特于题目之下标出，作为笔者梳理清末民初以降二十世纪百年学术的引题起兴之语。这样做于原典、于学理、于文例，均没有不恰当之处。极通常不过的一种文章写法，实无任何奥妙可言。

---

　　① 钱大昕：《十驾斋养新录》之"阮元序"，江苏古籍出版社，2000年，第1页。

我初意原不欲和李先生在学术问题上发生争论，但看了他的商榷文章之后，有一种不期而然要做出回应的潜意识。而且动笔写下了四五千字，涉及四个方面的问题：一、学术的中西问题；二、传统学术与现代学术的界分问题；三、所谓思想与学术的关系问题；四、人文与社会科学学科的本土化与全球化问题。李先生并没有就这些问题正面立论，而是在与我讨论的过程中带出了他对这些问题的看法。由于我当时就要赴加拿大、美国访学，没有来得及全部竣稿。而当第二年也就是一九九九年我回国以后，李先生的处境已经让我无论如何不应该再写回答他的文章了。我对他的尊敬早已遮盖住了我们之间曾经有过的学术歧见。他是我们难得见到的身处旋涡不染尘的知识分子官员，他的资质让人有水清鱼乐之感。很多人其实并不知晓知识分子这一概念的真正义谛。如果不准备就这一问题作形而上的学理探讨，我不妨说，大家只要看看李先生就思过半了。

我为自己终于有机会对《中国现代学术要略》作这样一次较为系统的梳理修订而感到些许安慰。纠正了包括上面提到的几处舛误，内容作了一些增补，加了几个长注。朱熹的学术思想、晚清新学的衍变、甲骨文字的发现经过和胡适与科学方法的提倡等章节，增加了较多的内容。原来全稿分十二个部分，每一部分都以提要式的文字作为标题。现在提要式文字仍保留，但考虑到学术专著的惯常体例，正式立名为十二章，每章均加了新的章题。附录之文字可以见证历史，想必也都是本书读者所乐于看到者。

"文章千古事，得失寸心知。"长久到"千古"云云，没有想过，且不知也。但其中之得失苦甘，我这"寸心"未尝不微有所

"知"。十五年前"中国现代学术经典"丛书的编纂，在我无疑是一次学术历险，至今仍有淡淡的"人生过处唯存悔"的意绪心情。有人说单是丛书的编纂过程就可以写一本书，诚哉斯言。我至今感念当年与我共襄斯役的诸学术同道，并深佩王亚民兄的胆识和魄力。我这里特别想提到两位业已作古的前辈师儒，一位是张舜徽先生，一位是程千帆先生。因创办《中国文化》杂志，自一九八八年开始，我就与两位先生有书信往还，程先生我前去拜望过，张先生则始终未能一面。一九九一年拟议编纂"中国现代学术经典"丛书之时，我曾函询两位先生的意见，他们都写来了信函，言之谆谆，使我深受教益。程千帆先生是黄侃的弟子，所以我请益于程先生的，是关于黄卷的编选问题。兹录程先生回示全文如下：

梦溪先生史席：

昨奉大函，又惠赐《中国文化》三期一册，感谢之至。义宁陈君之学术，博大渊深，其所着眼，皆在历史、社会、政治、文化之"节骨眼"问题上，乃又往往以考辨之面貌出之，故其由具体事实所抽象出来之大问题大道理反为世人所忽略，此乃学术界之所当发挥者也。尊文于此，实能践履，故所及虽仅柳氏《别传》，而于寅老用意及创体皆多有人之所不能言，三复之余，曷胜钦服。

承示受托编辑近现代学人著作，发潜德之幽光，启来哲之通道，实为盛事。惟先师黄君五十即返道山，其书多在草创或积累之中，皆无成稿。潘石禅兄在台为影印十四大册，多系原书批语，先生谅已见之。大陆所出，则多经其侄耀先之手，除文心札记、文选评点单行外，多已归之《论学杂著》及《群书笺识》二书中，然论文亦不多，较之他家，较难选择。然若《音略》《与友人论治小学书》《补文心隐秀篇》《汉唐玄学论》亦可示范来兹矣。弟入师门甚迟，未能窥见黄君学术之堂奥，此事似可更与石禅商之。潘君为贵刊顾问，义不容辞也（台北市敦化南路 369 巷 63 号）。

《文化》二期，不知有无存书，四期已否出刊，均盼见惠。非敢作得陇望蜀之妄想，实以在宁无购处，托之在京友人，又多所滋扰也。

近刊《宋文学史》一册，讲课之作，不足以言创获，敬呈以博一笑，大雅如先生必怜其老而失学矣。

专复，即颂

著安

弟程千帆

9.25

程先生信中对有关黄侃著作的诸种情形悉皆告知，唯恐有遗，并建议我与台湾的潘石禅先生联系。"石禅"即研究敦煌学及红学的大家潘重规先生，黄侃的东君，当时任教于台湾文化大学。我与潘先生通过音问，他来北京曾约我晤面，我去台北也曾随皮述民教授往敦化南路拜望。如今程、潘两先生都已仙逝，潘在二〇〇三年四月二十四日，享年九十七岁，程在二〇〇〇年六月三日，享年八十八岁。程先生去世时，我亦在病中，我对他充满感念与怀念。他信里表示愿意看到《中国文化》第二期和第四期，而说"非敢作得陇望蜀之妄想"，惠赠《宋文学史》给我，却自谦为"讲课之作，不足以言创获"，且说"必怜其老而失学矣"。这些学人书简的语言之雅趣，已不多见矣。至于对拙稿《"借传修史"——陈寅恪与〈柳如是别传〉的撰述旨趣》一文的奖掖，自然铭感，可无论也。

张舜徽先生的信是另外一番风景，我们先看原文：

梦溪先生大鉴：

得五月十五日长函，备蒙奖饰，愧勿敢当。拙著随笔，特闲暇偶尔所录，零散已甚，未足以副博雅之目也。承示近来有意选刊百年内著名学者之代表作，汇为一大丛书，规模宏大，闻之气壮。窃思当今之世，非贤者登高一呼，成此盛举，实亦无第二人敢作此想。一则限于识见；二则困于财力；三则乏交游以资共济。伏思　　先生识见既高，交游又广，助之者众，为之则易。无论筹资、设计，在在皆为他人所不逮。是以私计此举惟执事优为之。如能有成，实不朽之盛业，所谓弘扬中华文化者，于是乎在矣。

尊意在百年内"选择具有开辟意义、典范意义之学者"，此点最关重要。如欲权衡人才之轻重，盖有专家与通人之别。专家路窄，通人路宽；专家但精一艺，通人则能开廓风气。影响于当时及后世者，自以通人为大。有此尺寸，则每人之代表作如何去取，则自有标准矣。以汉事为例，其列之《儒林传》中者，皆博士之学也，亦即当日之专家也。至于学问广博如太史公、刘向、扬雄之流，非《儒林传》所能范围，皆各自有专传。后汉许慎、郑玄治经，不主一家，汇为通学。其后许郑之学行，而昔日立于学官之今文经说全废，则专家与通人之短长区以别矣。持古量今，理无二致，先生必能独照其得失而有以别择去取于其间也。

细览来示所拟六十余人名单，搜罗已广，极见精思。鄙意近世对中国文化贡献较大者，尚有二人不可遗。一为张元济，一为罗振玉。张之学行俱高，早为儒林所推重，实清末民初，大开风气之重要人物。解放前一直为中央研究院院士。其著述多种，商务印书馆陆续整理出版。罗于古文字、古器物之学，探究广博，其传布、搜集、刊印文献资料之功特伟，而著述亦伟博精深，为王国维所钦服。王之成就，实赖罗之启迪、资助以玉成之，故名单中有王则必有罗，名次宜在王前。罗虽晚节为人所嗤，要不可以人废言也（六十余人中，节行可议者尚多）。聊贡愚忱，以供参考。闻月底即可与出版社签下合同，则选目必须早定。此时合同未立，暂不向外宣扬。如已订好合同，则望以细则见示。愚夫千虑，或可效一得之微也。京中多士如云，不无高识卓见之学者，先生就近咨访，收获必丰，亦有异闻益我乎？盼详以见告为祷。

承示《中国文化》第五期正在集稿，兹录旧作二篇，聊以补白，乞即以此付之。专以布复，即请

大安

舜徽再拜

五月二十三日

张舜徽先生在当代，是成就最为显赫的师儒。我在《要略》论钱宾四一节曾说："国学大师之名，章太炎之后，惟钱穆当之无愧。"现在应该补充说："国学大师之名，章太炎之后"，除了钱穆，惟张舜徽当之无愧。张学之大之专精，通四部而尤擅清代学术，我是了解的，故创办《中国文化》之初，便与张先生取得联系，得以在第一期即刊出他的文字并允任刊物之学术顾问。我们有多封通信，此处所引仅是其中之一，从信中可以看出，张先生是何等细密之人。

"经典"丛书初选拟目没有罗振玉，接受张先生意见后来列入了。张先生信中对罗持论甚坚："罗于古文字、古器物之学，探究广博，其传布、搜集、刊印文献资料之功特伟，而著述亦伟博精深，为王国维所钦服。王之成就，实赖罗之启迪、资助以玉成之，故名单中有王则必有罗，名次宜在王前。"一定是揣想到我可能对罗的晚节不以为然，所以张先生特予点明："罗虽晚节为人所嗤，要不可以人废言也（六十余人中，节行可议者尚多）。"王、罗关系自有其复杂的一面，学界向来异说异是，张舜徽先生所论应比较客观。再就是信中对专家与通人之分别，不愧为大家言说，启予者良多。"专家路窄，通人路宽；专家但精一艺，通人则能开廓风气。影响于当时及后世者，自以通人为大。有此尺寸，则每人之代表作如何去取，则自有标准矣。"这讲得何等明通。怕我不能领会，又举汉事为例，说当日的博士之学亦即专家，都列在《儒林传》里，而司马迁、刘向、扬雄等大学问家，则各有专传。盖《要略》第九章专论"通人之学和专家之学"，实亦不无张舜徽先生教示之影响也。张先生此信写于一九九一年五月二十三日，至次年一月十六日，仍有手教询问丛书之进展情形。而当我告知近况之后，张先生喜慰非常，并重申宜包括张元济的理据，他在一九九二年四月十三日的信中写道：

梦溪先生大鉴：

得三月二十五日　惠书，藉悉"中国现代学术经典"丛书之编纂，布置就绪，安排得体，以贤者雄心毅力为之，必可早望出书，甚幸事也！承嘱补苴遗漏，经熟思之后，则张菊生先生（元济）为百年内中国文化界之重要人物，而其一生学问博大，识见通达，贡献于文化事业之功绩，尤为中外所推崇。其遗书近由商务整理出版甚多，可否收入，请加斟酌，往年胡适亟尊重之，故中央研究院开会，必特请其莅临也。承示《中国文化》第五期即可出书，此刊得贤者主持，为中外所瞩目，影响于学术界者至深且远，我虽年迈，犹愿竭绵薄以贡余热也。兹录呈近作二篇，请收入第六期，同时发表。好在文字不多，占篇幅不多，并请指正！专复，即叩

近安

张舜徽上

四月十三日

此可见张舜徽先生对"经典"丛书投入怎样的关切。可惜他未来得及看到丛书的出版，就于一九九二年十一月二十七日逝世了，终年八十一岁。他其实还在学术的盛期。他走得太早了。张先生

写给我的最后一封信，落款的时间为一九九二年十一月九日，距离他逝世仅十八天。我不知道这是不是他生前写的最后一封信。不久就是他双七周年的忌日，谨在此表示我深深的悼念与追思之敬意。

张先生并关切京城之"多士"对"经典"丛书有何"异闻"，其实我还请教过周一良先生，周先生力主康有为不可少。一九九二年九月，我赴哈佛大学出席一国际学术会议，并应余英时先生的邀请访问普林斯顿大学，使我有机会与英时先生畅谈学术，"忆往事，思来者"，同时也听取了他对"经典"丛书的意见。英时先生对章太炎、梁启超、罗振玉、王国维、陈寅恪、胡适的拟选篇目，提出了中肯的增补建议。还有汤一介先生、朱维铮先生、汪荣祖先生，也都有以教我。朱维铮先生的回示有三页纸之多，同意丛书的大体设计，只是提醒我对拟选的五十家尚需再酌。他说："麻烦主要不在哪些人已经入选，而在于哪些人没有入选。"并具列宋恕、张謇、汤寿潜、孙诒让、杜亚泉、辜鸿铭、黄远庸、易白沙、陈独秀、吴虞、李大钊、丁文江、孟森、梅光迪、柳诒徵、陈序经、吴稚晖、陶希圣等人的名字，认为杨文会、顾颉刚既可选，则这些人也似可以考虑。他是启发我选政之难，非欲强加也。《康有为卷》的编校之责他答允，但编委一席后来才予应承。维铮事繁，一次因催稿彼此寡欢，三天之后得大函，云"前夜得尊电，由康有为小传事，蒙申斥"，语词措意，令我忍俊不禁。然后说编委他不当了。然后说康传最好由我来作，以"垂范后世"。但随后却寄来了他的康传的改稿，并说："虽又贻迟误之罪，然终属亡羊补牢，略胜有劳先生掷还再议之烦扰也。"待丛书出来，他收到三十卷样书，于一九九八年二月十二日写信给我，说：

> 已得三十卷，即用半夜逐册翻阅目录和年表、要目，粗得印象，以为总体符合学术性要求，选编也各有特色，虽说见仁见智，所收未必合乎尊序所示经典品格的要求，而均有参考价值，则可断言。此乃主编之成功，当贺。

晚清人物及近代学术思想是维铮先生的学术强项，能得到他的认可，殊非易易。他还对丛书的销售方法提出意见："据有的学生说，已见全书在几家书店上架，但不拆零出售，只能望书兴叹。我不知是出版社批发规定，还是书店自作主张？但这类书的主要读者群，在文科的研究生和大学生。倘可零购，则各卷都有忍痛掏钱者。倘只能选择'全或无'，则绝大多数必选'无'也。即如拙编一卷，定价五十五元，要我自行购置，也需一思。况且诸卷所收，多半都有单行本，读者单为补己藏所缺的几种或数文，而要购置全卷，必多踌躇，而不拆零，更无疑拒绝主要读者。如此'生意经'，当为出版者所知。"我即刻将此意转告王亚民兄，后改为拆零销售盖出于维铮先生的"生意经"也。这就是丛书编纂过程我与之交往的朱维铮先生，不愧为学之诤友而士之君子。

"经典"丛书对我个人而言有存于成败得失之外者。同道切磋之谊，名师教诲之乐，即是其中之荦荦大端。文物书画鉴赏家最看重原物真迹，"过眼"一词是他们的业内行话。我敢说中国现代学者的一些最具代表性的著述，我大体都一一"过眼"了。

没有"中国现代学术经典"丛书，便没有书前的总序，也就没有如今呈现在读者面前的这本《中国现代学术要略》。陈寅恪先生岂不云乎："吾侪所学关天意。"学术一如人生，无非因缘凑泊而已，预设不一定就是结果，过程比结果更为绚烂生动。

因此当我的总序成书即将付梓之际，特别要感谢一向关心护持《要略》的师友和读者，感谢最初刊发此裹脚长文的《中华读书报》，感谢对此文存乎真赏的挚友邓小军教授。另外，由于戴逸先生和李学勤先生的热诚推荐，《中国现代学术要略》曾获得我所在系统之优秀学术成果奖，因此特向戴、李两先生致以谢意。还有很久以后我才得知，季羡林先生曾请他的助理李玉洁先生为之诵读《要略》，这让我事后犹感惶愧不安。两周前偕内子去医院看望季先生，九十五岁的老人，精神依然矍铄，且思维敏捷，语带幽默。谈起佛学，他说佛陀当时是代表新兴势力的。不久前范曾先生调入我们中国文化研究所，季老尝手书"善来"二字为贺。语及此并范公苦嗜八大事，他脱口诵曰："石涛雪箇非凡胎，老缶晚年别有才。九泉我欲为走狗，三家门前转轮来。"齐白石老人的诗，老缶是吴昌硕，雪箇即八大山人朱耷之号也。

二〇〇六年六月二十二日（农历丙戌年五月廿七）

于京东寓所

附录四篇

附录一 《中国现代学术要略》学术恳谈纪要

时间：1997 年 2 月 16 日

地点：刘梦溪寓所

出席人：

戴　逸　中国人民大学教授、清史研究所名誉所长、中国史
　　　　学会会长

汤一介　北京大学哲学系教授、中国文化书院院长

李慎之　中国社会科学院研究员、原副院长

李泽厚　中国社会科学院哲学研究所研究员

庞　朴　中国社会科学院研究员

王俊义　中国社会科学出版社总编辑

余敦康　中国社会科学院世界宗教研究所研究员

雷　颐　中国社会科学院近代史研究所副研究员

梁治平　中国艺术研究院中国文化研究所研究员

何怀宏　中国艺术研究院中国文化研究所研究员

任大援　中国艺术研究院中国文化研究所副研究员
刘梦溪　中国艺术研究院中国文化研究所研究员

刘梦溪：牛年春节刚过去不久，有今天这样的机会，请各位师长光临寒舍，就我的一篇小文（**李泽厚：**大文章！）作一次学术恳谈，（**李慎之：**不是小文章，我看了三遍。**李泽厚：**我看了两遍。）我感到非常荣幸。"中国现代学术经典"这套书，共三十五卷，五月份能出来大部分。年底可以全部出齐。因为《钱穆卷》定下来比较晚，钱夫人胡美琦先生不久前才签协议。书全部出版之后，我们准备开一次正式回顾百年学术的研讨会。我们中国文化研究所与河北教育出版社联合召开，在座的各位都会接到邀请。

晚清到今天，二十世纪这一百年，是传统学术向现代学术转变的一百年。特别是"五四"前和"五四"后一段时间，可以说是乾嘉之后我国学术发展的又一个高峰期。"中国现代学术经典"丛书，实际上是现代学术思想史的资料长编。《要略》是这套书的总序，本来想写得简单些，但写起来收不住了。不仅讲现代学术，传统学术也多有涉及。文章中有些心得是长期的累积，是我对我国传统学术资源的一种看法。但现代学术这个题目，以前没有人像我这样系统做过，因此疏漏、舛误一定很多，恭请各位师长能给我以教益，不吝批评指正。可以把我的文章当作一个引线，不妨就中国传统学术思想、现代学术思想的各个方面发表意见，提出批评。（**戴逸**：还有一个一万字的注文，希望能看到。）

我们可以毫无拘束地谈。庞公正在为他的"数成于三"寻找一个架构，非常焦虑。泽厚这次回来，有些不同，思想非常活跃，是否学术上又开始了一个新的青春期？（**李慎之**：返老还童了。）文章发表后，慎之同志、戴先生、泽厚先生、余敦康先生，还有其他一些朋友都和我通过电话，我接到的信也不少。前几天，叶秀山先生还写来一封长信，一会儿可以读一读。王俊义先生是研究乾嘉学术的专家，雷颐先生写过《傅斯年传》。还有我们中国文化研究所的几位学人：梁治平，研究法学；何怀宏，研究伦理学和社会学；任大援，研究思想史。他们的著作都很多，不一一介绍了。

李慎之：学术，大家说惯了，我心中的概念和刘梦溪差不多。文章开始引用梁启超的话，感到很新鲜，可是细讲，讲出问题来了。道、术、学分得很细，但一路讲下来，我觉得有了矛盾。一是强调中国学术是最伟大的，道和学、术和用交叉叙述。（**李泽厚**：体用一源。）又如为己之学，分开讲没有问题，但连在一起，就有点懵了，应该有一个交代。

什么是学术？一是人文，但医学算不算学术？中国在西洋学术进来后，学出多门，学与术已分不清。这个问题可以解决，截断众流，给一个常识性的解释。李四光的著作是不是学术？有些小矛盾，如罗马教皇传授的七大术，不但是学，而且是更像学的学。西方人强调从重点讲（**李泽厚**：中国是从整体讲。），解决的办法，要给一个大概的断论。这个问题（指什么是学术）梁启超写《清代三百年学术史》（指《中国近三百年学术史》）的时候还不尖锐。

断代你用中国现代学术，我主张用"近代"。从"明清之际"开始，可以。"明清之际"是否是一个非常重要的关键？我认为不是。下限到何时？马克思主义在中国起什么作用？对毛泽东思想，看法不同，但对中国人的影响之大，而且有些融化在中国人的血液里。可以从明清之际开始，但明清之际不是重要的时期。（**李泽厚**：我不同意，明清之际非常重要，是"天崩地解"时期。）我从《读书》上看到一篇文章，把钱锺书看作古学中的最后一个人物，照他的思想讲，认为"中国哲学可以拯救世界"。

不过要从明清之际讲，三百年学术史要变成四百年。（**刘梦溪**：我说的现代是指清末民初以后的时间段。）不能把李四光排出去。还有社会科学。严复的思想，对西学的评价，在中国学术史上的地位，如何看？（**汤一介**：说四大文明古国，其中尤以中国学术最为发达，不合适，我的意思是这句话太满。）

戴逸：梦溪的文章是不可多得的精彩之作。当时没有读完，王俊义打电话来，很称赞。瞿林东到我家，带了报纸。我看了三遍，第二遍较详细。写得很有功力，议论风生，包含面相当广博，提出很多重大的问题，对近百年的学术做了很好的总结，值得大家都看一看。得益匪浅。一篇文章，提出很多问题，对近百年学术作了疏理，其中包括的问题非常多，可以讨论、商榷的地方也非常多。有的提法准确否，是否有矛盾，是否还可以发挥，我讲几点想法。一、什么是学术？二、学术的独立性和功利性。三、近现代学术特点是什么？四、学术发展的环境和条件。

先讲第一个问题。文中说："学术思想是人类理性认知的系

统化，是民族精神的理性之光；学术思想发达与否是一个民族文
化是否发达的标志；既顺世而生又异世而立是学术思想的特点；
转移风气、改变习俗，学者之理趣覃思与有不灭之功焉；对学术
思想，不可简单以功利计。"这段话，言简意赅，钩玄提要。但
什么是学术，包括哪些内容？这篇文章讲了人文科学，那么社
会科学、自然科学放在什么位置？人用自己的心智理性去认识
世界，提到一个规律性高度，但排除信仰，要有直觉感悟性的东
西，艺术欣赏的东西是否包括在学术之内？学术是求真、求是。
王国维说"可信者未必可爱"，可信是真的东西，不一定最美好。
我补充一句，可信的未必是可用的，特别是不能够立竿见影。我
同梦溪的看法大体一样。（**李慎之**：截断众流，自己的看法没有
明确提出来。**汤一介**：第一段讲了，提出来了，但没有分疏，排
除自然科学，没讲为什么要排除。）

第二个问题，学术的功利性和独立性。很多问题我同意梦
溪的观点，也有不同意的。"顺世而生异世而立"我同意，学术
同现实是有距离的，要保持距离，保持独立性。（**李慎之**：有两
段引文，关于学术与政治，是矛盾的。）处于二十世纪，每个人
都有深切的体会，从《武训传》《海瑞罢官》到"文化革命"，学
术与政治挂钩，是惨痛的教训。但学者追求学术的独立性，是学
者的理想，事实上学术不可能脱离现实。（**李慎之**："独立性"一
词很晚出，春秋时，为帝王师是传统。**李泽厚**：通经致用。）学
是追求真理，术是运用，运用就离不开现实。我认为学术的独立
性是相对的，要回答现实问题，回答时代提出的问题。对于学
术，我认为既有独立性，又有功利性。但学术的功利性，应该如

何表现？应该通过求真来达到服务现实，求真是第一位的，通过
追求真就能够对现实起作用。（**李慎之：**真理是近代的词，还是
佛教的词？求真，不是中国学术的最终追求。**汤一介：**佛教中没
有"真理"一词。**李慎之：**是从日本翻译过来的，真理是基督教
的概念，truth，求真的概念不是中国文化原有的精神。**李泽厚：**
可以回归古典。）求真是第一位，还有致用，这是老祖宗的传统。
《资治通鉴》，不是直接致用，是通过历史的真实，司马光讲的真
实。儒家讲的四句"为天地立心，为生民立命，为往圣继绝学，
为万世开太平"，是致用的，是伟大的抱负，是大的致用。中国
传统学术是致用的。看起来，学术与现实结合太紧，是中国学术
的一个弱点。（**汤一介：**是一个弱点。）申请一个科研项目，首先
看你有没有用。

第三个问题，传统学术和现代学术的差别。这篇文章没有完
全说清楚。理性，古代人讲得很少，乾嘉学派有些理性，但只是
萌芽。我认为根本的差别是观念上，第一是社会进化观念。古代
讲唐尧虞舜，严复《天演论》把它打破了。（**李慎之：**西方最新
的观点认为是退化论。）中国近代，认为是进化论，王国维、陈
寅恪都是如此，这是观念上的根本区别。你的文章没讲，是个缺
陷。第二是唯物史观。唯物史观大约从"五四"传入，影响中国
八十年之久，在座的没有人没受过影响。"唯物论"起了什么作
用？有多大成绩？我觉得不能避开。冯友兰的《中国哲学史》你
编入了，侯外庐的《中国思想通史》不编入，为什么？（**刘梦
溪：**冯友兰的《中国哲学史》并没有编入，只收录了"贞元六
书"。）六万字的大文章，没写入这个问题，是一个缺陷，避开不

行，不管是什么原因。（**刘梦溪：**讲这个问题有困难的一面，中国学术界长期受机械唯物论的影响，负面的作用不能小看。有些并不申明学术立场的学者，如余英时，也有唯物史观。陈寅恪，注重经济和制度。**李泽厚：**陈寅恪有一篇没有发表过的文章，运用了唯物史论。**刘梦溪：**研究学术史和思想史，已往唯物、唯心的二分，很成问题。）

第四，讲学术史多元并立、百家争鸣，明清之际、清民之际、"三晚"是如此。学术史上独尊儒术，特别厉害，统治地位太厉害，儒家的排他性也厉害，当然儒家比起其他宗教，可以说是宽容的，但儒家的排他性也是厉害的。孟子骂杨朱很厉害，韩愈也是，够厉害的。封建社会，多元并存，是否存在那样宽松的环境？儒家没有宗教那样的裁判所，但也相当厉害。一种思想在封建社会要存在下来，或者披着儒家的外衣，但这同宽容还不是一回事。近代学者对此看得十分清楚。学术的外部环境要宽容，要能够容忍，可以辩论，但不要消灭。这一点恐怕是学术发展最重要的一个外部条件。所以我对中国历史上是多元并存呢，还是儒家的统治，有不同的看法。（**刘梦溪：**我觉得中国传统社会有两个空间，一是儒、释、道三家之间的张力，使中国知识分子可以在最关键的地方溜掉；二是中国传统社会有一个比较完整的民间社会，民间保护了许多东西。**汤一介：**你的第三个大问题，讲多元并立，好像是多元化使中国落后了，三个"晚"都是多元的。**刘梦溪：**过去有一种说法，认为中国儒家思想保守，使得中国社会发展缓慢。我看到的是儒、释、道三家的多元互动，为不同思想的交错留下了空间，致使中国文化背景下的人没有绝路，社会也没有绝路。)

汤一介： 昨天才拜读完，文章有很多新想法，有些问题可以讨论。学术在现代和古代到底有什么区别？季羡林先生讲，古代的学术，讲古今，通古今；现代的学术（清末以后），一个学术大师如果仅仅通古今，还不是现代的大师，同时还要打通中西，因为有一个西学的冲击问题。能否考虑用更明确的讲法。季先生讲了俞曲园与章太炎的区别，是古代大师和现代大师的区别。俞曲园是另外意义上的大师，没有通中西。这个思想很有道理，看近现代学术思想的特点，不妨从这个角度考虑。

第二，学术，你排除了自然科学，社会科学也排除了；你讲史学、哲学，文学你没怎么讲，文学除创作外，还有理论，王国维有美学理论，有戏曲理论，受了西方的影响。学术，文史哲都应该包括在内。

第三，你前面讲学术发展的历史，三个"晚"，大体上忽略了汉唐的贡献，汉唐的贡献非常大。不要讲还有魏晋玄学，特别是唐代佛教，宗派的思维水平之高，如华严宗、十全门的讲法，对很多概念的分析非常深。《大乘起信论》开始，心性学说一直影响着宋明理学。（**李慎之：** 关节点我认为是陈寅恪讲的，到宋是最高峰。）这一段道教的思想也特别丰富，我最近搞成玄英和李荣，成玄英把"道"解释为理，心是人的灵府，理、心、性都讲，《老子注》中那么多。朱熹同道教有非常密切的关系，陈荣捷也写了《王阳明与道教》。突出晚周、晚明、晚清，那五胡乱华呢？也是变革时代。（**李慎之：** 你是反着讲，我认为应正着讲。**李泽厚：** 我不赞成儒学三期说。）你讲中国传统学术在向现代转变中有两大意外契机，甲骨文和敦煌学，但考古受西学的影响，其实甲骨文、敦煌学都是受西学的影响，没有同西学联系起来。（**李泽厚**：他讲了联系。）这方面季先生基本是对的。

张光直有个观点，我们现代以来，史学理论根本上是用西方的理论，如果认真总结中国历史的经验，找出规律，可以丰富史学的理论，近百年来主要是受西方的影响。还没有从我们自己的历史经验中总结出更普遍的历史理论。这个问题你许多处点到，但没有讲清楚。总之，文章中有很多很好的意见，有的需要讨论。

庞朴：头一个感觉是这个题目怎么定？你实际是谈二十世纪前半叶，那么这个题目到底叫什么？你实际上说了半个世纪。这是个非常难的事情。（**戴逸**：二十世纪早期，"近代"一词可以考虑。）如果二十世纪后半段不要，实际上是忽略了马克思主义的影响，要面对这个事实，不能说负面的影响不是影响。郭沫若的史学理论没有提，《奴隶制时代》，论证五种生产方式的，除郭沫若以外还有其他人。一个简单的方法是题目换一下，讲近代学术思想。（**刘梦溪**：我倾向用"现代"这个概念，英文里"近代""现代"是一个词。）还有一个简单的办法是把第一段去掉，不管怎样不能忽视马克思主义。（**汤一介**：唯物史观不能没有，冯友兰都受唯物史观的影响。**戴逸**：一个是进化论，一个是唯物论。）

你写大师，有一个基本的问题，你是仰着看的。马一浮，是神仙了，这不行。（**李泽厚**：我在电话里说是偏爱。**李慎之**：马一浮有没有体系，我怀疑，不是真正的大学者。）不光马一浮，所有人，你都是仰着看。（**李泽厚**：蒙文通，我认为很重要，你一笔带过。）要站在前人的肩膀上看，要有这个魄力，这是个大毛病。

第三个问题，在现代，许多人他们的早年、中年、晚年的变化，开头激进，后面保守乃至反动，为什么？不是一个人的问题，是一个时代的问题。我说过"王元化现象"，王元化，早期主张"新启蒙运动"，现在成什么了？这是个现象，这个现象背后有什么问题？我希望有博士写一写，这是个历史现象，是时代的带有规律的东西。社会的原因？生理的原因？要正面来攻这个问题。

余敦康：大家谈得有些离题了。它不是一部学术史，只是一个序言而已，所以叫"要略"。许多问题用不着都解释。我觉得能否把现代学术三十五卷，都称之为"经典"？（**李泽厚**：我认为都称"经典"值得怀疑。**戴逸**：我也认为。）

过了半个世纪，重新接受民国时期的经典，大有好处。鲁迅说，一个苍蝇，拍了一下，绕了一个圈儿，又回来了。二十世纪，从一八九七年算起到一九九七年，这一百年我们耽误了太多的时间。说仰视，没有俯视——我们受到的教育，最糟的就是只有俯视，没有仰视。你、汤一介、庞朴，都是俯视。你有什么资格来俯视？（**李慎之**：我是窥视。）这是一个问题。不必听他们的话改来改去，管他个屁。

第二，民国经典，我觉得近百年来没有什么经典。什么是近现代学术？没有概念。学术概念怎么定义？学，明体之学；术，达用之学。近代用中为体。中国二十世纪没有多少像样的学术。

当然应该有大师级人物，但梁启超写《清代学术概论》，是一个呼吁，呼唤大师，没有回应。你搞《现代学术要略》，也是呼唤，这是一件非常值得悲哀的事情。

李泽厚：学术史，自然科学不说，文史哲，还有小学史、经学史、史学史、文学史，但什么是学术史，概念不清楚。自然科学不包括，理由何在？社会科学也没有包括，理由何在？学术思想，王国维，是写《人间词话》的王国维，还是搞西北史地的王国维？但后面的东西远没有《人间词话》的影响大。包括陈寅恪，是写隋唐史的陈寅恪，还是写柳如是的陈寅恪？非常复杂。所以在什么意义上写很重要。所以我说，学术史者，是学术思想史也。思想史，如康有为、鲁迅、毛泽东，应占很大的地位。另外一种写法，通过学术本身来表现一种带有普遍性的学术思想。

近代的一个特点，如王国维的"二重证据法"。我不喜欢用"方法论"一词。"四堂"，王观堂……还有（**刘梦溪：**还有罗雪堂、董彦堂、郭鼎堂。）都受西学影响。冯友兰，治中国哲学史；牟宗三，宋明理学，他们都受到西方学术的影响。中国近代的特点，就是古今中外如何融合起来。在某一方面做出成绩，这个成绩有什么样的普遍的意义，这样就可以分出不同人的等级。都是大师，教授满街走，标准在哪儿？要有一个标准贯穿文章中。（**余敦康：**没有很明确的标准。）可以有不同的标准。孙诒让，很重要，戴（震）、阮（元）、二王（王念孙、王引之），很重要。要有个标准，然后才能理出头绪。

学习西方，有得有失。得的方面，如用西方的方法整理中国的东西，梳理哲学史。失的方面呢？冯友兰先生、牟宗三先生，他们有的有问题。怎么样看中国"失"的方面?(**李慎之**:陈寅恪,有人说也受到西方的影响。**刘梦溪**:陈的特点是受到西方的影响,著作中却很少看到痕迹。**余敦康**:中西会通是决定性的条件,没有西方人的东西作参照系,就无法分辨中国人、中国的东西怎么写法。)我觉得康有为是西体中用,是我的老祖宗。(**余敦康**:二十一世纪中国学术如何走法?无路可走。)

王俊义:报纸上能用四个整版的篇幅发梦溪的文章,是首开先例。好像是接梁启超的《清代学术概论》,文章涉及的问题太多,面面俱到是不可能的。大家已经谈很多了,不同的意见谈一点。说乾嘉学派已萌生了现代的东西,具体表现在什么地方,应再具体点。西方传教士对中国文化的影响,应估计得再高一些,西方传教士把中国学术向外介绍,也十分重要。对"二陈",陈寅恪很多,对陈垣似不够。

雷颐:这篇文章形式上是序,实际是专著的架构。所论学术内容以文史哲为主,可以加"人文"二字。"人文学术",社会学、人类学方面的一些人没有包括,但是否仍可以叫人文学术?搞历史,以同情的理解来对待过去,是一种学者的态度。希望变成一本专著。

李慎之:贺麟认为孙中山、蒋介石是中国道统的继承者。

李泽厚:他认为冯友兰是朱子,他是王阳明,他受费希特的影响。

李慎之:追求真理,中国人是差的,不是强的。还有儒家,是百分之百的实用主义。在古代,凡是学术思想与政治结合不好的,都没有很大的影响。

余敦康： 学术与政治的关系，学者不关心政治，是没有良心。对暴君污吏不闻不问，是什么学问？叶秀山的说法，我觉得不对。还有治统、道统，我觉得没有合一。

刘梦溪： 学术独立，是二十世纪大师们的共同呼声，他们认为如果学术不能独立，学术就不能发展。清学开始有"为学术而学术"的因素，有一定的现代的萌芽，比如考据的规则包括汰去情感，这就有现代的因素了。我看现代学术和古代学术的分别，一是能不能把学术本身作为目的，也就是学术独立，再就是在方法上，是不是有了现代观念的引入。主体和对象，传统的看法是合一，所谓"人与天地万物为一体"，现代的看法，认为应该分离。中国学术下一步会有怎样的发展，不好预期。

余敦康： 陈寅恪为什么写《柳如是别传》？王国维为什么自杀？就是把情感投入进去了。

刘梦溪： 陈寅恪喜欢讲古典今情。

李慎之： 改革开放的大关不过，一切都无法办。

梁治平： 不能每个人都去直接追求价值目标，我们现在的问题是道德评价太多。

李泽厚： 如反对王蒙、王朔，官方也反对"二王"，前现代和后现代合流。

雷颐： 如"五四"，我认为是前后夹击中的"五四"。

梁治平： 多元，与西方中世纪的多元不同，中国有一种符合统一的多元，外面压力很大时可以分流，很多不同的人可以得到满足，有发展的空间余地，有发展的弹性。我的问题是，两个概念，一个学术，一个现代学术，九十年代大家注重学术，有人就说淡化了思想。脱离了学术还能不能产生思想？西方国家也有这个问题，如法国，也有人说学术独立问题，提出学术的位置到底在哪里。第二，刘先生谈得较多的是古代的学术传统，比较宽，那么现代学术到底在哪些方面和古代相区别？如果限定在人文，不能不考虑其他学术方法，如自然科学的方法。这个问题又涉及中西的问题。如果停留在古今、中西，我认为还不够，西方的现代学术是一个变化的东西。是哪个西？西方也有一个现代性的问题。社会学，有吴文藻学派，有王亚南学派。

雷颐：还有薛暮桥、潘光旦。

何怀宏：我看刘先生的长文，首先感到形式好，在报纸上发这么长的文章。我喜欢看长文章，有它的意义。我觉得搞学术的人太多了，太多了就要淹没。（**刘梦溪：**不知学术为何物，不知今夕是何年。）此文的发表有一种社会的意义，体会到学术本来的味道。文章中提到的学术独立，过去讲"皮之不存，毛将焉附"，学术是毛，学术应有自己的皮，应有很好的一张皮。文章采取叙论的观点，比较得体。基本上讲二十世纪前半叶，在所讲到的，好像我认为中国社会还是一个过渡期，可能就要或正在走入一个稳定的时期。处于过渡期，从外在条件来说，一个学者再聪明，再有学力，也很难在成果上建立一种现代学术体系。我可以说，是又仰视又俯视。从成果和形态看，这些大师在二十世纪是做得最好的，但还有过渡时期的某些特征。（**李泽厚：**还没有产生对世界有影响的大师。）

刘梦溪：大家的发言使我深受教益。"深受教益"四个字，我用的是它的本原意义，我体会到了什么叫"教益"。这在我个人是一种殊荣。很多意见都是极为珍贵的，如进化论的引入问题、传统和现代区分的标准问题、唯物史观的处理问题，都是非常重要的日后我修订时需要考虑的问题。泽厚还提出一些人物的评价问题，如马一浮。二十世纪我偏爱两个人，一是陈寅恪，一是马一浮。我甚至认为马一浮对儒学和佛学的贡献是近代以来的第一人。（**李慎之**：你还偏爱太虚。）那倒没有，现代佛学我比较偏爱杨（文会）、欧（阳渐）。

今天我们共同体验了谈讲之乐和切磋之乐。我已经很富有了，不只是感谢，而且心存感激。

（**本纪要系由中国文化研究所工作人员记录整理**）

附录二 文化托命和中国现代学术传统

引言

中国现代学术以何时为开端？历史学界通常把一八四〇年鸦片战争至一九一九年"五四"运动，称为中国历史的近代时期，而以一九一九年"五四"运动至一九四九年为现代时期。但学术史和文化史的分期也以此为依据，不容易解释清末民初以来的许多文化现象。用政治事变来例同学术文化变迁，反映不出学术文化本身的嬗变规律。

实际上，中国传统学术向现代学术转型，可以追溯到晚清的经今文学运动，现代学术的种子即埋藏其中。但今文学运动本身还不具有现代学术的特征。一八九八年严复发表《论治学治事宜分二途》，一九〇二年梁启超发表《论学术之势力左右世界》和《新史学》，一九〇四年王国维发表《红楼梦评论》，现代学术思想和学术规范得到比较集中的体现。因此中国现代学术发端的时间，应为十九世纪和二十世纪之交；标志是承认学术具有独立之价值，并在研究中开始吸收西方现代的观念和方法；代表人物是严复、梁启超、王国维等，而尤以王国维扮演着现代学术开山祖的角色。

王国维一九二七年自沉于颐和园鱼藻轩，社会上异说异是，察察为揣。惟史学家陈寅恪能够从文化兴衰和一代学者的命运的角度，对王氏的死因给以正解。包括王、陈在内的中国现代学者中的大师巨子，声闻显晦或有所殊异，但与本民族的文化同命运，欲以学术为宗基"承续先哲将坠之业"，同为一代文化所托命之人则一。他们的学术流向包含着省察传统和回应西学两个方面，既不忘记本民族的地位，又能够做到与世界文化对话交流，为中国现代学术奠立了难能可贵的传统。

但中国现代学术的发展仍然困难重重。就学者的主观认知而言，有四重障蔽应予以破除。第一，学术是手段还是目的；第二，"有用之学"与"无用之学"；第三，中学和西学之争；第四，新旧古今之辨。这四个问题所以产生，主要是中国传统学术一向缺少学术独立的传统，特别是"经世致用"之说束缚了人们的头脑，使人们忽视学问本身的独立价值。王国维、梁启超等现代学术的开山人物，为破除这四重障蔽曾做出巨大努力，可是时至今日，也不能说此一问题已获致完全解决。

任公先生说："就纯粹的学者之见地论之，只当问成为学不成为学，不必问有用与无用，非如此则学问不能独立，不能发达。"又说："为学问而学问，断不以学问供学问以外之手段，故其性耿介，其志专一，虽苦不周于世用，然每一时代文化之进展，必赖有此等人。"信哉斯言。学术之求得独立，首先还要有独立的学者。四重障蔽不能破除，宜乎中国现代学者难于安身立命也。

从陈寅恪的《王观堂先生挽词》谈起

一九二七年六月二日（农历五月初三）上午十时，中国现代

学术的开山泰斗王国维自沉于颐和园鱼藻轩，年仅五十一岁。这
一突如其来的噩耗，在中国现代学术的摇篮清华园引起巨大震撼。
第二天傍晚，清华国学研究院师生向死者遗体告别，恭谨致礼，
哀默如仪。正在这时，清华四导师之一的史学家陈寅恪莅临现场，
出人意外地行三跪九叩大礼。① 这一举动产生了精神共感效应，在
场的姜亮夫、刘盼遂等国学研究院同学，当即痛哭失声，对已故
国学大师的哀感和对眼前这位年轻导师的敬意无形中融作一片。

陈寅恪当时三十八岁，与王国维有十三岁之差，但他们相知
甚深，既是学术同道，又是精神契友。王国维自沉前一日所写遗
嘱，书籍一项，特标出"可托陈、吴二先生处理"②。吴指吴宓，
陈即寅恪先生。而书籍之于王国维不啻为生命本身，他早就说
过："余平生惟与书册为伍，故最爱而最难舍去者，亦惟此耳。"③
托陈寅恪先生为之处理书籍，无异于以生命相托，当然也可以看
作一种文化托命。实际上，很少有人像寅恪先生这样，对王国维
的精神世界和文化怀抱有如此深切的了解。为了寄托哀思，他写
有一诗一词，即《挽王静安先生》诗和《王观堂先生挽词》，后
者与王国维的《颐和园词》④ 差可比并，同为冠绝当世的名篇。

---

① 王国维逝世后清华国学研究院师生向遗体告别情景，系杭州大学姜亮夫教授
向笔者所讲述，时在 1989 年 11 月 4 日下午 4 时，于杭州大学姜先生寓所。

② 参见 1927 年 7 月出版的第二卷第八、九、十期合刊的《国学月报》，其中柏
生所作《记王静安先生自沉始末》有载。

③ 参见清华国学研究院编印之《国学论丛》第一卷第三号"王静安先生纪念号"
上《王静安先生手校手批书目》一文的"跋文"，1928 年出版。

④ 王国维的《颐和园词》作于 1902 年春，在日本留学时期，全诗百四十句，述
有清一代之兴亡，是王氏自己满意的诗作。陈寅恪先生《挽词》中"一死从容殉大伦，
千秋张望悲遗志。曾赋连昌旧苑诗，兴亡哀感动人思。岂知长庆才人语，（转下页）

《挽词》的前面有一长序，其中写道：

> 凡一种文化值衰落之时，为此文化所化之人，必感苦痛，其表现此文化之程量愈宏，则其所受之苦痛亦愈甚，迨既达极深之度，殆非出于自杀无以求一己之心安而义尽也。①

又说：

> 盖今日之赤县神州值数千年未有之巨劫奇变，劫尽变穷，则此文化精神所凝聚之人，安得不与之共命而同尽，此观堂先生所以不得不死，遂为天下后世所极哀而深惜者也。②

使那些"流俗恩怨荣辱委琐龌龊之说"③，得到一定程度的廓清。

七年之后，即一九三四年，陈寅恪又在《王静安先生遗书序》中申论说："自昔大师巨子，其关于民族盛衰学术兴废者，不仅在能承续先哲将坠之业，为其托命之人，而尤在能开拓学术之区宇，前修所未逮。故其著作可以转移一时之风气，而示来者

（接上页）竟作灵均息壤词"，即指《颐和园词》而言。吴宓《空轩诗语》第十二则："王静安先生国维自沉后，哀挽之作应以义宁（今改修水县）陈寅恪君之《王观堂先生挽词》为第一。"罗振玉在致陈寅恪函中亦说："奉到大作忠悫《挽词》，辞理并茂，为哀挽诸作之冠，足与观堂集中《颐和园词》《蜀道难》诸篇比美。忠悫以后，学术所寄端在吾公也。"

① 陈寅恪：《寒柳堂集》所附之《寅恪先生诗存》，上海古籍出版社，1980年，第6—7页。

② 同上。

③ 同上书，第7页。

以轨则也。"① 又谓："古今中外志士仁人，往性憔悴忧伤，继之以死。其所伤之事，所死之故，不止局于一时间一地域而已。盖别有超越时间地域之理性存焉。而此超越时间地域之理性，必非其同时地域之众人所能共喻。然则先生之志事，多为世人所不解，因而有是非之论者，又何足怪也？"② 对王国维死因的探究又进了一步，已达至深层意义的理性升华。

也就是说，在陈寅恪看来，王国维之死是一个"能承续先哲将坠之业"的学者以生命殉其文化，与纯属为实现道德的自我完成所作的抉择不同。一九一八年十一月十日梁漱溟的父亲梁济在北京净业湖自沉③，虽也有"超越时间地域之理性存焉"，却不带有更多的自觉文化意识，而是当传统秩序解体之际寻找到的心理安顿的一种方式。把两者区分开来的关键，在于是否以文化托命为职志。因为十九世纪末叶以后，由于西学东渐，欧风美雨狂袭而至，延续几千年的中国传统思想文化发生了深刻的危机，站在时代潮流前沿的人文学者在预设种种挽颓救弊方案的同时，必不可免地会激发起续命传薪的历史责任感。王国维如此，陈寅恪亦复如此。王国维死后不久，陈寅恪先生在《国学丛刊》上发表一篇《大乘稻芊经随听疏跋》，由吐蕃沙门法成撰集的经论注疏，如

---

① 陈寅恪：《王静安先生遗书序》，《金明馆丛稿二编》，上海古籍出版社，1980年，第219、220页。

② 同上。

③ 关于梁济自杀问题，林毓生教授撰有《论梁巨川先生的自杀——一个道德保守主义含混性的实例》一文，析论甚详。见林著《中国传统的创造性转化》，生活·读书·新知三联书店，1988年，第205—226页。又中国文化书院学术委员会编《梁漱溟全集》第二卷之《自述》，山东人民出版社，1990年，第18页。

《般若波罗蜜多心经》等，系译自藏文一事，联想到玄奘曾把汉文《大乘起信论》译成梵文，但玄奘的名字家喻户晓，法成却不为人所知，因而发为感慨，说"同为沟通东西学术，一代文化所托命之人，而其后世声闻之显晦，殊异若此，殆有幸有不幸欤"。①

在中国现代学者群中，王国维和陈寅恪的文化托命意识更为自觉，毕生奋力以赴，未尝稍懈，不仅发为论议，标举"独立之精神，自由之思想"，主要是以学术为宗基，通过具体的学术创获实现托命之旨；而且尽可能融入现代的比较科学的观念和研究方法，去化解传统思想文化的危机，为中国现代学术传统的奠立树起了新典范。

中国现代学术以何时为开端

我所谓中国现代学术，指的是十九世纪末和二十世纪初，随着西学东渐和外来思想的冲击所产生的文化震荡，中国学术衍生出来的新规范和新方向。因此不简单是一个时间的概念，也无法全由政治断限来替代。

历史学界通常把一八四〇年鸦片战争至一九一九年"五四"运动，称为中国历史的近代时期，而以一九一九年"五四"运动至一九四九年为现代时期。把这种划分拿来作为学术史和文化史分期的依据，并不一定妥当。文化的嬗变比政治事变要宽泛得

多，也深刻得多，前因后果，简错百端，历史延伸度很长；学术蜕分，也是一个思潮递嬗和历史衍化的过程。以政治事变来例同学术文化的变迁，反映不出学术文化本身的特殊发展规律。中国治学术史和文化史的学者，每困于在研究中难于有所突破，窃以为除了别的原因之外，就与以政治分期来例同于学术断限有很大关系。分期不明，将学术混同于政治，不可能正确评价学者们的学术创获。特别是研究清末民初以来的学术文化，"近代""现代"两个概念常常混淆不清。王国维的学术活动始于第一次从日本留学回来的一九〇二年，自然在一九一九年"五四"运动以前，他许多学术著作是在生命的最后十年，即一九一七年至一九二七年完成的，已跨过"五四"运动很多年，所谓"近代"和"现代"的概念，在王国维身上就不易说清楚。章太炎生于一八六七年，比王国维大八岁，卒于一九三六年，时间跨度比王国维长得多，"五四"前和"五四"后都有重要的学术建树，虽然前期作为思想家和革命家的影响更大，后期以国学大师的身份成为学界儒宗。那么站在学术史的角度，章太炎是"近代"学者，还是"现代"学者？政治断限往往不能对学术文化现象做出正确说明。因此笔者认为，不应把"五四"运动作为中国现代学术的起点，而应当振叶寻根，沿波讨源，上溯到在内涵上可以体现现代学术特征的时候。

中国学术发展的历史，要而言之，可以说经历了先秦子学、两汉经学、魏晋玄学、隋唐佛学、宋明理学、清代汉学和晚清今文学几个阶段，各个阶段之间斥而相续、异中见同，形成一个个连接而不重复的瑰丽景观。但这些个历史阶段都属于传统学术的范畴，进入现代学术需要铺设新的条件。本来晚清今文学已带有过渡时期的特点，现代学术的种子已开始进一步萌动发芽，只是从根本方面考察，还不能把庄存与和刘逢禄开其端、龚自珍和魏源集其成、康有为殿其后的今文学运动，与现代学术混为一谈。现代学术的奠立，应具备三个起码的条件，即第一，学者的思想自由；第二，以学术独立为目标；第三，在研究方法上尽量吸收新的观念，能够与二十世纪前后的世界学术文化对话交流。用这三个条件来衡量晚清今文学，显然不合现代学术的规范。即以康有为来说，他的目的并不在学术，而是拿了学术去做维新改制的手段，与学术独立大异其趣。他的学术好依傍，恰好是不独立的；所用的方法，也不是以新的科学观念去治旧学，而是采取大胆证伪的方法开传统学术的玩笑，自己则未脱传统学术的框架。

那么中国现代学术究竟应该以何时为其开端？笔者认为有四篇文章值得注意。一篇是严复的《论治学治事宜分二途》①，明确提出"治学"与"治事"两者不能相兼，"惟其或不相侵，故能彼此相助"。所以他建议给予学成者以名位，把"学问之名位"和"政治之名位"区别开来，多少已流露出提倡学术独立的思想。严复是晚清时期系统介绍西方学说的第一人，他力主不宜把学术混同于事功，学理上的依据易为人们所接受。这篇文章发表在一八九八年七月二十八日和二十九日两天的《国闻报》上。第二篇是梁启超的《论学术之势力左右世界》，对学术在世界上的地位和社会作用，给予超乎常人想象的评价，文章一开头即写道：

①《严复集》（王栻主编）第一册，中华书局，1986年，第88—90页。

> 亘万古，袤九垓，自天地初辟以迄今日，凡我人类所栖息之世界，于其中而求一势力之最广被而最经久者，何物乎？将以威力乎？亚历山大之狮吼于西方，成吉思汗之龙腾于东土，吾未见其流风余烈，至今有存焉者也。将以权术乎？梅特涅执牛耳于奥地利，拿破仑第三弄政柄于法兰西，当其盛也，炙手可热，威震寰瀛，一败之后，其政策亦随身名而灭矣。然则天地间独立无二之大势力，何在乎？曰智慧而已矣，学术而已矣。[①]

称学术为亘古以来天地间独一无二的大势力，就中自然有梁启超式的夸诞，但能够把学术从社会诸因素中抽象出来，置于极尊崇的地位，看到学术具有永久性的品格，在认知上已接近主张学术独立的思想。第三篇文章是梁启超的《新史学》，向传统学术中最具根底的乙部之学发起猛攻，历数过去的史学的"四蔽""二病""三恶果"，诸如"知有朝廷而不知有国家""知有个人而不知有群体""知有陈迹而不知有今务""知有事实而不知有理想"，以及"能铺叙而不能别裁""能因袭而不能创作"，致使读者"难读""难别择""无感触"[②]等等。所指虽未必尽是，攻击力还是很强大的。特别针对传统文学的争正统、重书法的史家模式，揭剥得体肤全靡。文章又引来进化论的和文化人类学的历史观，以驳斥历史循环论，确在理论上为新史学的奠立开辟出新的天地。梁

---

① 《饮冰室合集》第一册文集之六，中华书局，1989 年影印版，第 110 页。
② 《饮冰室合集》第一册文集之九，第 1—32 页。

启超的这两篇文章都发表于一九〇二年。

第四篇文章是王国维的《红楼梦评论》，这是自有文学批评以来第一次用西方的哲学和美学观点解释中国文学名著的尝试，在此之前从没有人这样做过。只这一点，就足以奠定其在中国现代学术史上的地位，至于尝试的得失利弊、是否成功还在其次。说来凑巧，中国传统学术以文学和史学最能反映学科特征，而梁启超和王国维一以史学一以文学为现代学术奠基。当然梁的《新史学》主要是清算过去，王的《红楼梦评论》则直接为未来树立典范。《红楼梦评论》写于一九〇四年，在王氏一九〇二年自日本归来正式开始学术活动之后，同时撰写的还有《论叔本华之哲学及其教育学说》《国朝汉学派戴阮二家之哲学说》以及《释理》《论性》等篇。① 此时之王国维，一方面迷恋于康德、叔本华、尼采的学说并为之介绍，一方面则尝试着用这几位哲学家的观点来回观和解释中国传统。《红楼梦评论》是其中的代表作。中国现代学术就是在此时开其端，时间在一八九八年至一九〇二年及一九〇四年前后这一时期，也就是当十九世纪和二十世纪交替之时，代表人物为严复、梁启超、王国维，而尤以王国维扮演着中国现代学术开山祖的角色。

马建忠的《马氏文通》一书，也是在一八九八年出版，著述本身的疏漏舛误，前贤多有是正，兹不论。但这是在西学启示之下中国学者撰写的第一部有系统的文法书，则无异议。不论其题旨其观念其方法其结构，传统学术的固有范围已无法包容，而且

---

① 这组文章后来均收入《静安文集》，载《王国维遗书》第五册，商务印书馆，1940 年。

在语言文法一科为中国现代学术导夫前路之作。我想这并非偶然。说明十九世纪和二十世纪之交，确是中国传统学术向现代学术转型时期。当然学术思想如江河之流，学术断限只能相对而言，不好一刀断开。梁启超的《论中国学术思想变迁之大势》一文，把中国传统学术划分为七期，即胚胎时代、全盛时代、儒学统一时代、老学时代、佛学时代、儒佛混合时代和衰落时代；但随即亦指出："时代与时代之相嬗，界限常不能分明，非特学术思想有然，即政治史亦莫不然也。一时代中，或含有过去时代之余波，与未来时代之萌蘖。"① 中国传统学术向现代学术转换，自然也有此种情况。

因此笔者认为，当我们把"现代"这一概念运用于学术史的时候，重要的是寻找到只有现代才具有的标志性特征，正是这些特征把现代学术与传统学术区别开来；谁的治学经历和学术论著体现出这些特征，谁就是现代学者；而出现这些特征的时代，就是中国现代学术史的开端。

学术独立与中国现代学术传统

如果我们把学者的思想自由和追求学术独立，以及在研究方法上融入了二十世纪以来的新的思想观念，看作中国现代学术的主要标志性特征，那么在王国维身上确实体现得比较突出，宜乎扮演中国现代学术开山祖的角色。他在研究中最早融入西方的观

---

① 《饮冰室合集》第一册文集之七，第3页。

念和方法，前面已论及。在重视学者个人思想自由方面，王国维也是先期的觉醒者。所谓思想自由，是指学者论必己出，不是为某种现实需要来立说陈义，而是为文化托命，求一己之心安，目的和需要就在研究过程之中。陈寅恪在一九二九年所作《清华大学王观堂先生纪念碑铭》中写道：

> 士之读书治学，盖将以脱心志于俗谛之桎梏，真理因得以发扬。思想而不自由，毋宁死耳。斯古今仁圣所同殉之精义，夫岂庸鄙之敢望。先生以一死见其独立自由之意志，非所论于一人之恩怨，一姓之兴亡。①

陈氏称王国维有"思想而不自由，毋宁死"的精神，并以"一死见其独立自由之意志"，可谓深得静安先生为学进境之言，反映出寅恪先生自己以及王国维在实现学者个人思想自由方面所达到的高度。王国维在一九〇四年写的《教育偶感》中曾说过："人有生命，有财产，有名誉，有自由，此数者，皆神圣不可侵犯之权利也。"②把自由与生命、财产并列，同视为人类的一种权利，这种认知，只有现代学者才有可能。从而亦可见出，王国维对学者个人思想自由的追求，已不是作为感情的寄托，而成为一种自觉的理性规范。在中国传统学术中我们看不到这种状况。

　　主张学术独立比之追求学者个人的思想自由更能反映现代学

---

① 陈寅恪：《金明馆丛稿二编》，第 218 页。
② 王国维：《静安文集》，《王国维遗书》第五册，第 105 页。

术的特征，因为在中国古代，向来没有学术独立的传统。先秦时期诸子百家各自为说，学术气氛是很宽松的，因而士阶层活跃，国君可以待之以礼以师以友。但诸子竞言的目的，在于为治。儒家不必说，孟子雄辩滔滔，几乎要强加于人。而孔子不惜开空头支票："苟有用我者，期月而已可也，三年有成。"① 又说："如有用我者，吾其为东周乎。"② 但《史记·儒林列传》称"仲尼干七十余君无所遇"。设身处地，我们今天也不免为之悲凉。齐国稷下学派是以"不治而议论"著称的，可是《史记·孟子荀卿列传》说："自邹衍与齐之稷下先生如淳于髡、慎到、环渊、接子、田骈、邹奭之徒，各著书言治乱之事以干世主。"我们宁可相信司马迁的史笔。这还不说，据张舜徽先生考证，包括老子五千言在内的先秦道论，讲的都是人君南面之术。③ 如是，则先秦时期最多可以说，尚不失士阶层发表言论的自由，学术独立根本无从谈起。而竞相为别人立说，急不可待地追求现实功利的需要，诸子个人的思想并未获得学术上的自由。即便是当时那种有利于学术发展的自由气氛，也是在"天下大乱，圣贤不明，道德不一，天下多得一察焉以自好"④ 的特定情况下，才有可能维持。大前提是"周室衰而王道废，儒墨乃始列道而议，分徒而讼"⑤。当时是天下未治，有道无统，如《庄子·天下》篇所说："如耳目鼻口，皆有

---

① 分别见《论语·子路篇》和《论语·阳货篇》。
② 同上。
③ 张舜徽：《周秦道论发微》，中华书局，1982年。
④ 《庄子·天下篇》。
⑤ 《淮南子·俶真训》。

所明，不能相通。"① 不通故不能成统。一旦政权归一，治而有统，"列道而议"的局面便不复存在。所以秦有焚坑之举，汉有罢百家之策。儒学虽被尊为正统，直接的意义是为士子升官晋爵提供机会，促进治、道合一，站在纯学术的立场，会发现尊之适足以卑之，与学术独立无缘。

这种情况直到晚清也未见根本的改变。王国维在《教育小言》中写道："今之人士之大半，殆舍官以外，无他好焉。其表面之嗜好集中于官之一途，而其里面之意义，则今日道德、学问、实业等，皆无价值之证据也。夫至道德、学问、实业等皆无价值，而惟官有价值，则国势之危险何如矣。"② 又说："吾人亦非谓今之学者绝不悦学也。即有悦之者，亦无坚忍之志，永久之注意。若是者，其为口耳之学则可矣，若夫绵密之科学、深邃之哲学、伟大之文学，则固非此等学者所能为事也。"③ 王国维对晚清学术界的状况可以说不满意到了极点，尤其对学者不能一心向学、经常受学术以外因素的羁绊而疾首痛心。他并且指出，由于我国从来缺少学术独立的传统，致使哲学、美术诸科没能得到应有的发展。他在一九〇五年撰有《论哲学家与美术家之天职》一文，其中写道：

披我中国之哲学史，凡哲学家无不欲兼为政治家者，斯可异己。孔子大政治家也，墨子大政治家也，孟荀二子皆抱

① 《庄子·天下篇》。
② 王国维：《静安文集续编》，《王国维遗书》第五册，第56—58页。
③ 同上。

政治上之大志者也。汉之贾、董，宋之张、程、朱、陆，明之罗、王，无不然。岂独哲学家而已，诗人亦然。"自谓颇腾达，立登要路津，致君尧舜上，再使风俗淳。"非杜子美之抱负乎？"胡不上书自荐达，坐令四海如虞唐。"非韩退之之忠告乎？"寂寞已甘千古笑，驰驱犹望两河平。"非陆务观之悲愤乎？如此者，世谓之大诗人矣。至诗人之无此抱负者，与夫小说戏曲图画音乐诸家，皆以俳儒倡优自处，世亦以俳儒倡优畜之。所谓"诗外尚有事在"，"一命为文人，便无足观"，我国人之金科玉律也。呜呼，美术之无独立之价值也久矣。此无怪历代诗人多托于忠君爱国、劝各惩恶之意，以自解免。而纯粹美术上之著述，往往受世之迫害，而无人为之昭雪者也。此亦我国哲学、美术不发达之一原因也。①

应该说明的是，王国维所说的"美术"一词，兼有美学与艺术双重含义，他是站在追求学术独立的角度，批评中国历来"无纯粹之哲学"及"纯粹美术"，认为这种状况是"哲学家、美术家自忘其神圣之位置与独立之价值"②。哲学就是哲学，美术就是美术；哲学与美术的价值即藏于哲学与美术自身。从历史上看，王氏所论也许有偏执一端之嫌，但联系晚清学术界的实际情形，鉴于士大夫"之嗜好集中于官之一途"，不对学术形态作如此分野，从理论上剔除学术以外因素的纷扰，不足以让学术独立的思想得以确立。

---

① 王国维：《静安文集》，第102页。
② 同上。

不只是王国维，现代学者中的大师巨子许多都对学术应该独立问题有所共识。熊十力大声疾呼："今日所急需者，思想独立，学术独立，精神独立。一切依自不依他，高视阔步，而游于广天博地之间。空诸依傍，自诚自明，以此自树，将为世界文化开辟新生命，岂为自救而已哉。"①冯友兰《南渡集》下编设专节探讨"大学与学术独立"问题，提出"我们必须做到在世界各国中，知识上的独立，学术上的自主"②。陈寅恪一九三一年撰有《吾国学术之现状及清华之职责》一文，说"吾国大学之职责，在求本国学术之独立，此今日之公论也"③。在谈到搜集学术研究资料不易，对有的人视奇书珍本为奇货，秘不示人，甚而"待善价而沽之异国"，寅恪先生认为不仅是辜负了新材料，同时也是"中国学术独立之罪人"④。梁启超晚年对学术独立问题也有极深刻的反省，认为自己平生"屡为无聊的政治活动所牵率，耗其精而荒其业"⑤，是不可挽回的损失。陈独秀更以《学术独立》为题，撰写专论，提出："中国学术不发达之最大原因，莫如学者自身不知学术独立之神圣。"⑥萧公权在《学术独立的真话》一文中则说："所谓学术独立，其基本意义不过就是：尊重学术，认学术具有

---

① 蔡仁厚：《熊十力先生学行年表》，明文书局，1987年，第121页。
② 冯友兰：《三松堂全集》第五卷，河南人民出版社，1986年，第482—483页。
③ 陈寅恪：《金明馆丛稿二编》，第317、318页。
④ 同上。
⑤ 梁启超：《清代学术概论》，《梁启超论清学史二种》，复旦大学出版社，1985年，第74页。
⑥ 《陈独秀著作选》第1卷，上海人民出版社，1993年，第389页。

本身的价值，不准滥用它以为达到其他目的之工具。"① 这许多学术大家和思想健将众口一词，共道学术独立之重要，或展望未来，或回思猛醒，都以极沉痛之言表而出之，我们可不能小视这一点。须知，当他们倡言学术独立的时候，为民族文化托命之志未曾有稍许改变，相反，他们从自己的亲身经历中体认到，争得学术独立是实现为民族文化托命的前提条件。

王国维等现代学者这种苦苦追求思想自由和学术独立的精神弥足珍贵。正是这一点构成了中国传统学术向现代学术转换的最重要的标志，并将成为中国现代学术的一个传统规范永远流传开去。至于事实上是否争得了学术独立，是另一个问题，下面笔者将予以探讨。

中国现代学者何以难于安身立命

中国现代学者对学术独立的追求，实际上是在为自己寻找和建立文化托命的安立之基。不幸得很，这样一块理想的基地他们并没有找到。原因是多方面的，既有学者主观方面的原因，也有客观环境的原因；既有学术本身的原因，又有学术以外的原因。单就学术本身而言，我认为有四重障蔽在妨碍着学者的主观认知。这些障蔽在现代学术开辟人物比如王国维那里，本来已获得

---

① 萧公权：《迹园文录》，《全集》之九，联经出版公司，1983 年，第 248—249 页。

解决，但就学术思想的总体来看一直是论而未断、议而不决的大课题，尤其没有成为社会公认的学术思想潮流。而这些障蔽能否破除，不仅关系到中国学术的独立问题，也关系到如何从思想上完成传统学术向现代学术的转变。下面分别试论之。

障蔽之一：学术是手段还是目的

在中国传统学术里，学术从来是一种手段，没有人把学术当作目的看待。所以中国古代没有学术独立的传统。其实对研究学术的学者来说，学术本身就是目的。就是为了学术而研究学术，为研究而研究，才能保持学术的独立性。王国维对此看得很清楚，他在《论近年之学术界》一文中写道："欲学术之发达，必视学术为目的，而不视为手段而后可。"又说："学术之所争，只有是非真伪之别耳。于是非真伪之别外，而以国家、人种、宗教之见杂之，则以学术为一手段，而非以为一目的也。未有不视学术为一目的而能发达者。学术之发达，存于其独立而已。"①他竭力反对把哲学、文学当作政治附庸的做法，认为哲学也好，文学也好，自有其独立价值。他说："彼等言政治则言政治已耳，而必欲渎哲学文学之神圣，此则大不可解者也。"②王氏此文写于一九〇五年，正是他从叔本华转向康德时期。上述对哲学与美术独立价值的看法，不无康德审美超功利理论的影响。但强调学术不是手段而是目的，则是一种现代学术意识，对促进学术的发展甚具助力。

---

① 王国维：《静安文集》，《王国维遗书》第五册，第96、97页。
② 同上。

梁启超一生颠簸多变，但对于学问不曾一刻稍忽，越到晚年越能省察自己，尤多明通深识之论。一九二〇年撰写《清代学术概论》，走笔至晚清一节，不觉痛乎言之："而一切所谓新学家者，其所以失败，更有一种根源，曰不以学问为目的而以为手段。时主方以利禄饵诱天下，学校一变名之科举，而新学亦变质之八股。学子之求学者，其什中八九，动机已不纯洁。用为敲门砖，过时则抛之而已。"① 谁都知道任公先生是晚清新学家的文化班头，他这样批评新学家，无疑把自己也包括在内了。从而可见他对学术是目的这一真理性认知，持论多么坚决。

障蔽之二："有用之学"和"无用之学"

学者为学，究竟是否一定要求其有用，也是历来争论不休的问题。中国传统上是强调学术的实用性的，所以才认为学术是手段。其实学术的有用与无用，不是可以简单回答的问题。王国维看得最辩证，他认为"凡学皆无用也，皆有用也"，理由是："天下之事物，非由全不足以知曲，非致曲不足以知全。虽一物之解释，一事之决断，非深知宇宙人生之真相者，不能为也。而欲知宇宙人生者，虽宇宙中之一现象，历史上之一事实，亦未始无所贡献。故深湛幽渺之思，学者有所不避焉，迂远繁琐之讥，学者有所不辞焉。事物无大小，无远近，苟思之得其真，纪之得其实，极其会归，皆有稗于人类之生存福祉。己不竟其绪，他人当

能竟之；今不获其用，后世当能用之。"① 如果一定要求学问有今天的用处、直接的用处、现实的用处，不用说人文学科，即使自然科学，也不能满足此项要求。梁启超在《清代学术概论》里也曾探讨过这个问题，他写道：

> 正统派所治之学，为有用耶？为无用耶？此甚难言。试持以与现代世界诸学科比较，则其大部分属于无用，此无可讳言也。虽然，有用无用云者，不过相对的名词。老子曰："三十辐共一毂，当其无，有车之用。"此言乎以无用为用也。循斯义也，则凡真学者之态度，皆当为学问而治学问。夫用之云者，以所用为目的，学问则为达此目的之一手段也。为学问而治学问者，学问即的，故更无有用无用之可言。庄子称"不龟手之药，或以霸，或不免于洴澼统"，此言乎为用不为用，存乎其人也。循斯义也，则同是一学，在某时某地某人治之为极无用者，易时易地易人治之，可变为极有用，是故难言也。其实就纯粹的学者之见地论之，只当问成为学不成为学，不必问有用与无用，非如此则学问不能独立，不能发达。②

任公先生所论非常明通达辨，与王国维的看法相得益彰，可以说已经把学术的有用无用问题析论得至为透辟。但理论上获致解

---

① 王国维：《国学丛刊序》，《观堂别集》卷四，《王国维遗书》第四册，第7页。
② 梁启超：《清代学术概论》，《梁启超论清学史二种》，第40页。

决，不等于实践中不发生纷扰。何况传统学术中的"经世致用"思想根深蒂固，早已影响了中国学术的整体面貌。

"经世致用"之说最早为清初学者顾炎武所力主，在矫正明代读书人空谈心性、以理学为禅学的空疏学风方面，有进步作用。这本来是学术思想的嬗变之常：一则以虚，一则以实，风气相消，流转递长。问题是宋明理学以及心学也未尝不讲究"致用"，只不过它强调"用"在内敛方面，先"正"其"心"，尔后"治国平天下"。在"治平"的中间环节"正心"阶段稍事整顿，人们便认为宋明学者不重视"致用"，实乃大错。要之，这种思想在中国学术史上实在是一以贯之的。影响所及，直到今天仍在起作用。也可以说这是华夏民族的一种思想文化传统，原没有什么不好，与其说是缺点，不如说是特点。只是到了二十世纪以后，这一传统需要加以转化，方能有利于现代学术的发展。梁启超说得好："殊不知凡学问为物，实应离'致用'之意味而独立生存，真所谓'正其谊不谋其利，明其道不计其功'。质言之，则有书呆子，然后有学问也。"[①]

障蔽之三：中学西学之争

中国现代学术是在西方学术思潮的冲击与刺激之下，传统学术发生蜕变的产物。在流向上包含着对传统的省察和对西学的回应两个方面。省察传统，必然要联系世界；回应西学，不能不联系传统。因而一开始就有一个如何处置中国学术与西方学术的

---

① 梁启超：《清代学术概论》，《梁启超论清学史二种》，第80页。

关系问题。本来在古代学术发展过程中，涉及不同国度和民族之间的文化交流，也碰到过这类关系，但并不成为问题。因为华夏文化的特点，向以强大的融化力著称于世，对外来思想初不以如何迎拒为意。显例是对印度佛教的吸收，一方面化作认知上的幽渺之思，另一方面易地嫁接，开出艺术与文学的灿烂花朵，直到后来演变为禅宗，完全变成本民族的宗教思想体系。可以毫不夸张地说这是中外思想接触史上的奇观。但到了晚清，情况有所不同，西方思想如狂风暴雨般袭来，而且是伴随着船坚炮利长驱直入，受动一方便大有招架不住之势。一时迎拒乏策，进退维谷，于是发生了激烈的中学西学之争。南皮太保张之洞提出的"中学为体，西学为用"，就是因应西方文化冲击的一种主张。这种主张的政治效果如何，非本文范围，姑且不赘，仅就学术层面而言，则是一种文化防守主义，殊不利于学术本身的发展，可是谁曾想到，张氏的说法却成了近百年来中国思想文化界众说不尽的话题，每到东西方文化剧烈冲突之时，就有人重新议论一番。

其实在这个问题上人为的障蔽比实际分歧要多得多。王国维曾说这是个不成问题的问题，根本否认中西在学问上会有什么不可调和的矛盾。他的结论是"学无中西"。为什么这样主张？他作了详细分析：

世界学问，不出科学、史学、文学，故中国之学，西国类皆有之，西国之学，我国亦类皆有之。所异者，广狭疏密耳。即从俗说，而姑存中学西学之名，则夫虑西学之盛之妨中学，与虑中学之盛之妨西学者，均不根之说也。中国今日实无学之患，而非中学西学偏重之患。京师号学问渊薮，而通达诚笃之旧学家，屈十指以计之，不能满也。其治西学者，不过为羔雁禽犊之资，其能贯串精博、终身以之如旧学家者，更难举其一二。风会否塞、习尚荒落，非一日矣。余谓中西二学，盛则俱盛，衰则俱衰，风气既开，互相推助。且居今日之世，讲今日之学，未有西学不兴而中学能兴者，亦未有中学不兴而西学能兴者。特余所谓中学，非世之君子所谓中学，所谓西学，非今日学校所授之西学而已。治《毛诗》《尔雅》者，不能不通天文、博物诸学，而治博物学者，苟质以《诗》《骚》草木之名状而不知焉，则于此学固未为善。必如西人之推算日食，证梁虞邪、唐一行之说以明竹书纪年之非伪，由《大唐西域记》以发见释迦之支墓，斯为得矣。故一学既兴，他学自从之。此由学问之事，本无中西，彼鳃鳃焉虑二者之不能并立者，真不知世间有学问事者矣。[①]

这番论述见于一九一四年王国维为《国学丛刊》所写的序言，正值他的学术成熟期，所谓中学西学，早已在他心目中熔为一炉，不见隔梗。

请注意，王国维讲的是"学""学问"，不是泛指东西方文化。对文化现象进行专门研究谓之学。文化联系着人种和民族，不同民族具有不同的文化系统。但学术上的广狭深浅密疏与文化的异同不能等量齐观。由于文化背景殊异，所处社会历史的发展

---

① 王国维：《国学丛刊序》，《观堂别集》卷四第 7 页，载《王国维遗书》第四册。

阶段有别，中西学术思想的表现形态和思维惯性纵使参差互见，学理的正误和心理的规律，应该是殊途同归，化百为一。王国维提出中西学术"互相推助"说，反对把两者人为地对立起来，甚具卓识。钱锺书先生在《谈艺录》序言里亦曾说过："东海西海，心理悠同；南学北学，道术未裂。"① 此联可为中国现代学术史上的中学西学之争下最后断语。

实际上，现代学术思想必然是一个并纳兼容的具有开放性格的体系。所谓学术上的中西之争，无异于强分畛域，自结牢笼。人类进入二十世纪，为学而不能与世界文化对话，算不得现代学者。王、钱两位现代学术大家在这个问题上异口同音，殊堪玩味。

障蔽之四：新旧古今之辨

如果说中西之争是中国传统学术向现代学术转型必然遇到的问题，那么新旧古今之辨比中西之争要古老得多，只不过发展到清末民初表现得更为激烈。当时社会变动加剧，思想波涛汹涌，新党旧党、新学旧学，人人说得口滑。而时尚趋新，人情恋旧，中外古今歧见旁出，学问之道遂为此无尽的争论所蔽。只有洞明世事、空诸依傍的大家，能够越纷杳而执一，不为新旧之说所惑。散原老人在谈到父尊陈宝箴时说过："府君独知时变所当为而已，不复较孰为新旧，尤无所谓新党、旧党之见。"② 陈寅恪为学为文，也是有宗无派，"惟偏蔽之务去，真理之是从"③，殊不以

---

① 钱锺书：《谈艺录》，中华书局，1984年，第1页。
② 陈三立：《巡抚先府君行状》，《散原精舍文集》，第114页。
③ 陈寅恪：《三论李唐氏族问题》，《金明馆丛稿二编》，第304页。

新旧为然。义宁学风，祖孙三代一以贯之。

王国维在驳难学术的中西之争和有用无用的同时，对新旧古今之辨也有极透辟的说明。他认为"学无新旧"，理由是："天下之事物，自科学上观之，与自文学上观之，其立论各不同。自科学上观之，则事物必尽其真，而道理必求其是。凡吾智之不能通，而吾心所不能安者，虽圣贤言之，有所不信焉；虽圣贤行之，有所不谦焉。何则？圣贤所以别真伪也，真伪非由圣贤出也；所以明是非也，是非非由圣贤立也。自史学上观之，则不独事理之真与是者足资研究而已，即今日所视为不真之学说，不是之制度风俗，必有所以成立之由，与其所以适于一时之故。其因存于邃古而其果及于方来，故材料之足资参考者，虽至纤悉不敢弃焉。故物理学之历史，谬说居其半焉；哲学之历史，空想居其半焉；制度风俗之历史，弁髦居其半焉，而史学家弗弃也。此二学之异也。然治科学者，必有待于史学上之材料，而治史学者，亦不可无科学上之知识。今之君子非一切蔑古即一切尚古，蔑古者出于科学上之见地，而不知有史学，尚古者出于史学上之见地，而不知有科学。即为调停之说者，亦未能知取舍之所以然。此所以有古今新旧之说也。"①

王国维把学问分为三大类，即科学、史学和文学。他认为三者之间互相有待，不必自设畛域，是丹非素。斤斤于古今新旧的畛域难通，是学者的自蔽，大不利于学术的发展。况且学术上的新与旧、今与古，彼此之间总会有连接贯穿的思想脉络，今由古

---

① 王国维：《观堂别集》卷四，《王国维遗书》第四册，第7页、第8页。

时来，新自旧中生，主要看是否合乎科学，接近真理。一九六一年，当年清华国学研究院的主任诗人吴宓，赴广州中山大学探望清华国学研究院四导师之一的陈寅恪先生，长时间交谈后得一结论："在我辈个人如寅恪者，决不从时俗为转移。"此一结论代表着中国现代学术传统的真精神。而吴、陈两位，就是王国维遗嘱托为处理书籍实即文化托命之人。

王国维写道："学之义不明于天下久矣。今之言学者，有新旧之争，有中西之争，有有用之学与无用之学之争。余正告天下曰：学无新旧也，无中西也，无有用无用也。凡立此名者，均不学之徒，即学焉，而未尝知学者也。"①说得激切而不留余地，可见其体认之深。但这个问题当时后世是否已获致解决？应该说没有。几十年后提出的"厚今薄古""古为今用""洋为中用"，毋庸说也是因应此一问题的一种对策罢。单是在学理的认知上就蒙上这许多障蔽，而且左扯右捭，不得廓清，宜乎中国现代学者难于以学术为宗基求立命安身也。

1991 年 11 月写定，载《中国文化》第 6 期。

---

① 王国维：《观堂别集》卷四，《王国维遗书》第四册，第 7 页、第 8 页。

附录三 王国维与中国现代学术的奠立

中国传统学术向现代学术转变是一个长时期的历史过程。

早在十八世纪中叶，乾嘉诸老的治学观念和治学方法中，已在一定程度上有了现代学术思想的一些萌芽。"为学术而学术"的倾向，在乾嘉学者的身上程度不同的有所体现。至十九世纪末、二十世纪初，也就是清末民初时期，中国社会处于急剧的变动之中，学术思想也因所依托的社会结构的崩解塌陷而开始了烈性的化分化合过程。这期间诞生了一批无论学识累积还是文化担当力都堪成一流的大师巨子，他们既是传统学术的承继者，又是现代学术的奠基人。王国维是他们之中最具代表性和最杰出的一个。当我们爬梳这段历史之后发现，在传统学术走向现代学术的路途中，举凡一些关节点上都印有静安先生的足迹。

一

中国传统学术向现代学术转变，是与引进、吸收、融解外来的学术思想分不开的。在这一点上，王国维是个先行者，是最早觉醒的中国人之一。他出生在一个传统的家庭里，父尊王乃誉"亦吏亦儒""亦商亦文"，喜诗艺，精通书法金石，四十岁守父丧，从此居家不出，而专事课子读书，使王国维从小受到了良好的教育。但这个家庭并不保守，上海《申报》刊载的同文馆课程和翻译书目，王乃誉也抄回来拿给王国维看，认为是"时务之急"。甲午战败之后，王氏父子受到极大的刺激，更加关心时局，向往新学。① 一八九八年，王国维离开海宁家乡到上海《时务报》任职，并在东文学社学习日文和英文。翌年底，受罗振玉资助留学日本，开始广泛吸收新学。他凭借初步掌握的外国语言文字工具，尽力阅读哲学、心理学、社会学方面的原著，有时自己还动手翻译。当然主要兴趣是哲学，尤其对叔本华的著作"大好之"。② 他也喜欢康德，但开始没有啃动，后来反过来再读，才克服了"窒碍"。为满足自己的哲学嗜好，他学了德文。他说自己从一九〇三年夏天到一九〇四年冬天，"皆与叔本华之书为伴侣"③。结果写出了两篇重要的研究文字，一是《叔本华之哲学及其教育学说》，一为《叔本华与尼采》。

可以认为，王国维对西方学术思想的涉猎、吸收和介绍，在清末民初学者群中，是站在前沿的。故他是新学者，不是旧学者。这里，需要提到当时的一本刊物《教育世界》。《教育世界》是罗振玉在一九〇一年所创办，半月刊，宗旨是译介世界各国的教育制度及其理论，又特别注重日人编译的著作。开始罗氏创办于湖北，后移至上海。一九〇四年开始，由王国维任译编（实即主编），方针起了变化，改为译介西籍为主，哲学、伦理学成为

---

① 王国维《三十自序》云："甲午之役，始知世尚有所谓新学者。家贫不能以资供游学，居恒怏怏。"见《王国维全集》第一卷，浙江教育出版社，2009年，第119页。
② 王国维：《静安文集》自序，《王国维全集》第一卷，第3页。
③ 同上。

介绍的重点，而不局限于教育方面。康德、休谟、叔本华、尼采等许多西方思想家的学说和传记资料，都是王国维在《教育世界》上译载的。单是介绍康德哲学的就有好几篇。"① 而歌德、席勒、拜伦、莎士比亚等文学家的生平和著述，在王氏主编的《教育世界》上，也都有长短不一的译介，有的很可能直接出自静安先生的手笔。还有小说，《教育世界》上辟有专栏，包括教育小说、心理小说、家庭小说、军事小说，均有所介绍。值得注意的是，托尔斯泰的作品首次介绍到中国，也是王国维主持的《教育世界》杂志走在了前面。当时王国维正在南通师范学堂任教，他把包括托尔斯泰在内的翻译作品作为学堂的教材，供学子学习。② 研究者一般都知晓王氏年轻时曾一度醉心于西方哲学和美学思想，而对于其在译介西方学术著作方面所作的贡献，未免估计不足。

王国维之所以如此重视西学、西典、西籍的介绍，当然有晚清之时西学东渐的大的历史背景，同时也导因于他对异质文化思想影响本民族文化思想的历史渊源有清醒的认识。他作于一九〇五年的《论近年之学术界》一文写道：

---

① 据陈鸿祥先生考证，刊载于1904年至1906年《教育世界》上的《汗德之哲学说》《汗德之伦理学及宗教论》等未署名的文章，也出自王国维之手。见陈著《王国维与近代东西方学人》，天津古籍出版社，1990年，第36页。

② 《教育世界》乙亥（1905年）第八期上刊有托尔斯泰的《枕戈记》，前面有"编者的话"，写道：《枕戈记》，为俄国现代文豪脱尔斯泰所著。假一军人口吻，述俄营情状者也。日本二叶亭译之。江苏师范学堂取习和文课本。本社据其译稿润色之。"润色人应该就是王国维，且此编者的话，也合是静安的手笔。

外界之势力影响于学术，岂不大哉？自周之衰，文王周公势力之瓦解也，国民之智力成熟于内，政治之纷乱乘之于外。上无统一之制度，下迫于社会之要求，于是诸子九流，各创其学说，于道德、政治、文学上灿然放万丈之光焰，此为中国思想之能动时代。自汉以后，天下太平，武帝复以孔子之说统一之。其时新遭秦火，儒家唯以抱残守缺为事，其为诸子之学者，亦但守其师说，无创作之思想，学界稍稍停滞矣。佛教之东，适值吾国思想凋敝之后。当此之时，学者见之，如饥者之得食，渴者之得饮。担簦访道者，接武于葱岭之道，缮经译论者，云集于南北之都。自六朝至于唐室，而佛陀之教极千古之盛矣。此为吾国思想受动之时代。然当是时，吾国固有之思想与印度之思想互相并行而不相化合。至宋儒出而一调和之，此又由受动之时代出而稍带能动之性质者也。自宋以后以至本朝，思想之停滞略同于两汉。至今日而第二之佛教又见告矣——西洋之思想是也。[1]

王氏此论，是对整个中国学术嬗变过程的一种概括，但他的着眼点在外缘的因素对学术的影响，特别是域外学术思想的影响。在这点上他与晚清开明官吏的变革思想不同，他看重的是思想和精神的学习和引进。一九〇四年他发表于《教育世界》的《教育偶感四则》一文阐述得更明确，其中写道：

---

[1]　王国维：《论近年之学术界》,《王国维遗书》第五册之《静安文集》, 第93页。又《王国维全集》第一卷, 浙江教育出版社, 2009年, 第121页。

今之混混然输入于我中国者，非泰西物质的文明乎？政
治家与教育家坎然自知其不彼若，毅然法之。法之诚是也，
然回顾我国民之精神界则奚若？试问我国之大文学家有足以
代表全国民之精神，如希腊之鄂谟尔（荷马）、英之狄斯丕
尔（莎士比亚）、德之格代（歌德）者乎？吾人所不能答也。
其所以不能答者，殆无其人欤？抑有之而吾人不能举其人以
实之欤？二者必居其一焉。由前之说，则我国之文学不如泰
西，由后之说，则我国之重文学不如泰西。前说我所不知。
至后说，则事实皎然，无可讳也。我国人对文学之趣味如
此，则于何处得其精神之慰藉乎？①

盖王国维所期望者，是一国的精神思想给国人带来的慰藉，所以
他重视哲学，重视文学，重视美术（艺术）。故同一文章中他强
调，大文学家的地位应高于政治家，希腊人引以为荣的是荷马，
意大利人引以为荣的是但丁，英国人引以为荣的是莎士比亚，而
政治家无法荷此使命。追溯根源，则由于物质上的利益是短暂
的，而精神的价值是永久的。他说："物质的文明，取诸他国，
不数十年而具矣。独至精神上之趣味，非千百年之培养与一二天
才之出不及此。"②

　　王国维关于"能动""受动"之说的提出，说明他在追寻学
术思想发生、嬗变的外部动因和内部动因。他的本意显然更赞赏

　　① 王国维：《教育偶感四则》，《王国维遗书》第五册之《静安文集》，第107页。
又《王国维全集》第一卷，2009年，第138—139页。
　　② 王国维：《教育偶感四则》，《王国维全集》第一卷，第139页。

学术思想的能动时代，所以极力表彰晚周学术之光焰灿烂，而对带有能动性质之宋学也给与高度评价。高度评价宋代思想文化，可以看出王国维在强调引进西方思想的同时，对本国的思想文化亦不乏自信的眼光。他在另外一篇文章中曾写道："故天水一朝人智之活动与文化之多方面，前之汉唐，后之元明，皆所不逮也。"① 其实陈寅恪先生也高度评价宋学，特别对宋代的理学和史学极口称赞。他说："天水一朝之文化，竟为我民族遗留之瑰宝。"② 但学术思想的受动时期隐发着学术的大变迁，王国维同样看重，观其上述对佛教东传之盛的描绘可知。他尤其看到了"第二之佛教"即西洋之学术思想的东来，对促进中国传统学术走向现代学术转变的意义，这应该是他顺乎世界潮流、站在时代前沿、自觉翻译与介绍西方思想学说的主观思想动因。

二

　　王国维一方面是西方学术思想的积极介绍者和研究者，另一方面，他又是运用西方学术思想解释中国古典的躬行者。最有代表性的是写于一九〇四年的《红楼梦评论》，这是他运用西方的哲学美学思想诠释本国作品的一次重要的尝试，为后来者树立了一个典范。

---

① 王国维：《宋代之金石学》，《王国维遗书》第五册之《静安文集续编》，第70页。又可参见《王国维全集》第十四卷，第315页。
② 陈寅恪：《赠蒋秉南序》，《寒柳堂集》，生活·读书·新知三联书店，2001年，第182页。

王国维之前,《红楼梦》研究是评点派和索隐派的天下。评点是对作品的片断鉴赏,是把中国传统的诗文批评移之于小说批评。在评点的时候,可以断章,可以借题发挥,而不一定要求对艺术整体做出诠释。索隐则是求作意于文本之外,寻找政治的社会的家族的背景在书中的影像。只有到了王国维,才第一次从美学和哲学的角度,从整体上来揭示《红楼梦》的悲剧性质及意义。我们看这篇文章的结构,第一章为"人生及美术之概观",首先提出文学批评的观念。第二章论"红楼梦之精神",第三章论"红楼梦之美学上之价值",第四章论"红楼梦之伦理学上之价值",都是围绕文学作品的基本问题展开的论述。而结论则曰:"红楼梦一书,与一切喜剧相反,彻头彻尾之悲剧也"[①],"悲剧中之悲剧也"[②]。然则《红楼梦》除了美学上的价值,还有伦理学上的价值,在王国维看来其对人生、对艺术更为重要。

《红楼梦评论》的第四章在探讨《红楼梦》伦理学上的价值时,静安先生同样依据的是叔本华的学说。盖叔氏学说的基本假设是人生有欲,欲不得满足则产生苦痛,欲求无限,苦痛亦无限。即使愿望偶尔得以满足,为时亦甚暂;况一愿甫圆,十愿已至,仍不免处于欲望不得满足的苦痛之中。叔本华说:"原来一切追求挣扎都是由于缺陷,由于对自己的状况不满而产生的;所以一天不得满足就要痛苦一天。况且没有一次满足是持久的,每一次满足反而只是又一新的追求的起点。"[③]而精神的苦痛比肉体

---

① 王国维:《红楼梦评论》,《王国维全集》第一卷,第65页。
② 同上书,第67页。
③ 叔本华:《作为意志和表象的世界》(石冲白译),商务印书馆,1982年,第422页。

的痛苦更为深重，智力愈发达，痛苦的程度愈高，因此"具有天才的人则最痛苦"①。然则人生之苦痛可有解脱之出路乎？叔本华给出了三种途径：一是由于欣赏艺术而进入"纯观赏状态"，在此一瞬间，"一切欲求，也就是一切愿望和忧虑都消除了，就好像是我们已摆脱了自己，已不是那为了自己的不断欲求而在认识着的个体了"②。当此时刻，人的精神苦况有可能获致解脱。二是经过深创剧痛，对"意志"的本质产生自觉的解悟，意识到一切生命的痛苦，不只是自己的痛苦，感到了"身外之物的空虚"。换言之亦即："由于这样重大不可挽回的损失而被命运伤到一定的程度，那么，在别的方面几乎就不会再有什么欲求了；而这人物的性格也就表现为柔和、哀怨、高尚、清心寡欲了。"③叔本华把这种境界描绘得很富于诗意，认为"这是在痛苦起着纯化作用的炉火中突然出现了否定生命意志的纹银，亦即出现了解脱"。三是皈依宗教信仰的途径。当一个人的信仰获得之后，"嘉言懿行完全是自然而然从信仰中产生的，是这信仰的表征和果实"，而不是"邀功的根据"。因而个体生命之身，"首先出现的只是自愿的公道，然后是仁爱，再进为利己主义的完全取消，最后是清心寡欲或意志的否定"④，实现解脱。

自裁的方法是否也是实现解脱的途径之一？叔本华不认可此种方法。他说这种行为，是作为生命意志的自相矛盾的"最嚣张的表

---

① 叔本华：《作为意志和表象的世界》（石冲白译），第 422—423 页。
② 同上书，第 531 页。
③ 同上书，第 540 页。
④ 同上书，第 556 页。

现"，是"完全徒劳的、愚蠢的"；如果说对个体生命而言不无一定"解脱"的作用，那也不过相当于"一个病人，在一个痛苦的、可能使他痊愈的手术已开始之后，又不让做完这手术，而宁愿保留病痛"[①]。故依叔氏义，静安先生认为《红楼梦》中的"金钏之堕井也，司棋之触墙也，尤三姐、潘又安之自刎也，非解脱也，求偿其欲而不得者也"。真正能获得解脱者，顾书中只有最后出家之宝玉、惜春、紫鹃三人。笔者尝以今译之《作为意志和表象的世界》对照王国维《红楼梦评论》的相关引文，发现王译至为博洽，而且随时以中国古代之学术资源给以补充解说，其对叔氏学说领悟之深，如同宿契，看来"大好之"的说法自有己身的渊源。

王国维对叔本华的学说并非没有商榷质疑，其在《红楼梦评论》第四章的末尾写道：

> 夫由叔氏之哲学说，则一切人类及万物之根本一也，故充叔氏拒绝意志之说，非一切人类及万物各拒绝其生活之意志，则一人之意志亦不可得而拒绝。何则？生活之意志之存于我者，不过其一最小部分，而其大部分之存于一切人类及万物者，皆与我之意志同。而此物我之差别，仅由于吾人知力之形式故，离此知力之形式而反其根本而观之，则一切人类及万物之意志，皆我之意志也。然则拒绝吾一人之意志而姝姝自悦曰解脱，是何异决蹄跰之水而注之沟壑，而曰天下皆得平土而居之哉！佛之言曰：若不尽度众生，誓不成佛。

---

① 叔本华：《作为意志和表象的世界》（石冲白译），第544—545页。

其言犹若有能之而不欲之意。然自吾人观之，此岂徒能之而
不欲哉？将毋欲之而不能也。故如叔本华之言一人之解脱，
而未言世界之解脱，实与其意志同一之说不能两立者也。①

静安先生的批评在于，叔氏所论只能停止在"一人之解脱"而
已，对整个世界而言，无异于"蹄趵之水而注之沟壑"，并不能
给人类世界以救赎（王国维译为"救济"）的出路。甚而王国维
诘问道："释迦示寂以后，基督尸十字架以来，人类及万物之欲
生奚若？其痛苦又奚若？吾知其不异于昔也。然则所谓持万物而
归之上帝者，其尚有所待欤？抑徒沾沾自喜之说而不能见诸实事
者欤？果如后说，则释迦、基督自身之解脱与否，亦尚在不可知
之数也。"②此一诘问是极为有力量的。静安先生并引自己的一首
七律作为意蕴的补充，其诗曰：

> 平生颇忆挈卢敖，东过蓬莱浴海涛。
> 何处云中闻犬吠，至今湖畔尚乌号。
> 人间地狱真无间，死后泥洹枉自豪。
> 终古众生无度日，世尊只合老尘嚣。③

这首七律的写作时间当与《红楼梦评论》约略同时，亦即一九〇
四年，故诗的意象和文的内容足可互为映照。盖静安先生无法相

---

① 王国维：《红楼梦评论》,《王国维全集》第一卷，第 72—73 页。
② 同上书，第 74 页。
③ 同上。

信人间苦痛真能有最终解脱之日，即佛氏的涅槃，也不过一理想而已。实际上叔本华本人在其著作中也提出了同样的疑问。而《红楼梦》的可贵处，恰在于"与吾人以二者之救济"①，既写出了解脱的出路，又带来艺术的欣赏，所以不愧为"宇宙之大著述"。而《红楼梦评论》在红学研究的历史上，是为第一次用哲学和美学的方法来批评中国古典小说，其在中国现代学术史上的奠基意义实不容忽视。

《红楼梦评论》之外，王国维也是最早对中西方哲学思想作比较研究的现代学人之一。一九〇四年至一九〇六年，他先后发表《论性》《释理》《原命》三篇论文，就是结合西方哲学思想分梳中国传统哲学理念的有创见之作。由于他把西方哲学（主要是康德、叔本华哲学）作为参照，出发点是"纯粹哲学"，因而对孔子学说的哲学意义有所保留，认为"孔子教人以道德，言政治，而无一语及于哲学"，②倒是老子、墨子涉及了本体论的问题，有追求万物本原的意向。以此之故，他对晚出但同属儒家统系的《周易大传》《中庸》两部著作格外重视，提出"儒家之有哲学，自《易》之系辞、说卦二传及《中庸》始"③的观点。因为《中庸》凸显了"诚"的概念，里面有"诚者物之终始，不诚无物"的话，王国维认为已经接触到了根本宇宙观念问题。对宋明理学的核心观念"理"，王国维持的是分析的态度。他说：

---

①　王国维：《红楼梦评论》，《王国维全集》第一卷，第75页。
②　王国维：《书辜氏汤生英译中庸后》，《王国维全集》第十四卷，第71页。
③　同上。

宋代学术，方面最多，进步亦最著。其在哲学，始则有刘敞、欧阳修等脱汉唐旧注之桎梏，以新意说经；后乃有周（敦颐）、程（颢）、程（颐）、张（载）、邵（雍）、朱（熹）诸大家，蔚为有宋一代之哲学。①

又说：

周子之言太极，张子之言太虚，程子朱子之言理，皆视为宇宙人生之根本。②

这是从纯哲学的角度给宋明理学以高度评价。朱熹《语类》有载："问天与命、性与理四者之别。天则就其自然者言之，命则就其流行而赋予物者言之，性则就其全体而万物所得以为生者言之，理则就其事事物物各有其则者言之。到得合而言之，则天即理也，命即性也，性即理也，是如此否？然。"王国维在引用了朱熹上述论断之后写道："朱子之所谓理，与希腊斯多葛派之所谓理，皆预想一客观的理存于生天、生地、生人之前，而吾心之理不过其一部分而已。于是理之概念，自物理学上之意义出，至宋以后而遂得形而上学之意义。"③王国维对宋儒求理于事物之外的做法，并没有表示认同，相反，他更倾向于戴震的理存于事物之中的说法。可是他对朱熹立论的形上意义却不轻忽，说明采取

① 王国维：《宋代之金石学》，《王国维全集》第十四卷，第 315 页。
② 王国维：《书辜氏汤生英译中庸后》，《王国维全集》第十四卷，第 71—72 页。
③ 王国维：《释理》，《王国维全集》第一卷，第 25 页。

的是现代的具有思辨意味的学术方法。他引据叔本华哲学的充足理由律，指出"天下之物绝无无理由而存在者。其存在也，必有所以存在之故，此即充足理由也"。[①]在阐释"理""性"这些概念的时候，他总是既援引西哲之论，又结合中国固有观念，来加以解说，这是王氏一生为学的基本方法。

《释理》一文的篇章结构也很值得注意。第一部分为"理字之语源"，第二是"理之广义的解释"，第三是"理之狭义的解释"，第四是"理之客观的假定"，第五是"理之主观的性质"。整篇文章近七千言，有强烈的理论思辨色彩，而著论则完全是现代论文的写法，逻辑严密，引据丰富，思理清晰。其第五部分论"理之主观的性质"，首先引证王阳明的观点："物理不外于吾心，外吾心而求物理，无物理矣。遗物理而求吾心，吾心又何物？"王国维认为，这是中国先哲论述"理"这个概念最深切著名的例子。接着又引西哲的例证，从斯多葛派的"理"说，到休谟、康德、叔本华的论述。最后得出结论："所谓理者，不过'理性''理由'二义，而二者皆主观上之物也。"[②]但古今东西谈论"理"者，往往附以客观的意义，为什么会这样？王国维写道：

> 盖人类以有概念之知识，故有动物所不能者之利益，而亦陷于动物不能陷之谬误。夫动物所知者，个物耳。就个物之观念，但有全偏明昧之别，而无正误之别。人则以有概

---

① 王国维：《释理》，《王国维全集》第一卷，第 19 页。
② 同上书，第 27 页。

念故，从此犬彼马之个物之观念中，抽象之而得"犬"与"马"之概念；更从犬马牛羊及一切跂行喙息之观念中抽象之，而得"动物"之观念；更合之植物矿物，而得"物"之观念。夫所谓"物"，皆有形质可衡量者也。而此外尚有不可衡量之精神作用，而人之抽象力进而不已，必求一语以核括之，无以名之，强名之曰"有"。然离心与物之外。非别有所谓"有"也。离动植矿物以外，非别有所谓"物"也。离犬马牛羊及一切跂行喙息之属外，非别有所谓"动物"也。离此犬彼马之外，非别有所谓"犬"与"马"也。所谓"马"者，非此马即彼马，非白马，即黄马、骊马。如谓个物之外，别有所谓"马"者，非此非彼非黄非骊非他色，而但有马之公共之性质，此亦三尺童子所不能信也。故所谓"马"者，非实物也，概念而已矣。而概念之不甚普遍者，其离实物也不远，故其生误解也不多。至最普遍之概念，其初故亦自实物抽象而得，逮用之既久，遂忘其所自出，而视为表特别之一物，如上所述"有"之概念是也。夫离心物二界，别无所谓"有"。然古今东西之哲学，往往以"有"为有一种之实在性。在我中国，则谓之曰"太极"，曰"玄"，曰"道"，在西洋则谓之曰"神"。及传衍愈久，遂以为一自证之事实，而若无待根究者，此正柏庚所谓"种落之偶像"，汗德所谓"先天之幻影"。[1]

---

[1] 王国维：《释理》，《王国维全集》第一卷，第27—28页。

王国维借助他长于思辨的特点，把人脑获得知识的特殊功能，即借助概念进行逻辑思维，从具体、个别事物中抽象出事物的共同性质，形成概念的能力，并从语源学的角度追溯"理"之为理的形成过程，把这样一个极为抽象复杂的问题，论述得步步紧扣，条理分明。他的这些思想固然来源于叔本华，但论述的清晰说明他理解的准确。

王国维肯定"理性"具有构造概念和推演概念之间关系的作用，而"理由"则为人类知识的"普遍之形式"，但联系中国古代的思想资源，他无法不稍加分解"理"之一字是否亦有伦理学的意义。《礼记·乐记》云："人生而静，天之性也。感于物而动，性之欲也。物至知知，然后好恶形焉。好恶无节于内，知诱于外，不能反躬，天理灭矣。夫物之感人无穷，而人之好恶无节，则是物至而人化物也。人化物也者，灭天理而穷人欲者也。"[①] 于是"天理""人欲"两大概念由是而生。《乐记》援引之后，静安先生又具引孟子、二程子、上蔡谢氏，证明"理"之伦理学的内涵。朱子论"天理"和"人欲"有云："有个天理，便有个人欲。盖缘这个天理，须有个安顿处，才安顿得不恰好，便有人欲出来。"又说："人欲也便是天理里面做出来，虽是人欲，人欲中自有天理。"[②] 王国维认为朱子之说颇值得玩味。戴东原解"理"则说："理也者，情之不爽失也。""天理云者，言乎自然之分理也。自然之分理，以我之情，絜人之情，而无不得其平者也。"[③]

---

① 《礼记·乐记》，四书五经本，上册，岳麓书社，1991年版，第566页。
② 《朱子语类》卷第十三，学七，中华书局标点本，第一册，1986年，第223—224页。
③ 戴震：《孟子字义疏证》，《戴震集》，上海古籍出版社，1980年，第265、266页。

王国维也极为重视。他写道："朱子所谓'安顿得好'，与戴氏所谓'絜人之情，而无不得其平'者，则其视理也，殆以'义'字、'正'字、'恕'字解之。于是理之一语，又有伦理学上之价值。"① 然而依西方哲人的观点，"理"除"理性""理由"的含义之外，实别无他意。所以好人行善和恶人为恶，并非缺少理性所致。因此王国维在文章结尾总括写道："理性者，不过吾人知性之作用，以造概念，以定概念之关系，除为行为之手段外，毫无关于伦理学上之价值。"② 我们无法不看重《释理》一文的现代思维方式和它所体现的形而上的学术求索精神。

《论性》也是一篇典型的现代理念渗透其中的学术论文，王国维在这篇文章中提出，"性之为物"是超乎我们的知识之外的。而所以如此，是由于世间的知识可区分为"先天的"和"后天的"两类，"先天的知识，如空间时间之形式，及悟性之范畴，此不待经验而生"；"后天的知识"，乃指"一切可以经验之物"。所以他进而论述说："今试问性之为物，果得从先天中或后天中知之乎？先天中所能知者，知识之形式，而不及于知识之材质，而性固一知识之材质也。若谓于后天中知之，则所知者又非性。何则？吾人经验上所知之性，其受遗传与外部之影响者不少，则其非性之本来面目，固已久矣。"③ 这些论述可视为他的观念的框架，而取资举证则为中国古代的人性论学说，从先秦诸子的孔子、孟子、荀子，到汉之董仲舒，再到宋明的王安石、苏东

---

① 王国维：《释理》，《王国维全集》第一卷，第 30 页。
② 同上书，第 33 页。
③ 王国维：《论性》，《王国维全集》第一卷，第 5 页。

坡、周敦颐、张载、二程、朱熹、陆九渊、王阳明等，举凡中国思想史上的涉"性"言论，都被静安先生引来作为自己立说的依据。这在中国哲学史上更是一个最常见也最易生歧义的概念。孔子说："饮食男女，人之大欲存焉。"（《礼记·礼运》）告子说："食、色，性也。"（《孟子·告子上》）孟子说："口之味也，目之于色也，耳之于声也，鼻之于臭也，四肢之于安佚也，性也。"（《孟子·尽心下》）这说的是饮食男女、声色欲求是人的本性使然。荀子说："性者，天之就也；情者，性之质也；欲者，情之应也。"（《荀子·正名》）董仲舒说："性者，天质之朴也。"（《春秋繁露·实性》）这指的是人的自然本性。朱熹说"性即理""性只是理"（《朱子语录·性理》），则是纯哲学化的解释。至于"性善""性恶"的种种说法，就更其多多了。王国维用标准的哲学语言写道："人性之超乎吾人之知识外，既如斯矣，于是欲论人性者，非驰于空想之域，势不得不从经验上推论之。夫经验上之所谓性，固非性之本然。苟执经验上之性以为性，则必先有善恶二元论起焉。"①事实确然如此，宋以前中国古代各家的人性论思想，除董仲舒外，大都是就性论性，很少涉及形而上学的问题。至宋代，随着新的哲学思潮理学的兴起，方有人性论的形而上学的思考。可是静安先生同时又强调，抽象的人性是不可知的，超越经验事实之外去探讨人性，容易导致自相矛盾。

王国维与他在上述文章中论及的古代先哲一样，思想是充满矛盾的，构成自己哲学理念的思想资源颇为驳杂，古今中西兼相

---

① 王国维：《论性》，《王国维全集》第一卷，第5页。

牵引，显示出思想过渡期的特点。但他有浓厚的哲学兴趣，有理论思辨的能力，是非常自觉地对中西思想作比较研究的尝试，而且能够上升到形而上之层次，包括思维逻辑、概念的运用、行文方式和文章结构，都已具有现代学术表达方式的意味应无异议。就文章体制思理而言，《释理》比《论性》更高一筹。我所说的王氏三篇哲学论文的另一篇《原命》，比之《理》《性》两篇，无论规模还是理趣，都要简略浅显许多，兹不具论，斯举"二"不妨以"三"反可也。

三

王国维在吸收西学的同时，他的学术思想又是坚实地立基于中国传统学术思想的基地之上的，这一点同样非常重要。他由哲学与美学转向古器物、古文字和中国古史的研究，由对西方学术思想的介绍和阐释转向对中国古典学问的探究，其转变过程颇富传奇性。具体地说，他的治学历程有三变：一是前期，主要研究哲学、美学和教育学；二是中期，重点在文学和戏曲；三是后期，集中研究古器物、古文字和古史。每一期都有重要学术成果问世。如果以哲学家、美学家称之，则第一期之学术可谓代表。如果以戏曲史专家概之，第二期以《宋元戏曲史》为代表的成果使他当之无愧。如果论其金文、甲骨文、古器物和古史研究方面的成就，第三期的学术创获，可谓车载斗量、蔚为大观，尤以《殷周制度论》堪称典范。传统学术的所谓文史之学，王氏在现代学人中是最富根底的一个。他的学问之路是由新而旧，而结果则是旧而弥新。他开始时介绍新思想固然不遗余力，后来释证古器物、古史，也是以旧为新，创意纷陈。中西、古今、新旧的畛域，是王国维率先起来打破的。他曾说：

> 学之义不明于天下久矣。今之言学者，有新旧之争、有中西之争、有有用之学与无用之学之争。余正告天下曰：学无新旧也，无中西也，无有用无用也。凡立此名者，均不学之徒，即学焉而未尝知学者也。①

这是王氏为《国学丛刊》作序写出来的话，时间在一九一一年，可谓开篇正告之语，带有宣言性质，不能不引起我们的重视。其实这些话，正是从学理上开启现代学术的枢纽。晚清以还困扰学者的古今、中西、新旧之辨，王国维已经给出了正确的答案。

王国维立基于中国传统学术来建构自己的学术理念，其在观念和方法上的超越同侪之处，一是明其源流，二是知其利弊。下面，不妨从他对宋代学术和清代学术的关联以及清代学术的评价，来透视这位现代学者的学术追求和学术思想的特点。

宋代学术的总体成就显示出其为我国思想文化的最高峰，王国维、陈寅恪有几近相同的论述，前面已经谈到。王国维并进而写道："宋代学术，方面最多，进步亦最著。其在哲学，始则有刘敞、欧阳修等脱汉唐旧注之桎梏，以新意说经；后乃有周（敦

---

① 王国维：《国学丛刊序》，《王国维全集》第十四卷，第129页。

颐）、程（颢）、程（颐）、张（载）、邵（雍）、朱（熹）诸大家，蔚为有宋一代之哲学。其在科学，则有沈括、李诚等，于历数、物理、工艺，均有发明。在史学，则有司马光、洪迈、袁枢等，各有庞大之著述。绘画则董源以降，始变唐人画工之画，而为士大夫之画。在诗歌，则兼尚技术之美，与唐人尚自然之美者，蹊径迥殊。考证之学，亦至宋而大盛。"①这是我所看到的在当时的背景下对宋代学术的最全面的评价。因此当他提出"近世学术多发端于宋人"就可以理解了。特别是晚清之际足称发达的金石学，其源头可以直接追溯到宋朝。王国维说："金石之学，创自宋代，不及百年，已达完成之域。"又说："宋人于金石、书画之学，乃陵跨百代。近世金石之学复兴，然于著录、考订，皆本宋人成法，而于宋人多方面之兴味，反有所不逮。故虽谓金石学为有宋一代之学，无不可也。"②王国维特别强调宋代金石学和书画学的鉴赏兴味与研究的兴味，举苏东坡、沈括、黄庭坚、黄伯思诸人以为例，说明此种情形得力于宋代仁宗以后"海内无事，士大夫政事之暇，得以肆力学问"，因此"赏鉴之趣味与研究之趣味，思古之情与求新之念，互相错综"③，从而形成一代之学术风气和学术精神。

盖金石之学发端于宋，近世之复兴与重振不应忘其源流，而在艺术与学术的精神与兴味方面，后世反而有不逮前贤之处。王氏此论，正是既明其源流，又知其利弊。至于清学的演变过程及

---

① 王国维：《宋代之金石学》，《王国维全集》第十四卷，第 315 页。
② 同上书，第 321 页。
③ 同上。

其特点，王国维另有专门论述，他写道：

> 我朝三百年间，学术三变：国初一变也，乾嘉一变也，道咸以降一变也。顺康之世，天造草昧，学者多胜国遗老，离丧乱之后，志在经世，故多为致用之学。求之经史，得其本源，一扫明代苟且破碎之习，而实学以兴。雍乾以后，纪纲既张，天下大定，士大夫得肆意稽古，不复视为经世之具。而经、史、小学专门之业兴焉。道咸以降，涂辙稍变，言经者及今文，考史者兼辽金元，治地理者逮四裔，务为前人所不为。虽承乾嘉专门之学，然亦逆睹世变，有国初诸老经世之志。故国初之学大，乾嘉之学精，道咸以降之学新。①

对清代学术流变的评价可谓公允而恰切。用一"大"字概括清初学术、用"精"字概括乾嘉汉学、用"新"字概括晚清之学，可谓一字不易。明末清初之学的开创者，王国维以顾炎武标其首，可谓至当。乾嘉之学，以戴震、钱大昕两巨擘为开创者，亦为允当。问题是他如何看待晚清新学之"新"。对龚自珍、魏源今文学之"新"，王国维采取理解同情的态度，认为是"时势使之然"，但具体评价则不无轩轾："道咸以降，学者尚承乾嘉之风，然其时政治风俗已渐变于昔，国势亦稍稍不振，士大夫有忧之而不知所出，乃或托于先秦、两汉之学，以图变革一切。然颇不循国初及乾嘉诸老为学之成法，其所陈夫古者，不必尽如古人

---

① 王国维：《沈乙庵先生七十寿序》，《王国维全集》第八卷，第 618 页。

之真，而其所以切今者，亦未必适中当世之弊。其言可以情感，
而不能尽以理究。"①这段话中，"颇不循国初及乾嘉诸老为学之成
法"一语，站在学术史的角度，应视作含蓄而正式的一种批评。至
认为"所陈夫古者，不必尽如古人之真，而其所以切今者，亦未必
适中当世之弊"，则措辞更为严厉了。但对龚（自珍）、魏（源）之
学，静安先生亦未全然抹杀，指出其学术创获也有清初学术和乾嘉
学术所不能范围者，而且其弊端不必尽归学者本人，"亦时势使之
然也"。

然则晚清之新学果如王国维所说，并没有承继清初及乾嘉的
学术传统，那么这一传统又由谁承继了呢？王氏提到的第一个人
是沈曾植沈乙庵先生。理由是他认为沈氏一生为学，既通晓国初
及乾嘉诸家之说，又广涉道咸以降的边疆史地之学，而且"一秉
先正成法，无咸逾越"。为此他申论说："其于人心世道之隆污，
政事之利病，必穷其源委，似国初诸老；其视经史为独立之学，
而益探其奥窔，拓其区宇，不让乾嘉诸先生。至于纵览百家，旁
及二氏，一以治经史之法治之，则又为自来学者所未及。"②就是
说，王国维认为沈曾植的为学方法实体现了治中国学问的通则。
所以他说："学问之品类不同，而其方法则一，国初诸老用此以
治经世之学，乾嘉诸老用之以治经史之学。"而沈乙庵则用此种
方法"治一切诸学"③。此种"为学之成法"无他，就是视学问为
独立物，而又探其原委，务求有益于世道人心；亦即"趣博而

---

① 王国维：《沈乙庵先生七十寿序》，《王国维全集》第八卷，第619页。
② 同上。
③ 同上。

旨约，识高而议平"，忧世深而择术精。这种治学方法，既是传统的，又是现代的。表面上看，沈氏之学极古奥不时，但学心却不失现代性。静安先生之学绝似沈氏，陈寅恪先生更继而光大之。

正是在这篇《沈乙庵先生七十寿序》中，王国维提出了学术、学人的命运与国家命运攸关与共的绝大课题。他说：

> 天而未厌中国也，必不亡其学术。天不欲亡中国之学术，则于学术所寄之人，必因而笃之。世变愈亟，则所以笃之者愈甚。①

兹可知静安先生对中国学术之寄望也大矣，其对中国学人的命运之关切也深矣。作为中国现代学术最具典范意义的学人，其学术思想之"忧世之深"以及其为学的"择术之慎"，亦可谓至矣。古圣孔子岂不云乎："作易者其有忧患乎。"王国维的一生毋宁说是充满忧患的一生，包括他的震撼于世的最后之终局。忧患者的学术思想，不仅深与慎，而且能得其正。王国维的为学可以证明，陈寅恪的为学亦可以证明。

晚清新学是中国传统学术向现代学术转变的过渡期，驳杂不纯是晚清新学的特点。自身体现着这驳杂，而又能从驳杂中脱离出来的，是梁启超。梁的为学，基本上采取的是史学的立场，其学术出路亦在史学。中国现代史学的开山祖的角色，就是由梁启

---

① 王国维：《沈乙庵先生七十寿序》，《王国维全集》第八卷，第620页。

超来扮演的。表明他进入角色的是一九〇二年发表的《新史学》一书。史学中学术史一目，也是由梁启超继往开来的。而胡适的史学，在梁的基础上又有所跨越，《白话文学史》《中国哲学史大纲》，在专史方面已是开新建设的史学。但胡适实验的多完成的少，梁启超是提出的多系统建设的少。直承清学传统而不染博杂的是王国维与陈寅恪，王、陈的特点，是承继的多开辟的也多。而静安之学，尤得力于清末的学术新发现。

　　中国传统学术向现代学术转变，有两大意外的契机，这就是甲骨文字的发现和甲骨学的建立，以及敦煌遗书的发现和敦煌学的建立。甲骨文字的发现并开始引起人们的重视，是在一八九九年，即戊戌政变的第二年。戊戌政变给由今文学发展而来的政治化的新学画了一个悲惨的句号，恰好甲骨文字的发现，为一部分学者提供了致力于更纯粹、更独立的学术研究的新资料和新领域。甲骨文字发现的第二年，即一九〇〇年，敦煌石室的宝藏重见天日，其中有两万多件卷子，包括佛经、公私文件，以及诸子、韵书、诗赋、小说等。经卷上的文字，除了汉文，还有梵文、藏文、龟兹文、突厥文等。孔子叹为不足征的殷礼，有了着落；宋儒看不到的古本，如今看到了，学者们认为这是可以与埃及金字塔相媲美的重大发现。又不仅此。还有汉晋木简和内阁大库档案，在当时也是极为重要的发现。因此王国维称清末是学术发现之时代。他在《最近二三十年中中国新发见之学问》一文中写道："古来新学问起，大都由于新发见。有孔子壁中书出，而后有汉以来古文家之学；有赵宋古器物出，而后有宋以来古器物古文字之学。"① 清末的上述四大发现中，任何一种都可以与孔子壁中书、汲冢竹简相抵挡。这些发现，大大拓展了学术研究的学科领域，为学术的新机启运做了必要的材料准备，同时也创造了与世界学术对话的新契机。

王国维的"二重证据法"就是在此种背景下提出来的。《古史新证》里有一段经常为研究者征引的话，原文如下：

> 吾辈生于今日，幸于纸上之材料外，更得地下之新材料。由此种材料，吾辈固得据以补正纸上之材料，亦得证明古书之某部分全为实录，即百家不雅驯之言，亦不无表示一面之事实。此二重证据法，唯在今日始得为之。虽古书之未得证明者，不能加以否定，而其已得证明者，不能不加以肯定，可断言也。②

历史文化遗产的研究一方面须靠文献资料，另一方面也需要借鉴实物，这在今天已成为常识范围内的事情，但在中国古代，人们很难有这样的认识。可以说在相当长的历史时期之内，研究者依据的都是文献资料，而不曾意识到实物的重要性。宋代金石学兴起，刻在金石上的铭文引起人们的注意，并逐渐与考订史实结合起来。赵明诚在《金石录后序》中说："诗书以后，君臣行事之迹，悉载于史，虽是非褒贬，出于秉笔者私意，或失其实；

---

① 王国维：《最近二三十年中中国新发见之学问》，《王国维全集》第十四卷，第239页。

② 王国维：《古史新证》，《王国维全集》第十一卷，第241—242页。

然至于善恶大迹，有不可诬而又传说既久，理当依据。若夫岁月、地理、官爵、世次，以金石刻考之，其抵牾十常三四。盖史牒出于后人之手，不能无失，而刻词当时所立，可信不疑。"①赵说已开实物证史之先河矣。至清中叶，钱晓徵等史家的许多金石题跋，用历史遗物来证史，成为比较常见的方法了。因此王氏的"二重证据法"，自有其渊源，只是他运用得比任何前贤都更加自觉，且有理念上的提升。换句话说，王国维古史研究的成绩确得力于他的具有实证意味的方法论。同时，这种方法也影响到了人文社会科学其他学科领域，使得中国现代学术思想在其始建期就呈现出各学科交错影响的现象。

直承今文学而来的疑古学派的出现，本来是传统学术走向现代的重要一步，但在甲骨学、敦煌学新发现面前，它遇到了巨大的挑战，简直足以在事实上拆毁其赖以建立的理念根基。王国维说："疑古之过，乃并尧舜禹之人物而亦疑之。"②王氏以甲骨文字、敦煌遗书等新发现为基地，走上了释古的道路，对疑古之偏颇有所是正。而中国现代学术中考古一门的建立，也是与清末的学术新发现相联系的。古代并非没有考古，北宋吕大临曾作过《考古图》，但当时之考古不出金石之范围。现代考古则增加了田野研究的内容，由金石考古扩展到了田野考古。二十世纪初，以发掘工作为基础的现代考古学的建立，李济、董作宾、郭沫若诸人，与有功焉。因此之故，郭对王的评价甚高，称王留下的知识产品"好像一座璀璨的

---

① 〔宋〕赵明诚：《金石录序》。
② 王国维：《古史新证》，《王国维全集》第十一卷，第241页。

楼阁，在几千年来的旧学的城垒上，灿然放出一段异样的光辉"①。
对罗振玉的评价也不低，认为罗的功劳在于"为我们提供出了无数
的真实的史料"，称赞"他的殷代甲骨的收集、保藏、流传、考释，
实是中国近三十年来文化史上所应该大书特书的一项事件"②。郭的
甲骨文、金文研究，是以罗、王为起点，他自己并不讳言。

陈寅恪在《王静安先生遗书序》里所总结的王国维为学的特
点：一曰取地下之实物与纸上之异文互相释证，二曰取异族之故
书与吾国之旧籍互相补正，三曰取外来之观念与固有之材料互相
参证，固不是王氏一人的特点，而是当时学术中坚力量的共同特
点，也即是中国现代学术的最基本的观念和方法。所以陈寅恪肯
定地说："吾国他日文史考据之学，范围纵广，途径纵多，恐亦
无以远出三类之外。"③ 由此我们可以看出，王氏为学的基本观念
和方法，在现代学术史上实具有轨则和典范的意义。

四

王国维学术思想的现代内涵，尤其表现在他对学术独立的诉
求上。在这方面他可以说是身体力行，不遗余力。在《论近年之

---

① 郭沫若：《中国古代社会研究》自序，《郭沫若全集》历史编第一册，人民出
版社，1992年，第8页。
② 同上。
③ 陈寅恪：《王静安先生遗书序》，《金明馆丛稿二编》，生活·读书·新知三联书
店，2001年，第248页。

学术界》一文中他写道:"学术之发达,存于其独立而已。"①而要实现学术独立,必须做到以学术本身为目的,而不以学术作为达致某种目的之一种手段。但中国历来的传统,都是视学术为政治的附属物,学者缺少为学术而学术的精神。特别是清中叶以来兴起的今文学派,毫不掩饰问学的现时政治目的。王国维对此颇致不满,认为即使是影响巨大的严复的翻译,亦不能完全避免脱此窠臼。而当时通过日本对法国十八世纪自然主义的介绍,则不过是"聊借其枝叶之语,以图遂其政治上之目的耳"②。对康有为、谭嗣同等变法维新派人物,静安先生也颇有微辞。他说:

其有蒙西洋学说之影响,而改造古代之学说,于吾国思想界上占一时之势力者,则有南海□□□(康有为)之《孔子改制考》《春秋董氏学》,浏阳□□□(谭嗣同)之《仁学》。□(康)氏以元统天之说,大有泛神论之臭味。其崇拜孔子也,颇模仿基督教。其以预言者自居,又居然抱穆罕默德之野心者也。其震人耳目之处,在脱数千年思想之束缚,而易之以西洋已失势力之迷信。此其学问上之事业不得不与其政治上之企图同归于失败者也。然□(康)氏之于学术,非有固有之兴味,不过以之为政治上之手段,荀子所谓今之学者以为禽犊者也。□(谭)氏之说,则出于上海教会中所译之治心免病法。其形而上学之以太说,半唯物论、半

---

① 王国维:《论近年之学术界》,《王国维全集》第一卷,第125页。
② 同上书,第122页。

神秘论也。人之读此书者，其兴味不在此等幼稚之形而上学，而在其政治上之意见。□（谭）氏此书之目的亦在此而不在彼，固与南海氏同也。庚辛以还，各种杂志接踵而起，其执笔者非喜事之学生，则亡命之遗臣也。此等杂志，本不知学问为何物，而但有政治上之目的。①

对于晚清以来的文学，王国维同样认为没有体现出文学本身的价值，而是把文学当作了进行政治教育的手段。他说："欲学术之发达，必视学术为目的，而不视为手段而后可。"②并且引康德关于"当视人人为一目的，不可视为手段"的名言，引申说："岂特人之对人当如是而已乎？对学术亦何独不然？"③总之，政治的归政治，艺术的归艺术，文学的归文学，学术的归学术，不要把艺文与政治混为一谈。王国维也不是完全无视政治的影响，他知道那是社会的最重要的势力，只是他告诫人们，哲学家和艺术家也是社会的最重要的"势力"，而且比之政治有久暂之别。

在《论哲学家与美术家之天职》一文中，王国维通过对我国传统哲学和古典文学的特性的分析，得出了我国没有"纯粹的哲学"以及也少有"纯文学"的结论。他说："披我中国之哲学史，凡哲学家无不欲兼为政治家者，斯可异也。"④先秦之孔、墨、孟、荀，西汉之贾、董，宋朝的张、程、朱、陆，明朝的罗、王，都

---

① 王国维：《论近年之学术界》，《王国维全集》第一卷，第122—123页。
② 同上书，第123页。
③ 同上。
④ 王国维：《论哲学家与美术家之天职》，《王国维全集》第一卷，第132页。

不仅仅是哲学家，同时还是政治家。文学家中，杜甫、韩愈、陆游等，也无一例外地希望在政治上一显身手，曲折点或如杜甫所说"致君尧舜上，再使风俗淳"，所以王国维慨叹"美术之无独立之价值也久矣"。他写《红楼梦评论》以及研究宋元戏曲，与他追求学术独立的思想有直接关系。因为他注意到传统小说戏曲发展中有一个问题，即"有纯粹美术上之目的者，世非为不知贵，且加贬焉"。出现这种情况，文学家和艺术家自身也不是毫无责任，至少是"自忘其神圣之位置"。为了解除艺术家自身这层障壁，王国维又从人的欲望的角度作了详尽的说明。他写道："夫势力之欲，人之所生而即具者，圣贤豪杰之所不能免也。而知力愈优者，其势力之欲亦愈盛。人之对哲学及美术而有兴味者，必其知力之优者也，故其势力之欲亦准之。今纯粹之哲学与纯粹之美术，既不能得势力于我国之思想界矣，则彼等势力之欲不于政治将于何求其满足之地乎？且政治上之势力有形的也。及身的也。而哲学美术上之势力，无形的也，身后的也。故非旷世之豪杰，鲜有不为一时之势力所诱惑者矣。"① 尽管如此，当一个哲学学者经过长期的研究，一旦领悟了宇宙人生的真理，或一个艺术家把胸中惝恍不可捉摸的意境，表诸文字、绘画、雕刻之上，就是一个人的天赋能力得到了实现。王国维认为："此时之快乐，决非南面王之所能易者也。"② 在文章结尾处，他进一步寄

---

① 王国维：《论哲学家与美术家之天职》，《王国维全集》第一卷，第 133 页。
② 同上。

望于哲学家和艺术家的自悟和自觉："若夫忘哲学、美术之神圣，而以为道德政治之手段者，正使其著作无价值者也。愿今后之哲学、美术家，毋忘其天职而失其独立之位置，则幸矣。"① 由此我们可以看出，静安先生对学术独立的诉求有多么强烈。

王国维的由哲学美学而宋元戏曲而古史研究的学术转向，和他的极力主张学术独立的思想有一定关系。他当然明了文学和美学的学术根性比较脆弱的特点，古史研究则可以与现实的浅层政治保持一定的距离。一九〇四年他写的一首《偶成》诗，似乎流露出了这方面的感慨。诗中写道：

> 文章千古事，亦与时荣枯。
> 并世盛作者，人握灵蛇珠。
> 朝菌媚朝日，容色非不腴。
> 飘风夕以至，零落委泥涂。
> 且复舍之去，周流观石渠。
> 蔽亏东观籍，繁会南郭竽。
> 比如贰负尸，桎梏南山隅。
> 恒干块犹存，精气荡无余。
> 小子蕞无状，亦复事操斛。
> 自忘宿瘤质，揽镜学施朱。
> 东家与西舍，假得紫罗襦。
> 主者虽不索，趑步终趦趄。

① 王国维：《论哲学家与美术家之天职》，《王国维全集》第一卷，第 133 页。

且当养毛羽，勿作南溟图。[①]

这是他自道学术心境的一首诗，叙述自己早年"东家与西舍"地采集新思潮，结果只是借得别人的衣裳，己身独立之学术并没有建立起来。庄子说的"朝菌不知晦朔"，正可以用来比喻那些不以学问本身为目的的新学家们。他自己则决心积学储宝，不断提升自己的学问修养，让学术体现出永久的价值，而不使之"与时荣枯"。因此他最终转向了从经史小学入手研究古史的艰难道路，这是王国维实现自己学术独立主张的至关重要的一步。

中国现代学术传统的建立，是从自觉地追求学术独立开始的。晚年的梁启超对此体会尤深，他在《清代学术概论》里慨乎言之曰："而一切所谓新学家者，其所以失败，更有一种根源，曰不以学问为目的而以为手段。"[②]《清代学术概论》写于一九二〇年。王国维对同一题意的慨乎言之，比任公先生早出十五年以上，说明他是从理念上推动学术独立的最早觉醒者。

五

中国传统学术向现代学术转变，有一学术理念上的分别，即传统学术重通人之学，现代学术重专家之学。钱穆在《现代中国

---

① 陈永正：《王国维诗词笺注》，上海古籍出版社，2011 年，第 85—86 页。
② 梁启超：《清代学术概论》，《梁启超论清学史二种》（朱维铮校注），复旦大学出版社，1985 年，第 80 页。

学术论衡》一书的序言中写道:"文化异,斯学术亦异。中国重和合,西方重分别。民国以来,中国学术界分门别类,务为专家,与中国传统通人通儒之学大相违异。循至通读古籍,格不相入。此其影响将来学术之发展实大,不可不加以讨论。"①钱穆先生所揭示的民国以来学术界之重分类,追求专家之学,是吸收了西方学术观念和方法的中国现代学术的特征,与传统学术的重会通,通人通儒有至高的地位,两者不尽相同。这里通人之学与专家之学的分野,实际上有古今的问题,也有中西的问题。

中国传统学术的分类,大类项是经、史、子、集四部之学。史部为史学,集部为文学,其义较为明显,历来学者也大都这样界定。唯子部的内涵,通常人们认为属于哲学的范畴,似尚待分解。诸子百家之说,与其说是哲学,莫若称为思想学说更加恰当。所以中国历史学科中有思想史一门,而中国学术史实即为学术思想史也。至于经部,分歧更大。近人张舜徽尝云:"盖经者纲领之谓,凡言一事一物之纲领者,古人皆名之为经,经字本非专用之尊称也。故诸子百家书中有纲领性之记载,皆以经称之。"②后来儒家地位升高,孔门之"六艺",即诗、书、礼、易、乐、春秋,遂成为有至尊地位的经典。如果用现代的眼光来看,经学毫无疑问是需要分解的。《诗经》是文学,不成问题;《尚书》和《春秋》应属于历史的范围;《易经》是哲学。因此传统学术向现代转化,有一个学科整合的问题。我这样说丝毫不含有

---

① 钱穆:《现代中国学术论衡》,岳麓书社,1986年,第1页。
② 张舜徽:《爱晚庐随笔》"学林脞录"卷三,湖南教育出版社,1991年,第48页。

轻视经学的深层文化意蕴的意思，相反，在一定意义上，却可以认为经学原典是中国一切学术的源头，是中国文化的最高形态^①，甚至就人文学科而言，亦可以在现代文史哲的学术分类之外，另设经学一科。现代学术分类的方法，湮没了经学的地位。但对于传统学术的四部分类法如何向现代学术分类转变，晚清之时的学子在理念上并不是都很明确。严复、康有为、梁启超、章太炎、王国维等现代学术大家，走的还是通人之学的路，在他们身上，学科的界分并不那么明显，或至少不那样严格。

王国维是首先意识到现代学术需要重新分类的现代学者。这里涉及他写的一篇极重要而又鲜为人注意的文章，即作于一九〇二年的《奏定经学科大学文学科大学章程书后》。这是他写给张之洞的一封信，在这封信里，他明确地提出反对把经学置于各分科大学之首，强调必须设置哲学一科。他直言不讳地指出，由张南皮制定的分科大学的章程没有设哲学一科是个重大的错误。他说：

> 其根本之误何在？曰在缺哲学一科而已。夫欧洲各国大学无不以神、哲、医、法四学为分科之基本。日本大学虽易哲学科以文科之名，然其文科之九科中，则哲学科衰然据首，而余八科无不以哲学概论、哲学史为其基本学者。今经学科大学中虽附设理学一门，然其范围限于宋以后之哲学，又其宗旨在贵实践而忌空谈，则夫太极图说、正蒙等必

---

① 马一浮"六艺统摄一切学术"的思想殊堪注意。这方面的论述请参见马著《泰和会语》。亦可参阅拙著《国学与红学》上编，上海辞书出版社，2011年，第5—120页。

> 在摈斥之列，则就宋人哲学中言之，又不过一部分而已。吾
> 人且不论哲学之不可不特置一科，又不论经学、哲学二科
> 中之必不可不讲哲学，且质南皮尚书之所以必废此科之理由
> 如何？ ①

这涉及的可不是一个细小的分歧，而是与现代学术的分类直接相关的大学分科问题。王国维强调了哲学的重要性，这一观念是现代的。用以取譬的例证，是欧洲各国和日本的例证。可见他的强调现代学术分类方法的思想，是相当自觉的。而在另外一个地方他还说过："今之世界，分业之世界也。一切学问，一切职事，无往而不需特别之技能，特别之教育。一习其事，终身以之。治一学者之不能使治他学，任一职者之不能使任他职，犹金工之不能使为木工，矢人之不能使为函人也。"② 在《欧罗巴通史序》一文中又说："凡学问之事其可称科学以上者，必不可无系统。系统者何？立一统以分类是已。分类之法，以系统而异。有人种学上之分类，有地理学上之分类，有历史上之分类。三者画然不相谋已。"③ 王氏对学术分类问题一论再论，说明他对此一问题是何等重视。而在这方面，恰好反映出他的学术观念已进入现代学术的范畴，并为现代学术的发展奠定了学理的基础。

---

① 王国维：《奏定经学科大学文学科大学章程书后》，《王国维全集》第十四卷，第33页。
② 王国维：《教育小言十三则》，《王国维全集》第十四卷，第102页。
③ 王国维：《欧罗巴通史序》，《王国维全集》第十四卷，第3—4页。

附录四　中国现代学人的独标与秀出

中国现代学术就历史时间段而言，主要指晚清民国以还，包括辛亥革命前后、"五四"前后，以及后"五四"时期的二十世纪二十年代、三十年代、四十年代，直至后来与当代学术段域相重合部分，前后经过了百年的时间。中国现代学术的总成绩，我认为那是清中叶的乾嘉之后，中国学术的又一个高峰期。

不同于往昔的特殊之点在于，二十世纪现代学者的学问结构，在西学的训练方面，无论汉、宋儒还是清儒，都不能与之同年而语。而他们的国学根底，又为后来者难以望其项背。此无他，盖由于二十世纪中国现代学人的历史环境和个人的身世经历使然。他们处身于社会转型、新旧交替的开放之世，往往十几岁或二十几岁，便负笈游学欧美和日本，掌握一种到数种异域文字，屡见不鲜。他们中的佼佼者又大都出生于旧学根底深厚的家庭，所受教育得天独厚，诗词古文和"四书五经"不必说，有的十几岁就读完了"十三经""前四史"和"诸子集成"，特异者甚至能够背诵其中的大部分内容。

所以，尽管他们所处的时代环境，正值古与今、新与旧、中与西的文化交织震荡之时，他们自身却从不发生文化失重现象。陈寅恪十三岁开始游学日本，后断续在欧美的大学和研究院，前后停留异域有十七年的时间，主要以研习治学工具为课业，掌握十余种外域文字，所受西学浸润自不待言，但寅老在自己的著述中很少露出西学的痕迹，相反一再申说嘱咐："其真能于思想上自成系统，有所创获者，必须一方面吸收输入外来之学说，一方面不忘本来民族之地位。"陈寅恪如是，本书所涉及的严复、梁启超、王国维、吴宓、马一浮、章太炎、熊十力、冯友兰、蔡元培、傅斯年等现代学人，莫不如是。钱锺书掌握的外域文字看来没有陈寅恪多，但对英、法、德、意、西班牙诸国文字运用精熟，容或在陈寅恪之上。但钱先生的名言是："东海西海，心理攸同；南学北学，道术未裂。"胡适之先生早年尝有"西化"之说，但英文笔下关涉到中国文化，正面叙论之外鲜有异词。王国维则视古今中西之"学"为一体，认为强为之分中西、分古今、分手段和目的、分有用与无用，均所谓不知"学"者也。

王国维扮演了现代学术开山的角色，早年究心西学，对西哲康德、叔本华读其书而大好之。嗣后一变而为中国诗学和宋元戏曲，再变而为古文字古器物古史研究。学术创获在现代学人中首屈一指。但一生矛盾，遽发一时，最后以自己的方式遁走人寰，时在一九二七年六月二日。两年后，与王气类相投的陈寅恪，受命撰写《王观堂纪念碑铭》，其中的经典名句是："士之读书治学，盖将以脱心志于俗谛之桎梏，真理因得以发扬。思想而不自由，毋宁死耳。斯古今仁圣所同殉之精义，夫岂庸鄙之敢望。先生以一死见其独立自由之意志，非所论于一人之恩怨，一姓之兴亡。"又说："惟此独立之精神，自由之思想，历千万祀，与天壤而同久，共三光而永光。"独标为学必须具备的"独立自由之意志"，"独立之精神，自由之思想"，并视若生命，终生以之，绝不动摇。中国现代学人的志节、精神、信仰，王、陈堪称典范。

　　五十年代初陈寅恪还曾说过:"无自由之思想,则无优美之文学。"揆诸百年以还的中国现代学人,无一不可为证。梁任公的笔墨含情、汪洋恣肆的大块文章,盖由于其思想自由使之耳。章太炎的挥斥古今,空诸依傍,牢狱不能折其志,羁縻无法诱以降,亦独立自由之意志挺之也。相反,为学而不能守持独立自由之意志,则学术创获必受影响。

　　高士逸人马一浮,居僧舍,栖陋巷,学富五车,粹然儒宗。不意日寇犯华,战乱流离之际,应民国政府之最高层邀为创办复性书院,虽有一定经费拨给,仍恪守学术独立,坚持书院置身于现行教育体制之外。而前此讲"六艺之学"于播迁至江西泰和、广西宜山的浙江大学,开讲即向诸生示教言曰:"此是某之一种信念,但愿诸生亦当具一种信念,信吾国古先哲道理之博大精微,信自己身心修养之深切而必要,信吾国学术之定可昌明,不独要措我国家民族于磐石之安,且当进而使全人类能相生相养而不致有争夺相杀之事。"其怀抱信仰由国族而及于全人类,当艰苦塞难之际,发此沉着刚毅之音,信念何其坚牢乃尔。他的精神旨归是:"天下虽干戈,吾心仍礼乐。"

　　而在一九三八年六月,马一浮在赠浙江大学毕业诸生的序中,又引《大戴礼·哀公问五义篇》对"士"的解释。哀公问孔子:"何如则可谓士?"孔子回答:"所谓士者,虽不能尽道术,必有所由焉;虽不能尽善尽美,必有所处焉。是故知不务多,而务审其所知,行不务多,而务审其所由,言不务多,而务审其所谓。知既知之,行既由之,言既顺之,若性命肌肤之不可易也。富贵不足以益,贫贱不足以损。若此,则可谓士矣。"马先生可谓用心良苦。他说古代的"士",即相当于今天的知识分子。"知识"的"知",须是知其然,又知其所以然,而且知而能行。行亦不在多寡,重要的是"审其所由",知道为什么这样做。既然做了,就无不可对人言。问题是要"审其所谓",明白其中的道理为何。此即知识分子应该有独立认知的意识。所以《大戴礼》释"士",才有"若性命肌肤之不可易"的关键词。不可"易"者何?"士"之"志"也。无论贫穷抑或富贵,都不能降其志。《论语·子罕》"三军可以夺帅也,匹夫不可以夺志也",亦为斯义。马先生解"志"为"敬",即个体生命的自性庄严。这和陈寅恪力倡的"独立之精神,自由之思想",完全若合符契。我近年研究中国传统价值理念在当代可能有的意义,尝提出"敬"这个价值理念,已进入中华文化的信仰之维。

中国现代学人中的第一流人物,正是由于做到了志不可夺,独立自由之意志不可动摇,学问与人格才见出精彩。王国维如是,陈寅恪如是,马一浮如是,钱锺书亦复如是。只不过呈现的方式,因各人的经历、环境、性格的不同,而有所区分。对学问本身的坚守,即为独立自由之意志未见夺的表现。主张历史写作可以带有审美追求的张荫麟,只活了三十七岁,但以高才与执着、勤奋与敏锐,赢得同侪俊杰的一致赞许。他的学问如同他的性格,最当得"不苟"二字。不到二十岁时他就提出,学者应有"作家的尊严"。所谓"作家的尊严",就是为学为文要独到,有个性,有自己的风格。其所著述与所言互为表里,皆能"审其所谓"和"审其所由"。一部仅写到东汉的《中国史纲》,引无数学人竞折腰。他的早逝，实与情感的挫折有关。但在他的好友、哲学家贺麟看来："求爱与求真，殉情与殉道，有同等的价值。"陈寅恪、吴宓、钱锺书、熊十力、钱穆等学术重镇都曾为他的早逝著文哀悼。陈的挽诗有"与叔交情忘岁年"句。钱锺书的哀诗则云："气类惜惺惺，量才抑未矣。"不约而同地表达惺惺相惜之意。本书所收《悲剧天才张荫麟》一文，所叙论掘发即为此一义谛。

我对二十世纪中国现代学人发生兴趣，源于八十年代的一次学术转变。我由阅读王国维、陈寅恪、钱锺书而窥得现代学术的无量藏。大家知道本人在二十年前，曾主持编纂过一套大书，名为"中国现代学术经典"，两千余万字，积七年之功始竟其役。此举的是非功过姑置勿论，对我个人为学而言，是使我有机会熟悉现代学术的知识谱系，包括典范人物和历史流变，如历史的记录影像一样刻印在我的脑际，挥之不去不说，想忘却他们已不能做到。后来我的集中研究王国维、陈寅恪、马一浮等几宗学术个案，即与此直接有关。他们之外的现代学术人物，亦难免时而专论，时而合论，不断地反复出现于自己的笔端。本书所收的各篇文字，就是二十年来陆续所写。只有《钱锺书的学问方式》和《钱锺书与陈寅恪的异同》两篇，是为最近写就。其实我研钱所下的功夫，一点不少于陈寅恪和马一浮，此两文的成稿，我感到了些许安慰。

中国二十世纪现代学人的知识群体，他们的独标与秀出、性情与著述、谈吐与风致、精神与信仰，确有足可传之后世而不磨的典范意义。他们精神世界所具有的优长，恰好为我们今天的学

术界所缺乏。缅怀赵朴初和柳存仁两先生的文字一并收录，是觉
得他们身上不无我心仪的现代学人的流风遗绪，亲聆謦欬，感会
尤深。附录的文字则关乎读书、为学和儒家的信仰传统，仅供本
书读者聊作参证而已。①

---

① 此文系我为《现代学人的信仰》一书写的序言，兹移来作为本书的附录。《现代学人的信仰》已于 2015 年由商务印书馆出版。

刘梦溪学术年表

刘梦溪

1941 年出生，山东黄县（今龙口市）人。

1961 年，中国人民大学语言文学系中国文学专业就读，学制为五年制。

1962 年，本年由吴小如教授讲授工具书课，每周两小时，听之入神。一次以习作《红楼梦前五回在全书结构上的意义》呈吴先生指教，一周后回复，圈点勾划之外，还有三页纸的批语，倍极奖掖，此为与吴先生交往之始。

1964 年，研究《红楼梦》的文章《探春新论》，分上、下两篇连载于《光明日报》。

1968 年，下放分配至山西太原钢铁厂劳动，学习钳工技术。得识清华大学自控系高才研究生和统，及中国科技大学华罗庚高弟冯克勤，相与甚得，他二人系电工。

1973 年，《孔子教育思想批判》刊于 9 月 27 日《山西日报》、《〈红楼梦〉的思想意义和历史价值》刊于 12 月 7 日《山西日报》。

1975 年，奉调来北京参加《红楼梦》新版本校订注释，袁水拍为校订组组长，李希凡、冯其庸为副组长。

1976 年，《红楼梦的版本问题》，刊于《辽宁大学学报》（哲学社会科学版）第 4 期。

1977 年，《要给作品落实政策》，刊于《人民日报》1977 年 12 月 22 日第 3 版，当天新华社发通稿，中央人民广播电台新闻联播节目全文播送，随后二十余家省报全文转载。

1978 年，《读毛主席谈诗信三题》，刊于《北京师范大学学报》1978 年第 1 期。《评"四人帮"对"现实主义深化"论的批判》，载《文学评论》1978 年第 6 期，《新华文摘》转载。

1979 年，《论鲁迅对农民问题的探索》刊于《北京师范大学学报》1979 年第 3 期。

1979 年，《列宁是怎样评价普列汉诺夫的》，刊于《光明日报》1979 年 2 月 17 日第 2 版。

1979 年，《秦可卿之死与曹雪芹的著作权》，19000 字，载《文艺研究》1979 年第 4 期。

1979 年，《红楼梦学刊》编辑委员会成立大会，在四川饭店举行。编委会构成系本人与周雷、胡文彬、冯其庸先生一起商量而定，《学刊》的创刊词由我撰写，刊头书法系我请茅盾所题，天津百花出版社出版。

1980 年，《关于发展马克思主义文艺学的几点意见》，刊于《文学评论》1980 年第 1 期，该文引起了持续多年的关于马恩文艺学的"体系"问题的大讨论。

1980 年，《文学的命运和作家的责任》，刊于《人民日报》1980 年 1 月 23 日第 5 版。

1980 年，《马克思恩格斯著作中的异化思想》，在《学习与探索》刊出。

1980 年，《红学三十年》，载《文艺研究》1980 年第 3 期。

1981 年，《略论一九八〇年文学发展的主潮》，载《红旗》1981 年第 3 期。

1981 年，《文学与人性问题管窥》，载《文艺研究》1981 年第 6 期。

1982 年，《电影的歧路与坦途——1981 年国产故事片印象谈》，载《电影艺术》第 2 期，《新华文摘》转载。

1983 年，《论新时期文学及其发展》，21000 字，载《钟山》1983 年第 5 期。

1985 年，《文学的思索》，由中国文联出版公司出版。

1986 年，《文艺学：历史与方法》，由上海文艺出版社出版。

1987 年，《红学与曹学》，18000 字，刊于《文学评论》1987 年第 3 期。

1988 年，创办中国文化研究所暨《中国文化》杂志。《中国文化》创刊词写道："《中国文化》没有在我国近年兴起的文化热的高潮中与读者见面，而是当文化热开始冷却，一般读者对开口闭口大谈文化已感觉倦怠的情势下创刊，也许反而是恰逢其时。因为深入的学术研究不需要热，甚至需要冷，学者的创造力量和人格力量，不仅需要独立而且常常以孤独为伴侣。"又说："本刊确认文化比政治更永久，学术乃天下之公器，只求其是，不标其异。新，固然是人心所想往；旧，亦为人情所依恋。关键是一切从学术出发，提倡独立的自由的学术研究，自由才能独立。即使物境不自由，学者的心境也应获得自由。为学之道，尚同比求异更重要而且深刻得多。"

1989年，《社会变革中的文化制衡——对"五四"文化启蒙的另一种反省》，写于1989年2月，系为纪念"五四"运动七十周年而作，载香港《二十一世纪》1992年第1期。

1989年，《中国文化》创刊号由北京生活·读书·新知三联书店出版。香港版亦由中华书局（香港）有限公司在港岛出版。同时风云时代出版社在台北出版台湾版。是为国内第一家三地同时出版的学术刊物。

1990年，9月13日主持召开《中国文化》创刊一周年学术座谈会，地点在北京国际饭店。应邀出席座谈会的学者有赵朴初、季羡林、金克木、周有光、冯至、吴组缃、任继愈、舒芜、庞朴、李学勤、李泽厚、冯其庸、周汝昌、王利器、乐黛云、严绍汤、王蒙、汪曾祺等。

1990年，《论陈寅恪先生的学术创获与研究方法》，60000字，台北之《书目季刊》分两期连载。

1990年，《陈寅恪撰写〈柳如是别传〉的学术精神和文体意义》，25000字，载《中国文化》1990年第三期。

1991年，6月6日，主编的"中国现代学术经典丛书"启动会议藉北京新侨饭店举行。该丛书拟就清末民初以还中国现代学者有代表性且具经典意义之著作，精选原典，重新整理校订，凡50家，35卷，参与丛书编校工作的除本所研究人员，还有北京大学、中国社会科学院等单位的学人。

1991年，6月18日至21日，应邀出席新加坡国立大学中文系主办的"汉学研究之回顾与前瞻国际会议"。提交并在文学组大会上宣读的论文题目为"红学观念与红学方法的冲突——对红学索隐、考证和小说批评三派的学理分析"。

1992年，5月2日至9日，应邀赴德国参加纪念汤若望诞辰400周年国际学术研讨会，开幕之当天下午向大会宣读"汤若望在明清鼎革之际的角色意义"的论文。

1992年，9月，赴美参加哈佛大学举行的"文化中国：诠释与传播"国际学术研讨会，提交"文化中国：传统的流失与重建"论文，与杜维明教授围绕"文化中国与儒家传统"问题作了访谈对话。

1992年9月12至19日，应余英时教授邀请，访问普林斯顿大学，与余先生就文化与社会的重建问题作长篇访谈对话。9月15日下午，在普大东亚系以"红楼梦研究：从胡适之到王蒙"为题作学术演讲，余先生主持。其间，应邀访问耶鲁大学，耶鲁东亚系系主任孙康宜教授主持演讲会。随后顺访康奈尔大学、哥伦比亚大学，分别发表演讲。

1992年，《汉译佛典与中国的文体流变》，12000字，刊于《文艺研究》。

1992年，"文化托命"与中国现代学术传统，15000字，刊于《中国文化》。

1993年，3月9至11日，应邀出席香港中文大学人类学系召开的"文化中国：理念与实际"国际学术研讨会，宣读题为《解构与重建：中国的商品大潮与文化空间的拓展》论文。

1993年11月17日至25日，应邀出席马来亚大学召开的国际汉学研讨会，提交的论文为"史学家陈寅恪的家学渊源和诗学传统"，会后应邀担任星洲日报"花踪讲座"主讲人，赴槟城和芙蓉两地华族社区作学术报告。

1993 年，11 月 26 至 12 月 2 日，应香港大学中文系邀请，主持 1993 至 1994 年度的查良镛学术讲座，演讲题目为"陈寅恪的'家国旧情'与'兴亡遗恨'"。其间，曾以"90 年代以来中国学术界的现状"为题为中文系研究班作辅导报告。

1994 年，6 月 10 日主持中国文化研究所演讲会，请美国芝加哥大学何炳棣教授作题为"什么是中国传统思想中有永恒意义的东西"的演讲。李慎之、庞朴、余敦康、方立天、孙长江、牟钟鉴、陈来、汪晖、刘东、王守常、董秀玉、沈昌文等及本所学人参加讨论。

1994 年，《陈寅恪的"家国旧情"与"兴亡遗恨"》，18000字，载《中国文化书院建院十周年论文集》，北京大学出版社1994 年出版，《光明日报》亦以一整版转载。

1994 年，《为了文化与社会的重建——余英时教授访谈录》，18000 字，载《中国文化》1994 年第 10 期。

1994 年，11 月 24 日至 26 日出席在杭州召开的"文化中国：20 世纪的回顾和 21 世纪的展望"国际学术研讨会，论文题目为"现代学术的传统"，王元化、杜维明、李亦园、陈方正、汤一介、乐黛云、庞朴、孙长江、朱维铮、秦川、李慎之等与会，杭州大学沈善洪校长主持。

1995 年，1 月 6 日至 8 日，中国社会科学院主办的"中国国际汉学研讨会"在海口召开。我应邀与会，与内子同往，提交的论文是"'独立之精神,自由之思想'——陈寅恪先生学行小记"。

1995年,3月26日,日本将来世代国际财团董事长、京都论坛理事长矢崎胜彦先生,以"东方传统、亚洲价值和21世纪"为题,应邀来本所演讲。李慎之、李泽厚、庞朴、汤一介、梁从诫、周国平、董秀玉、沈昌文、邓正来、朱正琳,以及本所梁治平、黄克剑等出席并参加讨论。

1995年,8月23日,应邀担任中央电视台大专辩论会决赛评委,其他评委有江平、余秋雨等,杨澜主持。

1995年,10月19至24日,应澳门基金会邀请,携内子陈祖芬赴澳门讲学一周。

1995年,11月9日至20日,与内子祖芬应台湾中央大学邀请,出席"第二届两岸红学交流暨红楼艺文周"并作学术演讲。

1995年,11月21日至30日,应中央研究院史语所邀请作访问学者,并应邀分别在史语所和文哲所作学术演讲。史语所的讲题为"关于陈寅恪和陈寅恪研究的几个问题",文哲所讲题是"中国大陆九十年代新国学运动的检讨"。

1995年,12月1日至7日,应邀在香港中文大学中国文化研究所访学一周并作学术演讲,其间和中大副校长、文化社会学家金耀基教授作访谈对话。

1995年,北京大学比较文学与比较文化研究所聘为兼任教授。

1996年,2月,《传统的误读》由河北教育出版社出版。

1996年,12月18日、25日,《中国现代学术要略》以四个整版连载于《中华读书报》。

1997年，2月16日，《中国现代学术要略》学术恳谈在团结湖寓所召开。李慎之、戴逸、汤一介、李泽厚、庞朴、余敦康、王俊义，以及雷颐、梁治平、何怀宏等参加。

1997年，刘梦溪主编的"中国现代学术经典"丛书由河北教育出版社出版，收20世纪大师级学者的著作45家，共35卷、2500万字。获中国图书奖。

1998年，5月30日、农历五月初五端午节，《世界汉学》创刊学术座谈藉兆龙饭店举行。京城的人文社会科学学者和国外专家50余人与会。钟敬文、季羡林、张岱年、龚育之、李学勤、汤一介、庞朴、周汝昌、冯其庸、乐黛云、何兆武、梁衡、陈平原、汪晖、成中英等在会上发言。《世界汉学》是经国家新闻出版署批准创办的正式学术期刊，由中国艺术研究院主办，刘梦溪主编，是《中国文化》的姊妹刊物。主编刘梦溪在发刊寄语中说："我们创办这本刊物，为的是给关切儒教文明为基底的中华文明的历史经验事实和未来发展前景的各国汉学家，提供一个自由论说的园地，祈望以汉语的方式建构不同文化背景、不同文化系统之间沟通与对话，建构国际汉学研究的学术桥梁。"

1998年，9月，刘梦溪、陈祖芬应香港大学邀请，前往讲学两周。

1998年，10月2日至5日，中日韩三方学者论坛在韩国汉城（今首尔）举行，讨论亚洲价值在21世纪的命运，应邀出席，并以《世纪末的挑战：亚洲价值的过去和未来》为题发表演讲。

1998年，10月11日至30日，应加拿大加中文化交流中心邀请前往交流访问。

1998 年，10 月，萧克将军主持编纂的 100 卷《中华文化通志》由上海人民出版社出版，获国家图书奖，应聘担任此项学术工程的编委、主编《艺文典》。

1998 年 11 月 1 日至次年 3 月 1 日，以高级访问学者的身份应邀赴哈佛大学访问研究，所作题目为"哈佛的中国学与美国的中国学"，其间曾到斯坦福大学、伯克利加州大学访问交流，并与多名哈佛的中国学学者作学术对话。

1999 年，3 月 2 日至 11 日，应美国哥伦比亚大学东亚系邀请前往访学，先后与九位东亚研究方面的教授作访谈对话。

1999 年 7 月，《红楼梦与百年中国》由河北教育出版社出版。

2000 年，《先行一步：为了美国与中国——哈佛大学费正清东亚研究中心主任傅高义教授访谈》，12000 字，载香港《明报月刊》。

2000 年，6 月 28 至 7 月 2 日，与内子陈祖芬应邀赴台湾出席中研院举行的"第三届国际汉学会议"。

2000 年，10 月 24 日，《季羡林先生九十寿序》在《中国文化报》刊出。

2001 年 1 月 17 日，《庄子与现代和后现代》在《中华读书报》"家园"版刊出。此文之节稿同时刊于香港《明报月刊》第一期。

2001 年，2 月 3 日，《柳如是别传的撰述旨趣》，载《文汇报》"笔会"专版。

2001 年 2 月，《陈寅恪与红楼梦》，18000 字，在 2001 年第一期《文艺研究》刊出。

2001 年，2 月 14 日，《光明日报》《中国文化报》同时刊出《文化中国：解构与重建——陈寅恪〈王观堂先生挽词并序〉新释》。

2001 年，2 月 23 日，《21 世纪的挑战：亚洲价值的反省》在《文汇报》刊出。

2001 年，2 月，《义宁之学的渊源与宗主》，载《读书》杂志第 2 期。

2001 年，3 月 15 至 24 日，应香港城市大学中国文化中心郑培凯教授邀请，前往讲学一周。

2001 年，4 月 26 日，应浙江大学文学院邀请，为研究班及部分教师授课，讲题为王国维与陈寅恪。文学院副院长廖可斌教授主持，徐朔方先生在座。

2001 年，5 月 23 至 29 日，赴德国海德堡大学参加"中国近代史学思想和历史写作"国际学术研讨会，提交论文"'借传修史'——陈寅恪与柳如是别传的撰述旨趣"，并于 26 日的会上宣读。与会国际中国学学者甚多，如美国柯文、柯卫琳、叶文心、汪荣祖等，德国的施耐德等。

2002 年，5 月 23 日，赴南京参加南京师范大学博士论文答辩会，指导之刘士林以全票通过答辩，其论文题目为"20 世纪学人之诗研究"。

2002 年，5 月 26 日，应苏州大学邀请，为文学、历史两系研究生演讲，下午演讲，上午拜谒钱仲联先生，95 岁高龄的钱老谈锋甚健，涉及沈曾植、陈三立、王遽常诸人，颇多诙谐语。

2002 年，5 月 28 日下午，应邀为华东师范大学文史哲三系之研究生演讲，近现代思想文化研究所所长童世骏主持，胡晓明教授在座。晚宴有钱谷融、郭豫适、陈大康、夏忠义等名教授参加。

2002 年，6 月，《陈寅恪的家学渊源与晚清胜流》，22000 字，载商务印书馆出版之《中国学术》第 3 期。

2002 年，7 月 13 日，《人文与社会科学研究的几个问题》，在《文汇报》"学林"刊出，《新华文摘》转载。

2002 年，7 月 10 日，应邀为复旦大学为中文历史两系研究生讲"王国维陈寅恪与中国现代学术"，章培恒先生主持演讲，吴中杰教授、陈思和系主任、傅杰副系主任等与会。晚上章培恒先生设宴，朱维铮先生、贾植芳先生在座。

2002 年，《慈禧密旨赐死陈宝箴考实》，25000 字，载《中国文化》2001 年第 17、18 期合刊，《百年潮》转载。

2003 年，3 月，《现代性与跨文化沟通——史华慈教授访谈》，25000 字，刊载于《世界汉学》第 2 期。

2003 年，3 月，《陈宝箴与湖南新政》，70000 字，刊载于《中国文化》第 19、20 期合刊。

2003 年，9 月 21 日，担任部级领导干部文史讲座主讲人，讲题为"百年中国：文化传统的流失与重建"。孙家正、徐匡迪等 50 余位正副部长出席听讲。

2003 年，《今天，为什么要阅读经典》，载 2003 年 11 月 25 日《中华读书报》

2003 年，《敬意与温情——〈学术思想与人物〉后序》上篇，刊于 12 月 24 日《中华读书报》。

2003 年，《敬意与温情——〈学术思想与人物〉后序》下篇，刊载于 12 月 31 日《中华读书报》。

2003 年，《马一浮的学术精神和学问态度》，载《文艺研究》2003 年第 5 期

2003 年，12 月，《马一浮的学术精神和学问态度，16000 字，在《文艺研究》第 6 期上刊出。

2004 年，1 月，《学术思想与人物》和《庄子与现代和后现代》两书，由河北教育出版社出版。

2004 年，《马一浮与复性书院》，25000 字，刊于香港城市大学中国文化中心出版的《九州学林》2004 年第 1 期。该刊简体字版由上海复旦大学出版，亦同时刊载。

2004 年，4 月，《新华文摘》第 7 期转载《敬意与温情——〈学术思想与人物〉后序》。

2004 年，4 月 26 日至 5 月 2 日，应许倬云先生邀请，赴台湾地区参加中研院文哲所召开的"汤显祖与牡丹亭国际学术研讨会"，于第一天的会议上发表论文"《牡丹亭》与《红楼梦》——他们怎样写情"。研讨会期间观看了白先勇改编的青春版全本昆剧《牡丹亭》。

2004 年，5 月 2 日至 5 日，应邀到香港城市大学中国文化中心作学术访问，5 月 3 日下午以"文化传统的流失与重建"为题作学术演讲。

2005 年，7 月，《"花开正满枝"——马一浮的佛禅境界和方外诸友》，15000 字，载 2005 年《文艺研究》。

2005 年，12 月，《贾宝玉林黛玉爱情故事的心理过程》，60000 字，《红楼梦学刊》2005 年第 5 ～ 6 期连载。

2006 年，4 月 26 日，本所召开纪念费孝通先生逝世一周年追念会，发表"各美其美与美美与共"讲话。

2006 年，6 月 26 日，下午 4 时，为美国普林斯顿大学暑期中文班演讲，题目是《当代中国：传统与现代的变奏》。

2006 年，8 月 13 日，《"文化自觉"和"美美与共"——在纪念费孝通先生逝世周年座谈会上的发言》，6000 字，刊于 2006 年 8 月 13 日《文汇报》"学林"专刊。

2006 年，12 月 16 至 18 日，"史华慈与中国"国际学术研讨会在上海举行，应邀出席并在 16 日上午的开幕式上报告论文"史华慈：最后发表的思想"。哈佛大学费正清东亚研究中心原主任裴宜理教授、研究员戈德曼、历史学家柯文、哈佛政治学教授麦克法夸尔，还有杜赞奇、舒衡哲等美国学者均与会。华裔学者林毓生、张灏、叶文心、张隆溪，以及国内学者张芝联、章开沅、金冲及、朱维铮、王赓武、徐纪霖等与会。18 日下午到庆余别墅看望了王元化先生。

2006 年，12 月 20 日，《论国学》在《中国文化》2006 年秋季号刊出。

2007 年，1 月 27—2 月 6 日，赴土耳其、埃及访问，一行 12 人。

2007 年，2 月 8 日，《情问红楼》由广西师大出版社出版。

2007 年，3 月 8 日，《史华慈：最后发表的思想》在上海《社会科学报》头版刊出，两整版。

2007 年，5 月 13 日，应邀为深圳市民大大讲堂演讲，题目是"国学：回思与展望"，听众近千人，问答互动热烈。

2007 年，6 月 1 日，《中国现代学术要略》的后记刊于《读书》2007 年第 6 期，题目是《我的一次学术历险》，10000 字，《新华文摘》转载。

2007 年，6 月，《陈寅恪学术思想的精神义谛》，20000 字，刊于上海《学术月刊》2007 年第 6 期。

2007 年，7 月 23 日，《陈寅恪的"自由"与"哀伤"》（上），在《21 世纪经济报道》以一个整版刊出。

2007 年，7 月 30 日，《陈寅恪的"自由"与"哀伤"》（下），在《21 世纪经济报道》以一个整版刊出。

2007 年，8 月，《中国现代文明秩序的苍凉与自信——刘梦溪学术访谈录》，由中华书局出版。

2007 年，9 月 24 日，上午，应邀为外交部干部演讲，题目"文化认同与文汇传统的重建"。

2007 年，9 月 27 日，应邀参加在孔子故里曲阜召开的"世界儒学发起大会"，作题为"儒学的包容"的主题演讲。

2007 年，《论陈寅恪的阐释学》，20000 字，刊于《中国文化》2007 年秋季号

2007 年，11 月 10 日，应邀出席故宫博物院召开的"紫禁城论坛"，并以"宫廷文化与时尚"为题报告论文。另五位应邀嘉宾为李学勤、阎崇年、冯骥才、铁凝、熊召政。

2007 年，11 月 28 日，应香港作家联会、香港城市大学中国文化中心和明报月刊的共同邀请，与内子陈祖芬赴港，分别作学

术演讲。

2007 年，12 月 15 日，担任凤凰卫视"世纪大讲堂"主讲嘉宾，讲题为"大师与传统"。

2008 年，1 月 26 日，《论国学》由上海人民出版社出版。

2008 年，1 月 31 日，《中国现代学术要略》由三联书店版。

2008 年，2 月 24 日，《文汇报》"学林"版刊出《大师与传统》全文。

2008 年，4 月 28 日，应邀主持"庐山白鹿洞书院讲座"，以"国学与传统文化"为题演讲。

2008 年，5 月 5 日，"中韩暨观察员国家文化艺术界高层学术论坛"在五洲大酒店会议中心举行，应邀作主题演讲，题目是"儒家语境下的宗教与信仰问题"，另几位演讲者为王蒙、莫言及韩、日、新加坡学者。

2008 年，8 月 4 日，《国学辨义》在《文汇报》"学林"刊出。

2008 年，9 月 3 日，《"横渠四句教"的文化理想》，在《中华读书报》"学术双周刊"刊出。

2008 年，9 月 20 日，上午，应邀担任"武汉名家论坛"主讲嘉宾，题目为"国学和儒学"，地点在武汉市图书馆。

2008 年，9 月 27 日，文化部和山东省主办之世界儒学大会在曲阜召开，应邀与会并在开幕式上作主旨演讲，题目为"国学和六艺之学"。

2008 年，10 月 5 日，中国艺术研究院和欧盟文化论坛，在广西桂林举行。以"理一分殊——多元一体的中华文化"发表演讲。

2008 年，10 月 10 日，《中国文化》2008 年秋季号出版，《马一浮和"六艺论"》刊于该期，15000 字。

2008 年，《"博学于文，行己有耻"》，载《中华文化画报》2008 年第 11 期

2008 年，10 月 15 日，第一届中欧文化对话在五洲皇冠假日饭店举行，由中国艺术研究院和欧盟文化中心合作组织联合举办，第一场是以"文化多样性"为主题的对话会，九位代表发言，有梁治平。16 日，在上午第一场中欧文化对话会上，以"当代中国：传统与现代的变奏"作主题发言。

2008 年，11 月 1 日，中国艺术研究院研究生院三十年庆典在本院礼堂举行，以"博学于文，行己有耻"为题代表导师讲话。讲话稿《"博学于文，行己有耻"》，在《中华文化画报》第 11 期刊出。

2008 年，11 月 3 日至 5 日，马一浮学术思想国际学术研讨会在杭州—上虞召开，应邀出席并在 3 日上午的开幕式上作主题发言，题目为"马一浮的文化典范意义"。

2008 年，11 月 6 日，下午应邀为复旦大学人文学院研究生和部分教师作学术演讲，题目为"国学与传统文化"。

2008 年，11 月 22 日，"钱锺书学术思想研讨会"在厦门大学召开，应邀出席并以"钱锺书的学问态度和学术方式"为题作长篇发言。

2008 年 11 月 30 日，中国文化研究所"戊子岁尾雅集"在国际俱乐部饭店举行，杨振宁、何兆武、戴逸、汤一介、乐黛云、李泽厚、李学勤、王蒙、王文章、范曾、余敦康、严家炎、冯其

庸、李希凡、陈平原、沈昌文、董秀玉、于丹等师友与会，并分别作了讲话。本所全体人员与会。主题是中国文化研究所和中国文化杂志创立 20 周年。

2008 年，12 月 31 日，《2008 我读的书》在《中华读书报》刊出。

2009 年，2 月 11 日，《思想的力量——读朱维铮"走出中世纪"增订本和"二集"》在《中华读书报》刊出。

2009 年，4 月 27 日，《21 世纪的人类能否在非对抗中重生》，在《21 世纪经济报道》刊出。

2009 年，6 月 17 日，《马一浮的文化典范意义》，载 2009 年 6 月 17 日《中华读书报》。

2009 年，7 月 10 日，两岸经贸文化论坛在湖南长沙华天大酒店举行。台办王毅主任和国民党林丰正副主席共同主持，吴伯雄、贾庆林讲话。我在"中华文化的传承与创新"分组会发言，题目为"'敬'是中华文化的终极价值"。

2009 年，8 月 7 日，《我们该怎样向大师致敬——专访中国文化研究所所长刘梦溪》，以整版刊于《解放日报》的"解放周末"首页。

2009 年，8 月 9 日，《竹柏春深护讲筵——白鹿洞书院访学记》，在《文汇报》"学林"专版刊出。

2009 年，9 月 9 日，《现代化，不能"找不到回家的路"》，在《新华日报》刊出，系根据 8 月 27 日在江苏省委的演讲整理而成。

2010 年，1 月 26 日，上午 9 时，到中南海会议厅出席《政府工作报告》座谈会，文化、教育、科学、卫生、体育，代表共

10人。清华施一公教授讲教育问题，我以"民族复兴的文化使命"为题，讲了对此问题的观点。

2010年，3月2日，上午文化部举行中华文学艺术奖捐赠仪式。刘延东国务委员出席并讲话，文化部长蔡武及教育部、统战部、国台办、工商联等部委主管与会，王文章副部长主持。我发言提出应该叫"中华艺文奖"，获接受。

2010年，10月13日至23日，赴美出席中美文化论坛，在伯克利加州大学举行。15日开幕，美国国家人文基金会主席吉姆·利奇、文章部长、伯克利大学东亚系主任安德鲁·琼斯分别致词。耶鲁大学名汉学家史景迁发言。我以"21世纪人类能否在非对抗中重生"为题发言。16日论坛，有一场是"中美关系的未来"。因清华大学的颜学通教授没来，只金灿荣一人，而美方两人，代表团和中国使馆提出由我和金教授一起担任第二场主讲。我第一个发言，无稿而畅论，上下笑声一片。要义是人类正面临危机，自然生态的危机和战争的危机。中美两国没有理由不合作共处，中国不是威胁，认中国为敌人，是选错了对象。

2010年，10月30日，上午9时至11时30分，第二次担任部级领导干部历史文化讲座主讲嘉宾，讲题为"当代中国：传统与现代的变奏"，穿插讲了对当前时局的看法和纾解之道，反响热烈。

2010年，11月26日，上午9时，中国艺术研究院举行终身研究员聘任仪式，聘任郭汉城、周汝昌、冯其庸、李希凡、资华筠、范曾、刘梦溪七位学者为首批终身研究员。

2010年，《中国文化的狂者精神及其消退》，分上中下三篇连载于《读书》杂志 2010 年第 3、4、5 期。

2010 年,《当代中国与传统文化》,载 2010 年 3 月 25 日《光明日报》。

2010 年,10 月 30 日,上午 9 时至 11 时 30 分,第二次担任部级领导干部历史文化讲座主讲嘉宾,地点在国图文津街分馆历史文化讲座讲堂。讲题为"当代中国:传统与现代的变奏",穿插讲了对当前时局的看法和纾解之道。

2011 年,《对话是人类的生活准则》,载 2011 年 1 月 17 日《学习时报》。

2011 年,《国学与诗学》,载 2011 年 3 月 6 日《人民政协报》。

2011 年,4 月 1 日,被中央文史馆聘任为馆员,与戴逸、汤一介一起获聘,亦巧合也。

2011 年,4 月 14 日,上午 9 时,温家宝同志为新聘任的馆员颁发聘书。

2011 年,4 月 25 日至 30 日,应台湾中央研究院近代史所的邀请赴台讲学,应邀作主旨演讲,讲题为"国学和现代学术分科"。

2011 年,6 月 20 日,《学兼四部的国学大师——张舜徽先生百年诞辰述感》,5000 字,在《光明日报》国学版刊出。

2011 年,9 月 6 日,上午 9 时 30 分,中央文史馆建馆六十周年座谈会在人大会堂举行,温家宝同志主持座谈会,全体馆员、参事和特聘研究员参加。馆长袁行霈介绍文史馆情况,然后戴逸、汤一介、冯骥才、刘梦溪顺序发言。戴逸讲历史上汉、唐、清三次文化高峰，汤一介讲后现代话语下的中外文化交流，冯骥才讲村落的保护问题，我讲"中国传统文化价值理念的现代意义"。

2011年，10月18至22日，赴哥本哈根参加"中欧第二届文化对话会"，我报告的题目是"中国文化背景下的宗教与信仰"。

2011年，10月31日，《中国传统文化价值理念的现代意义》在《光明日报》刊出，题目改作《传统价值现代意义》。

2012年，6月24日，《慈禧的第二次杀机和陈三立的"倒后复帝"活动》，在《上海书评》刊出，以特稿方式。

2012年，7月9日，《国学与国民教育》，载2012年《科学时报》，7月27日《新华每日电讯》转载。

2012年，8月23日，上海《社会科学报》以头版全部篇幅，刊出访谈稿《如何填补时代的价值缺失——访中国艺术研究院中国文化研究所所长刘梦溪》。

2012年，12月13日，2012两岸人文对话在北大英杰交流中心举行，大陆中华文化促进会和台湾太平洋文化基金会共同举办，北大协办。双方各5人，大陆地区许嘉璐、刘梦溪、葛兆光、金灿荣、何亮亮，台湾地区钱复、傅佩荣、包宗和、陈哲明（公孙策）、郑贞铭。

2012年，12月31日，《人类未来大趋势："将无同"》，在《光明日报》"国学"专版刊出。

2013年，1月14日，《周汝昌先生的红学贡献》在《人民政协报》"学术版"刊出。

2013 年，2 月 22 日，《中国文化报》以一个整版的篇幅刊出杨晓华的访谈文章，题目为《刘梦溪：重建中华文化的信仰之维》。

2013 年，4 月 22 日，赴杭州出席马一浮国际研讨会，纪念马先生诞辰 130 周年。会议地址在浙大启真宾馆。当晚为浙大师生演讲，杜维明、刘梦溪、龚鹏程、吴光同台。

2013 年，5 月 22 日，应山东大学儒学高等研究院之邀，为该院师生演讲"国学在今天的意义"，院长王学典先生主持，晚 7 时至 9 时演讲。内子同往，当天为文学院演讲《重新启动童心》。21 日下午看望了庞朴先生，王学典、冯建国陪同。庞公已八十有五岁矣。

2013 年，8 月 26 日至 28 日，赴港出席中国文化院主办的中华国学论坛，26 日下午抵港，27 日全天开会，饶宗颐（委托李焯芬教书）、杜维明、康达维（华盛顿大学教授）、刘梦溪、傅佩荣顺序作主题演讲。

2014 年，2 月 15 日，为部级干部历史文化讲座讲"中国传统文化如何在今天发用"。开场讲了甲午双甲子和当前的中日关系，批评传媒"以军为戏"的误导。

2014 年，3 月 5 日，《陈寅恪的学说为何有力量》，5000 字，在《中华读书报》刊出。

2014 年，4 月 2 日，在中宣部演讲"中国传统价值理念在今天的意义"。

2014 年，4 月 9 日，院里发文，命我担任院学术委员会和学位委员会主任。

2014 年，6 月 19 日，上午出席在北大人文学院召开的《汤一介文集》出版座谈会。

2014 年，7 月 17 日，下午 2 时 30 分至 4 时，在鄂尔多斯文化部厅局长会议上演讲，讲题为"中国传统价值理念在今天的意义"。

2014 年，8 月 19 日，《学术所寄之人——在汤一介文集出版座谈会上的发言》，《中国文化报》刊出。

2014 年，9 月 2 日，《陈宝箴系慈禧密旨赐死新证》，在《光明日报》刊出。

2014 年，10 月 28 日至 29 日，由文化部、社科院召开的"汉学与当代中国"学术座谈会在丽晶酒店举行。28 日上午 9 时开幕，文化部蔡武部长致辞，10 时开始座谈研讨。十七个国家的汉学家出席会议，国内学者有十余人，本人之外，还有胡鞍钢、葛剑雄、易中天、刘东、张西平等。29 日上午我为第一演讲人，题为"中国传统价值的当代意义"。

2014 年，11 月 24 日，《陈寅恪学说的精神维度》在《人民政协报》刊出，一个整版。

2015 年，1 月 6 日，首届长江 (湘赣皖鄂) 文化论坛在武汉举行，应邀担任大会评议人。

2015 年，1 月 30 日，《马一浮的义理名相论》，在《文汇学人》刊出。

2015 年，2 月 4 日，《学界精英陨落的一年——甲午岁尾悼庞朴》，在《中华读书报》刊出，《新华文摘》转载。

2015 年，3 月 30 日，《中国文化的狂者精神》韩文版序"孔子为何寄望狂狷"，在《光明日报》国学版刊出。《红旗文摘》在2015年第四期上全文刊发了《孔子何以寄望狂狷》一文。

2015 年，4 月 20 日，《教育机构不宜施行跪拜礼》，在《国是咨询》2015 年第 3、4 期，总第 155 期刊出。

2015 年，4 月 29 日，《钱锺书的学问方式》。11000 字，在《中华读书报》刊出，占一个半版的篇幅。

2015 年，5 月 28 日，《钱锺书与陈寅恪》在《中华读书报》刊出。

2015 年，6 月 16 日，《中华文化是个大包容概念》，在《人民日报》刊出。

2015 年，6 月 24 日，三联版《马一浮与国学》出版。

2015 年，8 月 6 日，应邀担任江苏省委宣传部年度高级讲座主讲，讲"中国传统价值理念的现代意义"，省委书记、省长、省人大常委会主任、政协主席等全部省里领导人员悉皆出席听讲，共一百五十余人。

2015 年，8 月 18 日，《儒学底色，佛学生活，诗学性情——刘梦溪讲论马一浮与国学》在《光明日报》刊出。

2016 年，1 月 18 日，《如何评价儒家学说的历史地位》，在《光明日报》刊出，《新华文摘》转载。

2016 年，3 月 21 日至 26 日，两岸人文对话在台湾召开，大陆中华文化促进会和台湾太平洋基金会主办，佛光大学协办。方王石主席率领，我之外，还有民族大学赵士林、浙江师大何俊。22 日对话会开始，主题围绕"中华文化背景下的己群关系"，主题演讲每人 40 分钟。我第一个报告论文，讲题为"论和同"。

2016 年，5 月，《敬义论》，30000 字，以特稿方式在《北京大学学报》2016 年第 3 期刊出。

2016 年，5 月，《论和同》，20000 字，刊于《文史哲》杂志 2016 年第 3 期。

2016 年，9 月 2 日，《立诚篇》在《中国文化报》刊出，12000 字，一个整版，字略小，全文能够排下，很是难得。《新华文摘》于 2016 年第 23 期转载。

2016 年，9 月 14 日，《中华读书报》以三整版的篇幅，刊出《陈寅恪对儒释道三家的"判教"》，23000 字。

2017 年，《论国学的内涵及其施教》，23000 字，在《文史哲》2017 年第 2 期刊出。

2017 年，3 月 17 日，下午 3 时，出席中宣部召开的中华优秀传统文化传承发展工作座谈会，各省市的宣传部部长、中央和国家机关有关部门的负责人与会，其余为专家学者和艺术家的代表，共一百八九十人。中宣部副部长黄坤明主持会议，中共中央政治局委员兼中宣部部长刘奇葆讲话。

2017 年，3 月 19 日，《学术与传统》，上中下三卷，计百万言，由华文书局出版。

2017 年，4 月 26 日，《学术与传统》商略雅集在时代华文书局会议室举行。京城及外地学者杨天石、王俊义、陈平原、张国刚、杨慧林、王守常、陈越光、梁治平、王学典、吴光、邓小军、范子烨、黄爱平、丁东、余世存等出席。

2017 年，6 月 5 日到 6 月 8 日，应湖南岳麓书院之邀请前往讲学，与内子陈祖芬同往。5 日到达，6 日下午，讲"王国维陈寅恪与中国现代学术传统",朱汉民主持,凤凰网直播。7日,祖芬为湖南大学讲"可爱指数和想象力指数"。

2017年,8月28日,《中国文化贡献给人类的价值论理》,在《人民日报》刊出。

2017年,9月16日,上午9时至11时30分,担任部级干部讲座嘉宾,以《国学、传统文化与当代教育》为题。听讲的部级干部约有一百六十人,中共中央军事委员会副主席许其亮、中央政治局委员孙春兰也来听讲。

2017年,12月16日,出席中国艺术研究院艺术与人文高等研究院成立大会暨揭牌仪式并讲话。文化部副部长杨志今、中央文史研究馆副馆长冯远、文化部原副部长王文章、北京大学副校长王博、浙江大学副校长兼人文高等研究院院长罗卫东、浙江敦和基金会执行理事长陈越光分别致辞,艺术与人文高等研究院高级研究员林祥雄、王石、陈平原、王学典等讲话。